Bryn Mawr Latin Commentaries

Boethius

Consolatio Philosophiae

James J. O'Donnell

Thomas Library
Bryn Mawr College
Bryn Mawr, Pennsylvania

The Bryn Mawr Latin Commentaries are supported by a generous grant from the Division of Education Programs of the National Endowment for the Humanities

Copyright ©1984, 1990 by **Bryn Mawr Commentaries**

Manufactured in the United States of America
ISBN 0-929524-37-3
Printed and distributed by
Bryn Mawr Commentaries
Thomas Library
Bryn Mawr College
101 North Merion Avenue
Bryn Mawr, PA 19010-2899

Bryn Mawr Latin Commentaries

Editors

Julia Haig Gaisser
Bryn Mawr College

James J. O'Donnell
University of Pennsylvania

The purpose of the Bryn Mawr Latin Commentaries is to make a wide range of classical and post-classical authors accessible to the intermediate student. Each commentary provides the minimum grammatical and lexical information necessary for a first reading of the text.

Acknowledgements

I have been extraordinarily fortunate then to have advice of the most authoritative possible kind on metrical matters from a valued friend, James W. Halporn. It has been my constant good fortune besides to benefit from the meticulous criticism and withal the constant encouragement of my colleague Julia Gaisser. The vision and dedication of Richard Hamilton made Bryn Mawr Commentaries first a possibility, then a reality; his material support has been indispensable for the Latin series as well.

James J. O'Donnell
Bryn Mawr
16 July 1984

The occasion of a second printing has allowed for a few corrections and for the use of a Greek font where appropriate.

JO'D
4 April 1990

Introduction

"A golden volume not unworthy of the leisure of Plato or Tully." "To acquire a taste for it is almost to become naturalised in the Middle Ages." Such was the praise for *The Consolation of Philosophy* granted by Edward Gibbon and C. S. Lewis; they were not the first to succumb. From the Carolingian epoch to the end of the Middle Ages and beyond, this was the most widely copied work of secular literature in Europe. It was translated into Old English by King Alfred, into Old French by Jean de Meun, into Middle English by Geoffrey Chaucer and into Elizabethan English by Queen Elizabeth herself—to list only the most celebrated versions.

Yet the work is not mentioned by any of Boethius's contemporaries and it came into wide circulation only long after the author died a traitor's (or a martyr's) death. In the eighteenth century questions arose about the author's allegiances (could he have been something less than the devout Christian the Middle Ages took him for?) when a pietist writer attacked him for the incipient scholasticism of his writings. Since the late nineteenth century, it has been certain that the author of the *Consolation* also wrote theological pamphlets; but that certainty has done little to end scholarly debate. We have only recently seen the work situated securely in the geography of late antique thought (see the works of Courcelle and Chadwick in the Select Bibliography) and it is still far from clear why and how the work became so vastly popular in the Middle Ages. It is a work of surprising depths and beauties, of lasting fascination.

Anicius Manlius Severinus Boethius was born in or near Rome around the year 480 A.D. Orphaned young, he was brought up in the household of one of the richest and most venerable aristocrats of the time, Symmachus. He married Symmachus's daughter and pursued a typical career for a senatorial scion of the time, alternating between ceremonial public office and private leisure.

In two ways, however, Boethius was unique. He was far and away the best educated Roman of his age: indeed, there had been no one like him for a century, and there would never be another (the senate, long since ceremoniously inane, disappeared forever by the end of the sixth century). He had a command of the Greek language adequate to make him a student, translator, and commentator of the Platonic philosophies of his age (to which we give the name Neoplatonism, to distinguish their opinions from the original doctrines of Plato himself). Boethius may in fact have studied in the Greek east, perhaps at Athens, perhaps at Alexandria, but we cannot be sure. At any rate, he undertook an ambitious project of translating and interpreting all the works of both Plato and Aristotle and then—he opined—demonstrating the essential agreement of the two. Only a few pieces of this large undertaking were completed before Boethius's life was cut short.

For the other unique facet of Boethius's character was that he took public affairs so seriously that he lost his life at the hands of an authoritarian monarch: such complete devotion to the public weal had long since faded from aristocratic fashion. Little is to be made of his term as consul in 510, or of his doting presence at the consular celebrations of 522 when his two sons held the office simultaneously. But in the early 520's, he served as magister officiorum in the half-Roman regime of the Ostrogothic king Theoderic. Theoderic had taken Italy at the behest of the emperors in Constantinople; but political and theological fashions had changed in the thirty years since Theoderic entered Italy. In the reign of the emperor Justin (519-527), the aging Theoderic fell out with Constantinople; somehow, in ways that remain hotly controversial, Boethius came to be suspected by his monarch of disloyal sympathies; the suspicion may indeed have been well-placed, but the sympathies may have been well-grounded. Sometime c. 525/26 Boethius was executed. His father-in-law Symmachus went to the block not long after. When Theoderic died in August 526, legend quickly but implausibly had it that he was haunted at the end by his crimes.

The Consolation of Philosophy is apparently the fruit of Boethius's spell of imprisonment awaiting trial and execution. Its literary genre, with a regular alternation of prose and verse sections, is called Menippean Satire, after Roman models of which fragments and analogues survive. The dialogue between two characters (one of whom we may call Boethius, but only on condition that we distinguish Boethius the character from Boethius the author, who surely manipulated his self-representation for literary and philosophical effect) is carefully structured according to the best classical models. Its language is classical in intent, but some of the qualities that would characterize medieval Latin are already discernible.

Consolatio Philosophiae

Metrical Introduction

Quantitative meter is based on various patterns of long and short syllables. The number of syllables in each word depends on the number of vowels and diphthongs (two vowels pronounced as one—e.g., *ae*). Words are divided into syllables according to the following rules:

1. If a vowel or diphthong is followed by a single consonant, that consonant is taken with the next syllable, and the first syllable is called open (e.g., *o-cu-li* has three open syllables).

2. If the vowel or diphthong is followed by two or more consonants, division takes place between the consonants, and the syllable is closed (e.g., in *in-tem-pes-ti-vi* the first three syllables are closed, the last two open).

EXCEPTION: If the first consonant is a mute (*b, p, d, t, g,* or *c*) and the second consonant is a liquid (*l* or *r*) or a nasal (*m* or *n*), the division may be made either before the first consonant (in which case the syllable is open) or after it (in which case the syllable is closed), e.g.: *pa-tri* or *pat-ri*.

NOTE: *x* (= *cs*) and *z* (= *ds*) count as two consonants and *qu* as one; *h* is not considered a consonant and has no power to close a syllable.

The same rules apply at the end of a word, e.g.:

qui-quon-dam-stu-di-o

e-ra-t il-le (note that the second vowel is open)

If a word ending with a vowel or *m* is followed by a word beginning with a vowel or *h*, the first of the adjacent syllables is suppressed (elision), e.g.: *multum ille et* = *mult_ill_et*. But if the second word is *es* or *est* the process is reversed (prodelision), e.g.:

illa est = *illa_st*

Boethius

quantum est = quantum_st

A syllable is long if:

1. it contains a long vowel or diphthong;[1]
2. it is closed.

The last syllable in a verse may be either long or short, but by convention is usually counted and marked as long.

Sigla:
- u short
- - long
- x anceps (short or long)

Boethius uses the following metrical patterns (or "feet"):

Iamb	u -
Trochee	- u
Anapaest	u u -
Dactyl	- u u
Spondee	- -
Ionic	u u - -
Choriamb	- u u -
Bacchiac	u - -
Tribrach	u u u
Cretic	- u -

But since a long syllable is regarded as the equivalent of two shorts, substitutions are allowed in some meters (e.g., for an anapaest [uu-], Boethius may substitute a dactyl [-uu] or a spondee [--]).

Many metrical patterns are constructed of units called metra ("measures"), and can be described according to the number of metra as monometers, dimeters, trimeters, etc. In some cases (dactyls, spondees, choriambs) the metron is identical with the foot, but in others (iambs, trochees, anapaests), it is comprised of two feet. Thus, dactylic hexameter consists of 6 dactylic (or spondaic) feet, but iambic trimeter consists of 6

---

[1] In the metrical schemata given before each metrum, the long mark is placed over the second vowel of the diphthong.

Consolatio Philosophiae

iambic feet (= 3 metra).

In some meters word break occurs regularly at fixed points in the verse. Word division coinciding with a break between feet or metra is called a diaeresis (||); a division not coinciding with a metrical break between feet is called a caesura (^). The line-segments between caesurae or diaereseis are called cola ("limbs"). Some cola of this kind are used as independent metrical units. For example, a dactylic hexameter often contains caesura after the first long syllable of the third foot and/or diaeresis between the fourth and fifth foot, thus:

$$- u u - u u - {}^\wedge u u - u u \parallel - u u - -.$$

This verse contains 3 cola:

The first, - u u - u u -, is called a hemiepes.
The third, - u u - -, is called an adonic.

Other cola are not so clearly related to longer metrical units -- for example, the Aeolic cola, which were taken over from Aeolic Greek lyric poetry. These cola are not divisible into feet or metra, but can be expanded internally and externally by the use of other metrical units. The standard Aeolic cola are:

x x - u u - u -	glyconic
x x - u u - -	pherecratic
x x - u u - u - -	hipponactean.

Discussion of individual meters is given in the commentary. For a general survey of Latin metrics, see T.G. Rosenmeyer, Martin Ostwald, and James Halporn, *The Meters of Greek and Latin Poetry*, 2nd ed., (Norman: University of Oklahoma Press, 1980).

Consolatio Philosophiae

Select Bibliography

The text reprinted here is that of Wilhelm Weinberger, from volume 67 of the Vienna *Corpus Scriptorum Ecclesiasticorum Latinorum*; there are later texts of the *Consolatio* by Bieler in volume 94 of the *Corpus Christianorum, Series Latina*, and by K. Büchner (Heidelberg 1947). The following titles are the best places to enter the wide field of Boethian scholarship; all contain detailed bibliographies for further study.

L. Obertello, *Severino Boezio* [two volumes] (Genoa 1974); encyclopedic treatment of Boethius's life and works and a full and annotated bibliography.

H. Chadwick, *Boethius: The Consolations of Music, Logic, Theology and Philosophy* (Oxford 1981); best general treatment of biographical issues in a single volume.

P. Courcelle, *La Consolation de Philosophie dans la tradition littéraire: Antécedents et posterité de Boèce* (Paris 1967); abundantly documented examination of the traditions on which Boethius drew in the *Consolatio* and of the literary influence of the work.

M.T. Gibson, ed., *Boethius: His Life, Thought and Influence* (Oxford 1981); a collaborative volume emphasizing the medieval reception of Boethius.

J. Gruber, *Kommentar zu Boethius De Consolatione Philosophiae* (Berlin 1978); detailed line-by-line commentary, with full documentation of sources and parallels and reference to the scholarly literature on points of detail.

CONSPECTVS SIGLORVM.

P	=	Parisinus Lat. 7181, saec. IX. med.
P^1	=	P ante corr., P^2 = P e corr.
T	=	Tegernseensis Monac. Lat. 18765, s. IX. in. In lacuna e codice W suppleta ratio habenda est codicum e T integro descriptorum:
F	=	Sangallensis 844, s. IX. med. et
C	=	Bambergensis M V 12, s. XI.
L	=	(Florentinus) Laurentianus XIV 15, s. IX. in.
V	=	Vaticanus 3363, s. IX.
Aur.	=	Aurelianensis 270, s. IX. (compluribus locis inspectus).
Laud.	=	Laudunensis 439, s. IX. (locis quibusdam collatus).
D	=	Bonnensis 175, s. IX./X.
K	=	Bernensis 179, s. IX./X.
E	=	Emmeranus Monac. Lat. 14324, s. X./XI.
W	=	Maihingensis bibl. Wallersteinianae I 2 Lat. in 4°, n. 3, s. X./XI.
Antv.	=	Antverpiensis Plantin. M. 190 (prius 38), s. IX. in.; emendationes partim saltem ad Pulmannum redeunt.
Erfurt.	=	Erfurtensis Amplon. 27, s. XI./XII.
Erlang.	=	Erlangensis 301, s. XI.
Met.	=	Metensis 377, s. X./XI.
Par.	=	Parisinus 15090, s. X.
Vind.	=	Vindobonensis 271, s. IX./X.
Plan.	=·	Planudis versio Graeca (ed. E. A. Bétant, Boëce, De la consol. de la philos. Genève 1871).

ANICII MANLII SEVERINI BOETHII
PHILOSOPHIAE CONSOLATIONIS

LIBER I.

I. Carmina qui quondam studio florente peregi,
  flebilis heu maestos cogor inire modos.
Ecce mihi lacerae dictant scribenda Camenae
  et veris elegi fletibus ora rigant.
Has saltem nullus potuit pervincere terror, (5)
  ne nostrum comites prosequerentur iter.
Gloria felicis olim viridisque iuventae,
  solantur maesti nunc mea fata senis.
Venit enim properata malis inopina senectus
  et dolor aetatem iussit inesse suam. (10)
Intempestivi funduntur vertice cani
  et tremit effeto corpore laxa cutis.
Mors hominum felix, quae se nec dulcibus annis
  inserit et maestis saepe vocata venit.
Eheu, quam surda miseros avertitur aure (15)
  et flentes oculos claudere saeva negat!
Dum levibus male fida bonis fortuna faveret,
  paene caput tristis merserat hora meum;

Inscriptio deest V Boetii de consolatione philosophiae L Mallii P
Boetii PT^1, cf. *Schepss, Blaett. bayr. Gymn.* XXIV 25 Boec(t)ii $\overline{VC}$
ET $\overline{INL}$(ustris) K *Vind. Peip.* EX CONSL (CONS rel.) ORD (OR̃DI · P)
T *Peip.* ⟨EXMAḠ OFF. ATQE⟩ *Vind. Peip.* ⟨PATRICII (PATR E
PATRIC T)⟩ rel., *Peip.* patricii de consolatione K PHYLOSO-
PHYAE T' philosophicae E LIB. I. INCIP̃ P INCIPIT LIBER I
TKE ⟨FELICITER⟩ T; cf. *libros II. IV. V., CSEL* IIL *p.* LXXXII sq.

1 quae T^1 4 veri selei* P elegis *Leyser* 7 fel. quondam *Peip.*
8 facta T^1 9 inopia T^1 15 neu P^1 heu P^2 18 ora PT^1L^1

Nunc quia fallacem mutavit nubila vultum,
protrahit ingratas impia vita moras.
Quid me felicem totiens iactastis, amici?
Qui cecidit, stabili non erat ille gradu.

1 1. Haec dum mecum tacitus ipse reputarem querimoniamque lacrimabilem stili officio signarem, astitisse mihi supra verticem visa est mulier reverendi admodum vultus oculis ardentibus et ultra communem hominum valentiam perspicacibus, colore vivido atque inexhausti vigoris, quamvis ita aevi plena foret, ut nullo modo nostrae
2 crederetur aetatis, statura discretionis ambiguae. Nam nunc quidem ad communem sese hominum mensuram cohibebat, nunc vero pulsare caelum summi verticis cacumine videbatur; quae cum altius caput extulisset, ipsum etiam caelum penetrabat respicientiumque hominum
3 frustrabatur intuitum. Vestes erant tenuissimis filis subtili artificio indissolubili materia perfectae, quas, uti post eadem prodente cognovi, suis manibus ipsa texuerat; quarum speciem, veluti fumosas imagines solet, caligo quaedam
4 neglectae vetustatis obduxerat. Harum in extremo margine Π Graecum, in supremo vero Θ legebatur intextum atque in utrasque litteras in scalarum modum gradus quidam insigniti videbantur, quibus ab inferiore ad superius
5 elementum esset ascensus. Eandem tamen vestem violentorum quorundam sciderant manus et particulas, quas
6 quisque potuit, abstulerant. Et dextra quidem eius libellos, sceptrum vero sinistra gestabat.

---

7 *De similibus* Fulgentii *et* Mart. Cap. (lib. III. et VII.) *exordiis* cf. Klingner 114   17 *infra* p. 6, 13   22 Boeth. in Porph. Dial. I 3 (CSEL IIL 8, 1 sq.): est .. philosophia genus, species vero eius duae, una quae theoretica dicitur, altera quae practica

---

6 designarem VKE^2 9 calore P 11 futura P^1 20 extrema T^1 *Peip.*   22 inter utr. T^2VE 23 ad inf. P 25 sciderunt T^1 26 dextera T^1 *Peip.*   eius *om.* P

Quae ubi poeticas Musas vidit nostro assistentes toro 7
fletibusque meis verba dictantes, commota paulisper ac
torvis inflammata luminibus: Quis, inquit, has scenicas 8
meretriculas ad hunc aegrum permisit accedere, quae
dolores eius non modo nullis remediis foverent, verum
dulcibus insuper alerent venenis? Hae sunt enim, quae 9
infructuosis affectuum spinis uberem fructibus rationis
segetem necant hominumque mentes assuefaciunt morbo,
non liberant. At si quem profanum, uti vulgo solitum vobis, 10
blanditiae vestrae detraherent, minus moleste ferendum
putarem — nihil quippe in eo nostrae operae laederentur —
hunc vero Eleaticis atque Academicis studiis innutritum?
Sed abite potius, Sirenes usque in exitium dulces, meisque 11
eum Musis curandum sanandumque relinquite. His ille 12
chorus increpitus deiecit humi maestior vultum confessusque
rubore verecundiam limen tristis excessit. At ego, cuius 13
acies lacrimis mersa caligaret nec dinoscere possem,
quaenam haec esset mulier tam imperiosae auctoritatis,
obstupui visuque in terram defixo, quidnam deinceps esset
actura, exspectare tacitus coepi. Tum illa propius accedens 14
in extrema lectuli mei parte consedit meumque intuens
vultum luctu gravem atque in humum maerore deiectum his
versibus de nostrae mentis perturbatione conquesta est:

    II. Heu quam praecipiti mersa profundo
        mens hebet et propria luce relicta
        tendit in externas ire tenebras,

---

    1 Plat. Rep. 607b: παλαιά τις διαφορὰ φιλοσοφίᾳ τε καὶ ποιητι-
κῇ   14 Plat. Rep. 548b: τῆς ἀληθινῆς Μούσης τῆς μετὰ λόγων καὶ
φιλοσοφίας; de Cic. Hort. fr. 84 (91): ponendae sunt fides et tibiae
cf. Plasberg 68sq. Usener, Gött. Anz. 1892, 387. Müller 21. Dienel
1913, 16. Klingner 115, 2

---

    1 ibi T^1 thoro PT^2 7 affectu T^1 affectum Peip. 10 feren-
dem T^1 12 achad. PT^1K 13 syr. P sirene T^2 exitum T^1L Peip.
15 confossusque P 17 possim PT^1 19 obstip. T^1L Peip.

terrenis quotiens flatibus aucta
crescit in immensum noxia cura!
Hic quondam caelo liber aperto
suetus in aetherios ire meatus
cernebat rosei lumina solis,
visebat gelidae sidera lunae
et quaecumque vagos stella recursus
exercet varios flexa per orbes,
comprensam numeris victor habebat.
Quin etiam causas, unde sonora
flamina sollicitent aequora ponti,
quis volvat stabilem spiritus orbem
vel cur Hesperias sidus in undas
casurum rutilo surgat ab ortu,
quid veris placidas temperet horas,
ut terram roseis floribus ornet,
quis dedit, ut pleno fertilis anno
autumnus gravidis influat uvis,
rimari solitus atque latentis
naturae varias reddere causas:
nunc iacet effeto lumine mentis
et pressus gravibus colla catenis
declivemque gerens pondere vultum
cogitur heu stolidam cernere terram.

1   2. Sed medicinae, inquit, tempus est quam querelae.
2 Tum vero totis in me intenta luminibus: Tune ille es, ait,
qui nostro quondam lacte nutritus, nostris educatus
3 alimentis in virilis animi robur evaseras? Atqui talia
contuleramus arma, quae nisi prior abiecisses, invicta te
4 firmitate tuerentur. Agnoscisne me? Quid taces, pudore an
stupore siluisti? Mallem pudore, sed te, ut video, stupor

---

1 acta F^1K^2 12 qui T^1 26 promtis P (signo addito, quo ad marginem relegari solet, ubi nihil tamen exstat)   29 prius(?) T^1 30 agnoscesne $T^1L^1V^1$ Aur.   31 videor P^1

oppressit. Cumque me non modo tacitum, sed elinguem 5
prorsus mutumque vidisset, ammovit pectori meo leniter
manum et: Nihil, inquit, pericli est, lethargum patitur,
communem illusarum mentium morbum. Sui paulisper 6
oblitus est; recordabitur facile, si quidem nos ante
cognoverit, quod ut possit, paulisper lumina eius mortalium
rerum nube caligantia tergamus. Haec dixit oculosque meos 7
fletibus undantes contracta in rugam veste siccavit.

III. Tunc me discussa liquerunt nocte tenebrae
luminibusque prior rediit vigor,
ut, cum praecipiti glomerantur sidera Coro
nimbosisque polus stetit imbribus,
sol latet ac nondum caelo venientibus astris (5)
desuper in terram nox funditur;
hanc si Threicio Boreas emissus ab antro
verberet et clausum reseret diem,
emicat et subito vibratus lumine Phoebus
mirantes oculos radiis ferit. (10)

3. Haud aliter tristitiae nebulis dissolutis hausi caelum 1
et ad cognoscendam medicantis faciem mentem recepi.
Itaque ubi in eam deduxi oculos intuitumque defixi, respicio 2
nutricem meam, cuius ab adulescentia laribus obversatus
fueram, Philosophiam. Et quid, inquam, tu in has exsilii 3
nostri solitudines, o omnium magistra virtutum, supero
cardine delapsa venisti, an ut tu quoque mecum rea falsis
criminationibus agiteris? — An, inquit illa, te, alumne, 4
desererem nec sarcinam, quam mei nominis invidia

---

1 elingem T^1 7 tergeamus P^1T^2 tergemus L^2 11 gl. nubila
Schrader, R. Volkmann, Peip. (coll. Sen. Phaedr. 737: ocior nubes
glomerante Coro); cf. Eng.   choro codd.   12 nimbo+sisque T stetit
(i e corr.) T 15 threicios L threicius P theicius T^1 trheicius V^1
emisus T^1 16 ververet $T^1L^1V^1$ clasum P^1 clarum Wakefield ad
Lucr. VI 174   17 ut $T^1L^1V^1KE$ Peip., cf. Verg. Aen. V 319: emicat
et Foebus T^1

5 sustulisti, communicato tecum labore partirer? Atqui Philosophiae fas non erat incomitatum relinquere iter innocentis, meam scilicet criminationem vererer et quasi 6 novum aliquid accideret, perhorrescerem? Nunc enim primum censes apud improbos mores lacessitam periculis esse sapientiam? Nonne apud veteres quoque ante nostri Platonis aetatem magnum saepe certamen cum stultitiae temeritate certavimus eodemque superstite praeceptor eius Socrates iniustae victoriam mortis me astante promeruit? 7 Cuius hereditatem cum deinceps Epicureum vulgus ac Stoicum ceterique pro sua quisque parte raptum ire molirentur meque reclamantem renitentemque velut in partem praedae traherent, vestem, quam meis texueram manibus, disciderunt abreptisque ab ea panniculis totam me sibi 8 cessisse credentes abiere. In quibus quoniam quaedam nostri habitus vestigia videbantur, meos esse familiares imprudentia rata nonnullos eorum profanae multitudinis 9 errore pervertit. Quodsi nec Anaxagorae fugam nec Socratis venenum nec Zenonis tormenta, quoniam sunt peregrina, novisti, at Canios, at Senecas, at Soranos, quorum nec pervetusta nec incelebris memoria est, scire 10 potuisti. Quos nihil aliud in cladem detraxit, nisi quod nostris moribus instituti studiis improborum dissimillimi 11 videbantur. Itaque nihil est, quod ammirere, si in hoc vitae salo circumflantibus agitemur procellis, quibus hoc maxime 12 propositum est pessimis displicere. Quorum quidem tametsi est numerosus exercitus, spernendus tamen est, quoniam nullo duce regitur, sed errore tantum temere ac passim 13 lymphante raptatur. Qui si quando contra nos aciem struens valentior incubuerit, nostra quidem dux copias suas in arcem contrahit, illi vero circa diripiendas inutiles

---

25 Plut. Ex. 602 d. 607 e: ὥσπερ ἐν νήσῳ σάλον ἐχούσῃ πολύν, καθάπερ φησὶν ὁ Πλάτων (Phaedr. 250 c)   31 cf. Klingner 3, 1

4 accideret PT^1 acciderit rel. Peip.   15 abire $P^1V^1E^1$ 24 ammiraere T^1 29 lymphanter aptatur L^1V, ut vid. T^1 instruens L

sarcinulas occupantur. At nos desuper irridemus vilissima 14
rerum quaeque rapientes securi totius furiosi tumultus eoque
vallo muniti, quo grassanti stultitiae aspirare fas non sit.

  IV. Quisquis composito serenus aevo
   fatum sub pedibus egit superbum _
   fortunamque tuens utramque rectus
   invictum potuit tenere vultum,
   non illum rabies minaeque ponti (5)
   versum funditus exagitantis aestum
   nec ruptis quotiens vagus caminis
   torquet fumificos Vesaevus ignes
   aut celsas soliti ferire turres
   ardentis via fulminis movebit. (10)
   Quid tantum miseri saevos tyrannos
   mirantur sine viribus furentes?
   Nec speres aliquid nec extimescas,
   exarmaveris impotentis iram;
   at quisquis trepidus pavet vel optat, (15)
   quod non sit stabilis suique iuris,
   abiecit clipeum locoque motus
   nectit, qua valeat trahi, catenam.

  4. Sentisne, inquit, haec atque animo illabuntur tuo 1
an ὄνος λύρας? Quid fles, quid lacrimis manas? Ἐξαύδα,
μὴ κεῦθε νόῳ. Si operam medicantis exspectas, oportet

23 Hom. Α 363

5 regit *Bednarz* (coll. Verg. Aen. VII 101) iecit *Rand* (coll. Verg.
Georg. II 492) dedit *Agricola*, *Peip.* tegit *Kluss.*; cf. *Eng.* 9 agitantis P
excitantis *interpres W* (*Lange coll*. IV m. 4, 1) *Peip.* exigentis *Obb.* (*Barth.
Adv.* V 16); cf. *Eng.* 10 camenis T¹L¹V¹ 14 suos *Peip.*² feros *Lange,
Peip.*, cf. *Eng.* 20 loco *ut vid.* T¹ loque V¹ 23 ad ΑΝΟΝΟϹ *schol.*
sine merito add. *PLV* expers P, *in mg.* V ἐξαύδα—νόῳ om. P ΕΖΑΥΛΑ V
(ἐξαύδα *Aur.*)   24 ΜΕ (*s. s.* Η et ne) ΚΕΥΘΕΝ (*s. s.* abscondas) *ΙΗΝ*
(*s. s.* ἰο, ἰε, solum) T ΜΙ ΚΕΥΘΕΝΙΜΙ L ΜΗ (*s. s.* ne) ΝΗ ΚΕΟΥΘΗ (Ν *sub
versu, s. s.* ἱ abscondas) ΟΛΥϹ V

2 vulnus detegas. — Tum ego collecto in vires animo: Anne
adhuc eget ammonitione nec per se satis eminet fortunae
in nos saevientis asperitas? Nihilne te ipsa loci facies
3 movet? Haecine est bibliotheca, quam certissimam tibi
sedem nostris in laribus ipsa delegeras, in qua mecum 5
saepe residens de humanarum divinarumque rerum scientia
4 disserebas? Talis habitus talisque vultus erat, cum tecum
naturae secreta rimarer, cum mihi siderum vias radio
describeres, cum mores nostros totiusque vitae rationem ad
caelestis ordinis exempla formares? Haecine praemia 10
5 referimus tibi obsequentes? Atqui tu hanc sententiam Platonis ore sanxisti beatas fore res publicas, si eas vel studiosi
sapientiae regerent vel earum rectores studere sapientiae
6 contigisset. Tu eiusdem viri ore hanc sapientibus
capessendae rei publicae necessariam causam esse monuisti, 15
ne improbis flagitiosisque civibus urbium relicta gubernacula
7 pestem bonis ac perniciem ferrent. Hanc igitur auctoritatem
secutus, quod a te inter secreta otia didiceram, transferre
8 in actum publicae amministrationis optavi. Tu mihi et, qui
te sapientium mentibus inseruit, deus conscii nullum me ad 20
magistratum nisi commune bonorum omnium studium detu-
9 lisse. Inde cum improbis graves inexorabilesque discordiae
et, quod conscientiae libertas habet, pro tuendo iure spreta
potentiorum semper offensio.

---

3 Cic. in Cat. I 1: nihilne te .. hic .. locus .. moverunt?
8/9 Verg. Aen. VI 849 sq.: caelique meatus describent radio   10 Plat.
Rep. 592 b: ἐν οὐρανῷ ἴσως παράδειγμα ἀνάκειται τῷ βουλομένῳ ὁρᾶν
καὶ ὁρῶντι ἑαυτὸν κατοικίζειν   11 sqq. Rep. 473 d. 487 e; de Arist. fr. 52 v.
Jaeger 53 sq. 97, 1; cf. Iul. Capitol. Vita M. Ant. 27, 7. Val. Max. VII 2
ext. 4.   Prud. C. Symm. I 32   14 Plat. Epist. X 350 b: ἅμα γὰρ ξυμβαίνει
καὶ χώραν καταλιμπάνειν φαύλοις ἀνθρώποις; Rep. I 347 c: τῆς ζημίας
μεγίστη τὸ ὑπὸ πονηροτέρου ἄρχεσθαι, cf. F. Novotný (Opera facult.
philos. Univ. Masaryk. Brun. XXX 1930, 272)

4 biblyotheca T biblioteca P   8 varias P   10 exemplar T¹
haecinae P (extr. -ae in ras.)   15 capessendae (s. s. et ae in ras.) P
rei p̄. PTLVE   16 inprovis T¹V¹   21 magisteriatum Vall.

Quotiens ego Conigastum in imbecilli cuiusque fortunas impetum facientem obvius excepi, quotiens Trigguillam regiae praepositum domus ab incepta, perpetrata iam prorsus iniuria deieci, quotiens miseros, quos infinitis calumniis impunita barbarorum semper avaritia vexabat, obiecta periculis auctoritate protexi! Numquam me ab iure ad iniuriam quicquam detraxit. Provincialium fortunas tum privatis rapinis, tum publicis vectigalibus pessumdari non aliter quam qui patiebantur indolui. Cum acerbae famis tempore gravis atque inexplicabilis indicta coemptio profligatura inopia Campaniam provinciam videretur, certamen adversum praefectum praetorii communis commodi ratione suscepi, rege cognoscente contendi et, ne coemptio exigeretur, evici. Paulinum consularem virum, cuius opes Palatinae canes iam spe atque ambitione devorassent, ab ipsis hiantium faucibus traxi. Ne Albinum consularem virum praeiudicatae accusationis poena corriperet, odiis me Cypriani delatoris opposui. Satisne in me magnas videor exacerbasse discordias? Sed esse apud ceteros tutior debui, qui mihi amore iustitiae nihil apud aulicos, quo magis essem tutior, reservavi. Quibus autem deferentibus perculsi sumus? Quorum Basilius olim regio ministerio depulsus in delationem nostri nominis alieni aeris necessitate compulsus est. Opilionem vero atque Gaudentium cum ob innumeras multiplicesque fraudes ire in exsilium regia censura decrevisset cumque illi parere nolentes sacrarum sese aedium

---

7 Plat. Apol. 33 a: οὐδενὶ πώποτε ξυγχωρήσας οὐδὲν παρὰ τὸ δίκαιον

---

2 triguillam *P* trigguilam *T*¹ tringuillam *T*²   3 propositum *P* ⟨a⟩ perpetrata *Kluss.* ⟨ac⟩ p. *Met.*² *Nolte Bas.*   6 iure ⟨quis eras.⟩ *P*
7 quicquam *P* quisquam *rel. Peip.*   10 inextricabilis *Lindahl, Glossar zu Notkers Boeth. De cons.* Ups. 1916, 99, 1   12 praef. *TLV*   prætori *L* pretii *P* praetorii (ii *m.* 2) *T* praet *V*   15 Palatini *F*² (*Schepss*)
17 corripere *P*   18 cipr. *PE*   19 exacerb. *PL*¹ exaceru. *rel. Peip.* (exacerbasse tractum est ab acervare *s. s. V*; *cf. infra* p. 101, 6)   20 aliquos *P* alicos *V*¹

defensione tuerentur compertumque id regi foret, edixit, uti, ni intra praescriptum diem Ravenna urbe decederent, notas insigniti frontibus pellerentur. Quid huic severitati posse astrui videtur? Atquin eo die deferentibus eisdem nominis nostri delatio suscepta est. Quid igitur, nostraene artes ita meruerunt an illos accusatores iustos fecit praemissa damnatio? Itane nihil fortunam puduit si minus accusatae innocentiae, at accusantium vilitas? At cuius criminis arguimur summam quaeres? Senatum dicimur salvum esse voluisse. Modum desideras? Delatorem, ne documenta deferret, quibus senatum maiestatis reum faceret, impedisse criminamur. Quid igitur, o magistra, censes? Infitiabimur crimen, ne tibi pudor simus? At volui nec umquam velle desistam. Fatebimur? Sed impediendi delatoris opera cessavit. An optasse illius ordinis salutem nefas vocabo? Ille quidem suis de me decretis, uti hoc nefas esset, effecerat. Sed sibi semper mentiens imprudentia rerum merita non potest immutare nec mihi Socratico decreto fas esse arbitror vel occuluisse veritatem vel concessisse mendacium. Verum id quoquo modo sit, tuo sapientiumque iudicio aestimandum relinquo. Cuius rei seriem atque veritatem, ne latere posteros queat, stilo etiam memoriaeque mandavi. Nam de compositis falso litteris, quibus libertatem arguor sperasse Romanam, quid attinet dicere? Quarum fraus aperta patuisset, si nobis ipsorum confessione delatorum, quod in omnibus negotiis maximas vires habet, uti licuisset. Nam quae sperari reliqua

---

19 sq. Theaet. 151 d: Ψευδός τε ξυγχωρῆσαι καὶ ἀληθὲς ἀφανίσαι οὐδαμῶς θέμις; cf. Rep. 485 c

2 ut intra PT^1 nisi V (m 2 ut vid.), K 4 atquin PT^2L^1 atqui in rel. Peip. 8 vilitas interpretis esse censuit Peip. vilitatis Glareanus (Petri Fabri codex apud Barthium Adv. 49, 3*) Peip.; cf. Eng. 9 quaeres PTV^1 quaeris rel. Peip. 12/13 quid itur ō mag. c. P 14 pudori T^2 Peip. 14/15 fatebamur P 15 cessabit K $Aur.^2$ Peip. 16 hordinis ex hominis P iudicabo T^2 21 est L 27 namque PT^1K namquę V

libertas potest? Atque utinam posset ulla! Respondissem Canii verbo, qui cum a Gaio Caesare Germanici filio conscius contra se factae coniurationis fuisse diceretur: 'Si ego', inquit, 'scissem, tu nescisses'. Qua in re non ita sensus nostros maeror hebetavit, ut impios scelerata contra virtutem querar molitos, sed, quae speraverint, effecisse vehementer ammiror. Nam deteriora velle nostri fuerit fortasse defectus, posse contra innocentiam, quae sceleratus quisque conceperit, inspectante deo monstri simile est. Unde haud iniuria tuorum quidam familiarium quaesivit: 'Si quidem deus', inquit, 'est, unde mala? bona vero unde, si non est?' Sed fas fuerit nefarios homines, qui bonorum omnium totiusque senatus sanguinem petunt, nos etiam, quos propugnare bonis senatuique viderant, perditum ire voluisse. Sed num idem de patribus quoque merebamur? Meministi, ut opinor, quoniam me dicturum quid facturumve praesens semper ipsa dirigebas, meministi, inquam, Veronae cum rex avidus exitii communis maiestatis crimen in Albinum delatae ad cunctum senatus ordinem transferre moliretur, universi innocentiam senatus quanta mei periculi securitate defenderim. Scis me haec et vera proferre et in nulla umquam mei laude iactasse; minuit enim quodam modo se probantis conscientiae secretum, quotiens ostentando quis factum recipit famae pretium. Sed innocentiam nostram quis exceperit eventus, vides; pro verae virtutis praemiis falsi sceleris poenas subimus. Eccuius umquam

---

9—11 Epicur. fr. 374 (Lactant. De ira dei 13, 21): si et vult (*tollere mala*) et potest, quod solum deo convenit, unde ergo sunt mala? aut cur illa non tollit?; *sed v.* Schündelen, Theol. Lit.-Bl. 1871, 60; Rand, Jahrb. Suppl. XXVI 430, 1

5 hebit. T^1 6 quaerar PV^1 9 aud K aut P^1 haut *ut vid.* V^1
19 delatum T^2E Notker (ἐπιφερόμενον Plan.)   molliretur P 22 *post* nulla *repetituri erant* et in PV 26 falsis P eccuius T^1 haec cuius PL^1 hęc T^2 (*in mg. al* et) et c. *rel. Peip.; cf. Prud.* Apoth. 492, *Arch. f. lat. Lex.* XV 76, *Phil. Woch.* 1913, 1145, *Jahrb.* CXV 761

facinoris manifesta confessio ita iudices habuit in severitate
concordes, ut non aliquos vel ipse ingenii error humani vel
fortunae condicio cunctis mortalibus incerta summitteret?
36 Si inflammare sacras aedes voluisse, si sacerdotes impio
iugulare gladio, si bonis omnibus necem struxisse diceremur,
praesentem tamen sententia, confessum tamen convictumve
punisset; nunc quingentis fere passuum milibus procul muti
atque indefensi ob studium propensius in senatum morti
proscriptionique damnamur. O meritos de simili crimine
neminem posse convinci!
37 Cuius dignitatem reatus ipsi etiam qui detulere
viderunt; quam uti alicuius sceleris ammixtione fuscarent, ob ambitum dignitatis sacrilegio me conscientiam
38 polluisse mentiti sunt. Atqui et tu insita nobis omnem
rerum mortalium cupidinem de nostri animi sede pellebas
et sub tuis oculis sacrilegio locum esse fas non erat.
Instillabas enim auribus cogitationibusque cotidie meis
39 Pythagoricum illud ἕπου θεῷ. Nec conveniebat vilissimorum me spirituum praesidia captare, quem tu in hanc
excellentiam componebas, ut consimilem deo faceres.
40 Praeterea penetral innocens domus, honestissimorum coetus
amicorum, socer etiam sanctus et aeque ac tu ipsa reveren-

---

17 sq. Stob. I 137 (Sosiades); Sen. De vita beat. 15, 5 (deum sequere),
Ad Lucil. (II) 16, 5; Iambl. Vita Pyth. 18 (86): ἅπας ὁ βίος συντέτακται
πρὸς τὸ ἀκολουθεῖν τῷ θεῷ   19 Sen. Ad Lucil. (VII) 48, 11: quod mihi
philosophia promittit, ut parem deo faciat.   Iambl. Protr. 3 (11, 14 P.):
ἡ .. γνῶσις τῶν θεῶν (θείων Reinesius, cf. Diels, Doxogr. 273, 12) ποιεῖ
.. ἡμᾶς τοῖς θεοῖς ὁμοίους

3 summiteret *PT* sumiteret *K*[1]   6 alterum tamen del. *TLV* om.
Peip.   convinctumve *P*[1]*K*   7 moti *T*[2]*L*[1]*V*[2]*KE*[2] *Notker*   9 merito
T[2]*LV*[2]; cf. Pfeilschifter (Kirchengesch. Stud. III 1/2, Münster 1896,
p. 178), qui vertit: „In der Tat, die Senatoren wären es wert, daß keiner
eines solchen Verbrechens überführt werden könnte‘   simile *P* dis-
simili *T*[1]   18 pithag. *L* pytag. *VE* phitag. *PK*   θεόν libri (ΑΠΟ
ΘΥ ΘΕΟΝ *T*[2]) θεοῖς *Eng.* de non diis s. s. *TLV* sed de deo sperare
auxilium add. *T*)   19 praesidium *L*   22 aequę *T*   ac tu ipsa *Sitzm.*
actu ipso libri Peip.

dus ab omni nos huius criminis suspicione defendunt. Sed — o nefas! illi vero de te tanti criminis fidem capiunt atque hoc ipso videbimur affines fuisse maleficio, quod tuis imbuti disciplinis, tuis instituti moribus sumus. Ita non est satis nihil mihi tuam profuisse reverentiam, nisi ultro tu mea potius offensione lacereris. At vero hic etiam nostris malis cumulus accedit, quod existimatio plurimorum non rerum merita, sed fortunae spectat eventum eaque tantum iudicat esse provisa, quae felicitas commendaverit; quo fit, ut existimatio bona prima omnium deserat infelices. Qui nunc populi rumores, quam dissonae multiplicesque sententiae, piget reminisci; hoc tantum dixerim ultimam esse adversae fortunae sarcinam, quod, dum miseris aliquod crimen affingitur, quae perferunt, meruisse creduntur. Et ego quidem bonis omnibus pulsus, dignitatibus exutus, existimatione foedatus ob beneficium supplicium tuli. Videre autem videor nefarias sceleratorum officinas gaudio laetitiaque fluitantes, perditissimum quemque novis delationum fraudibus imminentem, iacere bonos nostri discriminis terrore prostratos, flagitiosum quemque ad audendum quidem facinus impunitate, ad efficiendum vero praemiis incitari, insontes autem non modo securitate, verum ipsa etiam defensione privatos. Itaque libet exclamare:

V. O stelliferi conditor orbis,
qui perpetuo nixus solio
rapido caelum turbine versas
legemque pati sidera cogis,
ut nunc pleno lucida cornu   (5)

---

29 *ad Posidonium redire putat Galdi (Boll. fil. class.* XXXVI 1929, 139)

---

5 ultra V^2 11 multiplices quae T^1 14 affigitur T^2 *Notker*
17 feneratorum P 21 audiendum $T^1 V^1 K$ 22 insontis T^1 25 ad deum invocatio *adscribunt TL*

totis fratris obvia flammis
condat stellas luna minores,
nunc obscuro pallida cornu
Phoebo propior lumina perdat
et, qui primae tempore noctis
agit algentes Hesperos ortus,
solitas iterum mutet habenas
Phoebi pallens Lucifer ortu.
Tu frondifluae frigore brumae
stringis lucem breviore mora,
tu, cum fervida venerit aestas,
agiles nocti dividis horas.
Tua vis varium temperat annum,
ut, quas Boreae spiritus aufert,
revehat mites Zephyrus frondes,
quaeque Arcturus semina vidit,
Sirius altas urat segetes;
nihil antiqua lege solutum
linquit propriae stationis opus.
Omnia certo fine gubernans
hominum solos respuis actus
merito rector cohibere modo.
Nam cur tantas lubrica versat
Fortuna vices? Premit insontes
debita sceleri noxia poena,
at perversi resident celso
mores solio sanctaque calcant
iniusta vice colla nocentes.
Latet obscuris condita virtus
clara tenebris iustusque tulit

---

30 *cf.* 1 Petr. 3, 18: Christus semel pro peccatis nostris mortuus est, iustus pro iniustis

1 fratris totis *Peip.* totis fratris et *Pulman* 6 hesperus $PT^2LV^1K^1E$; *cf. infra* p. 44, 22   10 stingis T^1 12 noctis $V^2 Aur.$
15 reveat PV^1E 17 uret T^1 25 demta *Peip.* sceleri debita
L. *Müller, De re m.* 147, ² 158

I m. V 6—48. 5, 1—5 (17, 6—19, 17 Peip.)

crimen iniqui.
Nil periuria, nil nocet ipsis
fraus mendaci compta colore.
Sed cum libuit viribus uti,
quos innumeri metuunt populi, (40)
summos gaudet subdere reges.
O iam miseras respice terras,
quisquis rerum foedera nectis!
Operis tanti pars non vilis
homines quatimur fortunae salo. (45)
Rapidos, rector, comprime fluctus
et, quo caelum regis immensum,
firma stabiles foedere terras.

5. Haec ubi continuato dolore delatravi, illa vultu pla- 1
cido nihilque meis questibus mota: Cum te, inquit, maestum 2
lacrimantemque vidissem, ilico miserum exsulemque cognovi;
sed quam id longinquum esset exsilium, nisi tua prodidisset
oratio, nesciebam. Sed tu quam procul a patria non quidem 3
pulsus es, sed aberrasti ac, si te pulsum existimari mavis,
te potius ipse pepulisti; nam id quidem de te numquam
cuiquam fas fuisset. Si enim, cuius oriundo sis patriae, 4
reminiscare, non uti Atheniensium quondam multitudinis
imperio regitur, sed εἷς κοίρανός ἐστιν, εἷς βασιλεύς, qui
frequentia civium, non depulsione laetetur, cuius agi frenis
atque obtemperare iustitiae libertas est. An ignoras illam 5
tuae civitatis antiquissimam legem, qua sanctum est ei ius
exsulare non esse, quisquis in ea sedem fundare maluerit?
Nam qui vallo eius ac munimine continetur, nullus metus

23 Hom. B 204 sq.

3 mendali* T^1 6 gaudet K^1 (Agricola) gaudent rel. Peip.
10 sale Peip.   11 rabidos T^2 13 stabili Wakefield ad Lucr. V 1001
15 quaest. PL^1 16 exsulemquae T^1 21 **fas T oriundus J^2
Aur.^{2} KE   22 reminiscaris V   23 ΚΟΥΡΑΝΟC PT   26 s*anctum T^1
sancitum T^2V^2K eius PL^1

est, ne exsul esse mereatur; at quisquis inhabitare eam velle
desierit, pariter desinit etiam mereri. Itaque non tam me
loci huius quam tua facies movet nec bibliothecae potius
comptos ebore ac vitro parietes quam tuae mentis sedem
requiro, in qua non libros, sed id, quod libris pretium facit,
librorum quondam meorum sententias collocavi. Et tu
quidem de tuis in commune bonum meritis vera quidem, sed
pro multitudine gestorum tibi pauca dixisti. De obiectorum
tibi vel honestate vel falsitate cunctis nota memorasti. De
sceleribus fraudibusque delatorum recte tu quidem strictim
attingendum putasti, quod ea melius uberiusque recognoscentis omnia vulgi ore celebrentur. Increpuisti etiam
vehementer iniusti factum senatus. De nostra etiam
criminatione doluisti, laesae quoque opinionis damna
flevisti. Postremus adversum fortunam dolor incanduit
conquestusque non aequa meritis praemia pensari in extremo Musae saevientis, uti, quae caelum, terras quoque
pax regeret, vota posuisti. Sed quoniam plurimus tibi affectuum tumultus incubuit diversumque te dolor ira maeror
distrahunt, uti nunc mentis es, nondum te validiora remedia
contingunt. Itaque lenioribus paulisper utemur, ut, quae
in tumorem perturbationibus influentibus induruerunt, ad
acrioris vim medicaminis recipiendam tactu blandiore
mollescant.

---

18 (pax) Klingner p. 5 (adn. 3) *et poetarum veterum locos meo
quidem iudicio minus aptos et orationem dominicam adfert*   20 Plut.
Apoll. 102a: οὐδὲ γὰρ οἱ βέλτιστοι τῶν ἰατρῶν πρὸς τὰς ἀθρόας τῶν
ῥευμάτων ἐπιφορὰς εὐθὺς προσφέρουσι τὰς διὰ τῶν φαρμάκων βοηθείας
.. ἐπεὶ δὲ καὶ χρόνος ὁ πάντα πεπαίνειν εἰωθὼς ἐγγέγονε τῇ συμφορᾷ
καὶ ἡ περὶ σὲ διάθεσις ἀπαιτεῖν ἔοικε τὴν παρὰ τῶν φίλων βοήθειαν,
καλῶς ἔχειν ὑπέλαβον τῶν παραμυθητικῶν σοι μεταδοῦναι λόγων;
cf. Müller 34. Wilhelm 608 sq., 621, 1

---

1 eam inhab. *T Peip.*   2 destiterit T^1LV^1 tamen *P*   9 *prius*
vel *eras. T*   13 fatum *P*   15 aduersus *PK*   17 utique PT^1K
18/19 affectum T^1 *Peip.*

VI. Cum Phoebi radiis grave
Cancri sidus inaestuat,
tum qui larga negantibus
sulcis semina credidit,
elusus Cereris fide (5)
quernas pergat ad arbores.
Numquam purpureum nemus
lecturus violas petas,
cum saevis Aquilonibus
stridens campus inhorruit, (10)
nec quaeras avida manu
vernos stringere palmites,
uvis si libeat frui;
autumno potius sua
Bacchus munera contulit. (15)
Signat tempora propriis
aptans officiis deus
nec, quas ipse cohercuit,
misceri patitur vices.
Sic quod praecipiti via (20)
certum deserit ordinem,
laetos non habet exitus.

6. Primum igitur paterisne me pauculis rogationibus 1
statum tuae mentis attingere atque temptare, ut, qui modus
sit tuae curationis, intellegam? — Tu vero arbitratu, in- 2
quam, tuo quae voles ut responsurum rogato. — Tum illa: 3
Huncine, inquit, mundum temerariis agi fortuitisque casibus
putas an ullum credis ei regimen inesse rationis? — Atqui, 4
inquam, nullo existimaverim modo, ut fortuita temeritate
tam certa moveantur, verum operi suo conditorem praesidere deum scio nec umquam fuerit dies, qui me ab hac
sententiae veritate depellat. — Ita est, inquit; nam id etiam 5

---

23 *de fontibus capitis 6 v.* Müller 23

15 Bachus *PT²K*   28 nullum *K* putas? nullum *P*   rationes *P*¹

paulo ante cecinisti hominesque tantum divinae exsortes curae esse deplorasti. Nam de ceteris, quin ratione regerentur, nihil movebare. Papae autem vehementer ammiror, cur in tam salubri sententia locatus aegrotes. Verum altius perscrutemur; nescio quid abesse coniecto. Sed dic mihi, quoniam deo mundum regi non ambigis, quibus etiam gubernaculis regatur, advertis? — Vix, inquam, rogationis tuae sententiam nosco, nedum ad inquisita respondere queam. — Num me, inquit, fefellit abesse aliquid, per quod velut hiante valli robore in animum tuum perturbationum morbus inrepserit? Sed dic mihi, meministine, quis sit rerum finis quove totius naturae tendat intentio? — Audieram, inquam, sed memoriam maeror hebetavit. — Atqui scis, unde cuncta processerint. — Novi, inquam. deumque esse respondi. — Et qui fieri potest, ut principio cognito, quis sit rerum finis, ignores? Verum hi perturbationum mores, ea valentia est, ut movere quidem loco hominem possint, convellere autem sibique totum exstirpare non possint. Sed hoc quoque respondeas velim, hominemne te esse meministi. — Quidni, inquam, meminerim? — Quid igitur homo sit, poterisne proferre? — Hocine interrogas. an esse me sciam rationale animal atque mortale? Scio et id me esse confiteor. — Et illa: Nihilne aliud te esse novisti? — Nihil. — Iam scio, inquit, morbi tui aliam vel maximam causam; quid ipse sis, nosse desisti. Quare plenissime vel aegritudinis tuae rationem vel aditum reconciliandae sospitatis inveni. Nam quoniam tui oblivione confunderis, et exsulem te et exspoliatum propriis bonis esse doluisti. Quoniam vero, quis sit rerum finis, ignoras, nequam homines atque nefarios potentes felicesque arbitraris; quoniam vero. quibus gubernaculis mundus regatur, oblitus es, has for-

---

1 *v. supra* 14, 21   22 Boeth. In Porph. III 4 (CSEL IIL 208, 21 sq.): si rationali mortale subieceris, hominem feceris. Plut. Apoll. 116b: ζῷον .. θνητόν

4 quur *PTL*[1]   14 *de* atqui *cf. Schepss, Phil.* 1893, 380   21 hoccine *T*[2]   25 scis *P*   29 hominis *T*[1]*V*[1]

tunarum vices aestimas sine rectore fluitare: magnae non
ad morbum modo, verum ad interitum quoque causae; sed
sospitatis auctori grates, quod te nondum totum natura
destituit. Habemus maximum tuae fomitem salutis veram
de mundi gubernatione sententiam, quod eam non casuum
temeritati, sed divinae rationi subditam credis; nihil igitur
pertimescas, iam tibi ex hac minima scintillula vitalis calor
illuxerit. Sed quoniam firmioribus remediis nondum tempus
est et eam mentium constat esse naturam, ut, quotiens
abiecerint veras, falsis opinionibus induantur, ex quibus
orta perturbationum caligo verum illum confundit intuitum,
hanc paulisper lenibus mediocribusque fomentis attenuare
temptabo, ut dimotis fallacium affectionum tenebris splendorem verae lucis possis agnoscere.

      VII. Nubibus atris
         condita nullum
         fundere possunt
         sidera lumen.
         Si mare volvens   (5)
         turbidus Auster
         misceat aestum,
         vitrea dudum
         parque serenis
         unda diebus   (10)
         mox resoluto
         sordida caeno
         visibus obstat
         quique vagatur
         montibus altis   (15)
         defluus amnis,
         saepe resistit

---

1 *r. infra* 72, 12   8 *v. supra* 16, 20

---

  2 modum vero *P*   3 n̄*dum *T*   4 distuit *T*[1]   5 casum *T*[1] *Peip.*
10 imbuantur *Sitzm.*   11 confudit *P*   16 candita *P*

Boethii Phil. cons.

rupe soluti
obice saxi.
(20) Tu quoque si vis
lumine claro
cernere verum,
tramite recto
carpere callem:
(25) gaudia pelle,
pelle timorem
spemque fugato
nec dolor adsit.
Nubila mens est
(30) vinctaque frenis,
haec ubi regnant.

LIBER II.

1. Post haec paulisper obticuit atque, ubi attentionem meam modesta taciturnitate collegit, sic exorsa est: Si penitus aegritudinis tuae causas habitumque cognovi, fortunae prioris affectu desiderioque tabescis; ea tantum animi tui, sicuti tu tibi fingis, mutata pervertit. Intellego multiformes illius prodigii fucos et eo usque cum his, quos eludere nititur, blandissimam familiaritatem, dum intolerabili dolore confundat, quos insperata reliquerit. Cuius si

---

4 Mart. Cap. 54, 13 D. (35, 28 E.): lumine claro .. cernere vultus
8 sqq. cf. Verg. Aen. V 812; VI 733: hinc cupiunt metuuntque dolent gaudentque

11 timor T (dolor in mg.), V^1
Anicii Manlii (Mallii P Manilii LE) Severini Boethii (Boethi L Boetii PT^1V^2 Boeti $Aur.$) (τ͞c ex (sic) in͞l) P Excon͞s Or͞d (Exmag. Off. Atq.) P Patr. (Patricio (sic) P Philosophiae (-ie T^1 -ice T^2) Consolationis Explicit Li͞b I Incipit Li͞b II Feliciter $PTLV Aur. E$
18 statum in ras. V (τὴν τῆς σῆς διανοίας κατάστασιν ἐπὶ τοσόνδε μεθαρμοσθεῖσαν Plan.) 19 post tui s. v. s. virtutem T

naturam, mores ac meritum reminiscare, nec habuisse te in
ea pulchrum aliquid nec amisisse cognosces, sed, ut arbitror,
haud multum tibi haec in memoriam revocare laboraverim.
Solebas enim praesentem quoque blandientemque virilibus
incessere verbis eamque de nostro adyto prolatis insectabare
sententiis. Verum omnis subita mutatio rerum non sine
quodam quasi fluctu contingit animorum; sic factum est, ut
tu quoque paulisper a tua tranquillitate descisceres. Sed
tempus est haurire te aliquid ac degustare molle atque
iucundum, quod ad interiora transmissum validioribus
haustibus viam fecerit. Adsit igitur rhetoricae suadela
dulcedinis, quae tum tantum recto calle procedit, cum
nostra instituta non deserit cumque hac musica laris nostri
vernacula nunc leviores, nunc graviores modos succinat.
Quid est igitur, o homo, quod te in maestitiam luctum-
que deiecit? Novum, credo, aliquid inusitatumque vidisti.
Tu fortunam putas erga te esse mutatam: erras. Hi semper
eius mores sunt, ista natura. Servavit circa te propriam
potius in ipsa sui mutabilitate constantiam; talis erat, cum
blandiebatur, cum tibi falsae illecebris felicitatis alluderet.
Deprehendisti caeci numinis ambiguos vultus. Quae sese
adhuc velat aliis, tota tibi prorsus innotuit. Si probas, utere
moribus, ne queraris. Si perfidiam perhorrescis, sperne
atque abice perniciosa ludentem; nam quae nunc tibi est
tanti causa maeroris, haec eadem tranquillitatis esse debuisset. Reliquit enim te, quam non relicturam nemo
umquam poterit esse securus. An vero tu pretiosam

---

11 *v. supra* 16, 20 sq. *et* Klingner 12 sq.. *qui de populari philosophia verba facit*

4 bland. quoque $T^1L^1V^1$ *Aur.*[1] *Peip.* 5 adto L^1 aditu PE^1
adytu V^2 7 contingat P^1 8 descisceris $PT^1L^1V^1$ discesseris
V^2 *Aur. K* 11 reth. *PTLVK* 12 recta PL^1E^1, *ut vid.* T^1V^1
13 hanc $P^1T^1V^1$ misice *ut vid.* T^1 17 mutatum *Peip.* (*typothetarum ut vid. errore*) 18 servabit PT^1LV servabat *Aur.* 21 nominis T^1
23 perfidam W^1 *Erfurt. Par.* 15090 ; probat *Schepss* 23 sq. sperne atque *om.* P

aestimas abituram felicitatem et cara tibi est fortuna praesens nec manendi fida et, cum discesserit, allatura maerorem? Quodsi nec ex arbitrio retineri potest et calamitosos fugiens facit, quid est aliud fugax quam futurae quoddam calamitatis indicium? Neque enim, quod ante oculos situm est, suffecerit intueri; rerum exitus prudentia metitur eademque in alterutro mutabilitas nec formidandas fortunae minas nec exoptandas facit esse blanditias. Postremo aequo animo toleres oportet, quicquid intra fortunae aream geritur, cum semel iugo eius colla summiseris. Quodsi manendi abeundique scribere legem velis ei, quam tu tibi dominam sponte legisti, nonne iniurius fueris et impatientia sortem exacerbes, quam permutare non possis? Si ventis vela committeres, non quo voluntas peteret, sed quo flatus impellerent, promoveres; si arvis semina crederes, feraces inter se annos sterilesque pensares. Fortunae te regendum dedisti, dominae moribus oportet obtemperes. Tu vero volventis rotae impetum retinere conaris? At, omnium mortalium stolidissime, si manere incipit, fors esse desistit.

I. Haec cum superba verterit vices dextra
et aestuantis more fertur Euripi,
dudum tremendos saeva proterit reges
humilemque victi sublevat fallax vultum.
(5) Non illa miseros audit aut curat fletus

6/11 Plut. Apoll. 102 f sq.: σωφρόνων ἀνδρῶν πρός τε τὰς δοκούσας εὐτυχίας τὸν αὐτὸν εἶναι καὶ πρὸς τὰς ἀτυχίας φυλάξαι τὸ πρέπον.. (111c:) οὐ γὰρ νομοθετήσοντες πάρεσμεν εἰς τὸν βίον, ἀλλὰ πεισόμενοι τοῖς.. τῆς εἱμαρμένης καὶ προνοίας θεσμοῖς 18 ibid. 103 f: τροχοῦ περιστείχοντος ἄλλοθ᾽ ἡτέρα ἁψὶς ὕπερθε γίγνετ᾽ ἄλλοθ᾽ ἡτέρα. Euseb. Praep. ev. VI 8, 22: ἐπὶ σφαίρας βεβηκυῖαν τὴν τύχην ἔδειξαν; cf. Hartlich 319; Rainfurt, Quellenkrit. von Galens Protr. 15 (2 γυνὴ ἑστηκυῖα ἐπὶ λίθου τινὸς στρογγύλου), infra 24, 8; R.-E. VII 41, 60 19 Epicteti ὦ ταλαίπωροι cf. Klingner 12, 4

---

1 habituram $PTLV^1$ 6 sufficerit PT^1L^1KE 8 blanditas P 16 sterelisque P^1 19 foras P 21 exaest. T^2L^2 Peip. eurapi K, ut vid. P^1 eurypi L^2 23 que om. P

ultroque gemitus, dura quos fecit, ridet.
Sic illa ludit, sic suas probat vires
magnumque su⟨ae v⟩is monstrat ostentum, si quis
visatur una stratus ac felix hora.

2. Vellem autem pauca tecum Fortunae ipsius verbis
agitare; tu igitur, an ius postulet, animadverte. 'Quid tu,
homo, ream me cotidianis agis querelis, quam tibi fecimus
iniuriam, quae tibi tua detraximus bona? Quovis iudice de
opum dignitatumque mecum possessione contende et, si
cuiusquam mortalium proprium quid horum esse monstraveris, ego iam tua fuisse, quae repetis, sponte concedam.
Cum te matris utero natura produxit, nudum rebus omnibus
inopemque suscepi, meis opibus fovi et, quod te nunc
impatientem nostri facit, favore prona indulgentius educavi,
omnium, quae mei iuris sunt, affluentia et splendore circumdedi. Nunc mihi retrahere manum libet: habes gratiam
velut usus alienis, non habes ius querelae, tamquam prorsus
tua perdideris. Quid igitur ingemescis? Nulla tibi a nobis
est allata violentia. Opes, honores ceteraque talium mei
sunt iuris, dominam famulae cognoscunt, mecum veniunt,
me abeunte discedunt. Audacter adfirmem, si tua forent,
quae amissa conquereris, nullo modo perdidisses. An ego

---

4 Plut. Apoll. 103 d. 104 a, b: ὀρθῶς ὁ Φαληρεὺς Δημήτριος εἰπόντος
Εὐριπίδου (fr. 420, 2) μικρὰ τὰ (μικρότατα libri) σφάλλοντα καὶ μι'
ἡμέρα | τὰ μὲν καθεῖλεν ὑψόθεν, τὰ δ' ἦρ' ἄνω | τὰ μὲν ἄλλα καλῶς
ἔφη λέγειν αὐτόν, βέλτιον δ' ἂν ἔχειν, εἰ μὴ μίαν ἡμέραν, ἀλλὰ στιγμὴν
εἶπε χρόνου   6 Dio Chrys. LXV 8 δοκεῖ μοι ἡ Τύχη πρὸς αὐτοὺς
δίκαια ἂν εἰπεῖν (cf. Klingner 15)   7 sqq. Cic. Tusc. I 93: quid est
quod querare, si repetit, cum vult; ea enim condicione acceperas. Plut.
Apoll. 116 a: ἐπὶ πάντων λέγειν χρή· τὰ τῶν θεῶν ἔχοντες ἐπιμελούμεθα. | ὅταν δὲ χρῄζωσ', αὖτ' ἀφαιροῦνται πάλιν. | οὐ δεῖ οὖν δυσφορεῖν,
ἐάν, ἃ ἔχρησαν ἡμῖν πρὸς ὀλίγον, ταῦτ' ἀπαιτῶσιν

3 suae vis Eng. 56 suis libri   si quis versui sequ. add. PT¹V¹
8 tua tibi TV Peip.   13 te s. v. P   15 iuri P   16 debes Peip., cf.
Nolte habe Vall. e coni. ut vid. Crescii   20 iuris s. v. P   22 perdidisse P

sola meum ius exercere prohibebor? Licet caelo proferre
lucidos dies eosdemque tenebrosis noctibus condere, licet
anno terrae vultum nunc floribus frugibusque redimire,
nunc nimbis frigoribusque confundere, ius est mari nunc
strato aequore blandiri, nunc procellis ac fluctibus inhor- 5
rescere: nos ad constantiam nostris moribus alienam in-
9 expleta hominum cupiditas alligabit? Haec nostra vis est,
hunc continuum ludum ludimus: rotam volubili orbe
versamus, infima summis, summa infimis mutare gaudemus.
10 Ascende, si placet, sed ea lege, ne, uti cum ludicri mei ratio 10
11 poscet, descendere iniuriam putes. An tu mores ignorabas
meos? Nesciebas Croesum regem Lydorum Cyro paulo ante
formidabilem, mox deinde miserandum rogi flammis
12 traditum, misso caelitus imbre defensum? Num te praeterit
Paulum Persi regis a se capti calamitatibus pias impendisse 15
lacrimas? Quid tragoediarum clamor aliud deflet nisi
13 indiscreto ictu fortunam felicia regna vertentem? Nonne
adulescentulus δύο πίθους, τὸν μὲν ἕνα κακῶν, τὸν δὲ ἕτερον
14 ἐάων in Iovis limine iacere didicisti? Quid si uberius de
bonorum parte sumpsisti, quid si a te non tota discessi, 20

3/5 Plut. Apoll. 103 b: ὥσπερ γὰρ ἐν φυτοῖς ποτὲ μὲν πολυκαρπίαι
γίγνονται, ποτὲ δ᾽ ἀκαρπίαι.. καὶ ἐν θαλάττῃ εὐδίαι τε καὶ χειμῶνες,
οὕτω καὶ ἐν βίῳ πολλαὶ καὶ ποικίλαι περιστάσεις γιγνόμεναι πρὸς τὰς
ἐναντίας περιάγουσι τοὺς ἀνθρώπους τύχας   8 sq. (cf. supra 22, 18, infra
43, 10) Hor. Carm. I 34, 12: valet ima summis mutare; III 29, 49 sq.:
fortuna .. ludum insolentem ludere pertinax. Plut. Apoll. 103 e: ῥᾳδίως
τὰ ὑψηλὰ γίγνεται ταπεινὰ καὶ τὰ χθαμαλὰ πάλιν ὑψοῦται ταῖς ὀξυρρόποις
μεθιστάμενα τῆς τύχης μεταβολαῖς. Otto, Sprichwört. 142; Arch. lat.
Lex. III 219 sq.   18 Hom. Ω 527 sq.: δοιοὶ γάρ τε πίθοι κατακέαται ἐν
Διὸς οὔδει | δώρων, οἷα δίδωσι, κακῶν, ἕτερον δὲ ἑάων (Plut. Apoll. 105 c;
Ex. 600 d.   Eus. Pr. ev. XIII 3, 12)

2 eademque P   3 redimere PT¹L¹V¹, in ras. K   7 allegabit L¹
allegavit T¹V¹ alligavit PV²E   10 uti ne Vall. ne utique Kluss. ne
tu Peip., cf. Eng.² cum om. Par. 15090   13 'miserandum' Burmann ad
Anth. Lat. I 196   regi P   flammas T¹   15 inpedisse P¹   18 ΑΥΟΥC
L¹ ΔΥΟΥC TE   δοιοὺς Peip.   ΠΙΘΥC K, (Θ in ras.) P   TON NEN P
TON AE PL¹   ΚΑΛΩΝ KE ΚΑΛΟΝ T²V   19 ovis P

quid si haec ipsa mei mutabilitas iusta tibi causa est sperandi meliora, tamen ne animo contabescas et intra commune omnibus regnum locatus proprio vivere iure desideres?'

II. Si quantas rapidis flatibus incitus
    pontus versat harenas
aut quot stelliferis edita noctibus
    caelo sidera fulgent,
tantas fundat opes nec retrahat manum   (5)
    pleno Copia cornu,
humanum miseras haud ideo genus
    cesset flere querelas.
Quamvis vota libens excipiat deus
    multi prodigus auri   (10)
et claris avidos ornet honoribus,
    nil iam parta videntur,
sed quaesita vorans saeva rapacitas
    alios pandit hiatus.
Quae iam praecipitem frena cupidinem   (15)
    certo fine retentent,
largis cum potius muneribus fluens
    sitis ardescit habendi?
Numquam dives agit, qui trepidus gemens
    sese credit egentem.   (20)

3. His igitur, si pro se tecum Fortuna loqueretur, quid profecto contra hisceres, non haberes; aut, si quid est, quo querelam tuam iure tuearis, proferas oportet, dabimus dicendi locum. — Tum ego: Speciosa quidem ista sunt,

---

2/3 Plut. Apoll. 103 c, d (Menander): εἰ δ'ἐπὶ τοῖς αὐτοῖς νόμοις | ἐφ' οἷσπερ ἡμεῖς ἔσπασας τὸν ἀέρα | τὸν κοινὸν .. οἰστέον ἄμεινον ταῦτα καὶ λογιστέον   9 Hor. Carm. saec. 59

---

4 rabidis T^2LV^1E 6 quod P quo V^1 stelligeris L   10 haudideo continuaturus erat T^1 11 cesse T^1 15 parte T^1 17 altos deter., Rand   20 largus $PT^1L^1V^1$; cf. Eng.³   22 erit V^2 23 creditegentem continuaturus erat T^1 aeg. P   24 fortune P

inquam, oblitaque rhetoricae ac musicae melle dulcedinis tum tantum, cum audiuntur, oblectant, sed miseris malorum altior sensus est; itaque cum haec auribus insonare desierint, insitus animum maeror praegravat. — Et illa: Ita est, inquit; haec enim nondum morbi tui remedia, sed adhuc contumacis adversum curationem doloris fomenta quaedam sunt. Nam quae in profundum sese penetrent, cum tempestivum fuerit, ammovebo, verumtamen ne te existimari miserum velis; an numerum modumque tuae felicitatis oblitus es? Taceo, quod desolatum parente summorum te virorum cura suscepit delectusque in affinitatem principum civitatis, quod pretiosissimum propinquitatis genus est, prius carus quam proximus esse coepisti. Quis non te felicissimum cum tanto splendore socerorum, cum coniugis pudore, tum masculae quoque prolis oportunitate praedicavit? Praetereo — libet enim praeterire communia — sumptas in adulescentia negatas senibus dignitates: ad singularem felicitatis tuae cumulum venire delectat. Si quis rerum mortalium fructus ullum beatitudinis pondus habet, poteritne illius memoria lucis quantalibet ingruentium malorum mole deleri, cum duos pariter consules liberos tuos domo provehi sub frequentia patrum, sub plebis alacritate vidisti, cum eisdem in curia curules insidentibus tu regiae laudis orator ingenii gloriam facundiaeque meruisti, cum in circo duorum medius consulum circumfusae multitudinis exspectationem triumphali largitione satiasti? Dedisti, ut opinor, verba Fortunae, dum te illa demulcet, dum te ut delicias suas fovet. Munus, quod nulli umquam privato commodaverat, abstulisti. Visne igitur cum Fortuna calculum ponere? Nunc te primum liventi oculo praestrinxit.

---

1 reth. *PTV¹E*   mellea dulcedine *Wakefield ad* Lucr. III 948
6 curationum *T¹V¹*   dolores *PT²K¹*   7 namque *P*   11 affinitate *PVK*   principium *P*   13 te *s.v. T*   15 cum *V²E, Peip.* (*typothetarum errore*)   20 lucis *om. P* (beatitudinis *s.s. V*)   24 facundiae quae *T*   25 conss. *PTLVE*   27 tum (te illa) *PT¹*   30 te *s.v. T*   libenti *PT¹V¹Aur.¹K¹*   praestinxit *P* praestrixit *K*

Si numerum modumque laetorum tristiumve consideres,
adhuc te felicem negare non possis. Quodsi idcirco te 11
fortunatum esse non aestimas, quoniam, quae tunc laeta
videbantur, abierunt, non est, quod te miserum putes,
quoniam, quae nunc creduntur maesta, praetereunt. An tu 12
in hanc vitae scenam nunc primum subitus hospesque
venisti? Ullamne humanis rebus inesse constantiam reris,
cum ipsum saepe hominem velox hora dissolvat? Nam 13
etsi rara est fortuitis manendi fides, ultimus tamen vitae
dies mors quaedam fortunae est etiam manentis. Quid igitur 14
referre putas, tune illam moriendo deseras an te illa
fugiendo?

III. Cum polo Phoebus roseis quadrigis
  lucem spargere coeperit,
  pallet albentes hebetata vultus
  flammis stella prementibus.
  Cum nemus flatu Zephyri tepentis   (5)
  vernis inrubuit rosis,
  spiret insanum nebulosus Auster,
  iam spinis abeat decus.
  Saepe tranquillo radiat sereno
  immotis mare fluctibus,   (10)
  saepe ferventes Aquilo procellas
  verso concitat aequore.
  Rara si constat sua forma mundo,
  si tantas variat vices,
  crede fortunis hominum caducis,   (15)
  bonis crede fugacibus!
  Constat aeterna positumque lege est,
  ut constet genitum nihil.

---

29 *cf.* Stob. IV 34, 67 (*Clitomachi Consol.*, *quam Carthagine patria deleta ad populares scripsit*, v. Cic. Tusc. III 54): οὐδὲν τῶν ἀνθρωπίνων βέβαιον, ἀλλὰ πάντα φέρεται φορᾷ τινι παραλόγῳ

13 poli *Wakefield ad* Lucr. II 143   15 habentes *P*   20 habeat *PT*[1]   22 iam motis *P*   28 donis *T*[2] (*probant Kluss., Schepss*).

4. Tum ego: Vera, inquam, commemoras, o virtutum omnium nutrix, nec infitiari possum prosperitatis meae velocissimum cursum. Sed hoc est, quod recolentem vehementius coquit; nam in omni adversitate fortunae infelicissimum est genus infortunii fuisse felicem. — Sed quod tu, inquit, falsae opinionis supplicium luas, id rebus iure imputare non possis. Nam si te hoc inane nomen fortuitae felicitatis movet, quam pluribus maximisque abundes, mecum reputes licet. Igitur si, quod in omni fortunae tuae censu pretiosissimum possidebas, id tibi divinitus inlaesum adhuc inviolatumque servatur, poterisne meliora quaeque retinens de infortunio iure causari? Atqui viget incolumis illud pretiosissimum generis humani decus Symmachus socer et — quod vitae pretio non segnis emeres — vir totus ex sapientia virtutibusque factus suarum securus tuis ingemescit iniuriis. Vivit uxor ingenio modesta, pudicitia pudore praecellens et, ut omnes eius dotes breviter includam, patri similis, vivit, inquam, tibique tantum vitae huius exosa spiritum servat, quoque uno felicitatem minui tuam vel ipsa concesserim, tui desiderio lacrimis ac dolore tabescit. Quid dicam liberos consulares, quorum iam ut in id aetatis pueris . vel paterni vel aviti specimen elucet ingenii? Cum igitur praecipua sit mortalibus vitae cura retinendae, o te, si tua bona cognoscas, felicem, cui suppetunt etiam nunc, quae vita nemo dubitat esse cariora. Quare sicca iam lacrimas; nondum est ad unum omnes exosa fortuna nec tibi nimium valida tempestas incubuit,

---

24 Verg. Georg. II 458: O fortunatos nimium, sua si bona norint, agricolas!

5 fel. fuisse *PVE* 6 luis T^2 8 maximis quae T^1 13 simm. *PTL* symmacus *K* 14 quod et *Barth* vir ** *T* 16 sq. pudicitia PT^1V^1 *Aur.*[1] (cf. Sall. Cat. 12,2. Cic. in Cat. II 25; pro Mil. 77) pudicitiae T^2LV^2 del. *Volkmann* pudicitia et *Kluss.* p. ac *Eng.* pudicitiae flore *Peip.* (p. LXVI) pudore dcl. Βασ.; cf. *Schepss, Philol.* 1893, 381 19 exossa *P* 20 tuo PV^1 22 avi *P* 23 precipue *P* 24 cuius *P* 27 exossa PL^1

quando tenaces haerent ancorae, quae nec praesentis solamen nec futuri spem temporis abesse patiantur. — Et haereant, inquam, precor; illis namque manentibus, utcumque se res habeant, enatabimus. Sed quantum orna- 5 mentis nostris decesserit, vides. — Et illa: Promovimus, inquit, aliquantum, si te nondum totius tuae sortis piget. Sed delicias tuas ferre non possum, qui abesse aliquid tuae beatitudini tam luctuosus atque anxius conqueraris. Quis est enim tam compositae felicitatis, ut non aliqua ex parte 10 cum status sui qualitate rixetur? Anxia enim res est humanorum condicio bonorum et quae vel numquam tota proveniat vel numquam perpetua subsistat. Huic census exuberat, sed est pudori degener sanguis; hunc nobilitas notum facit, sed angustia rei familiaris inclusus esse mallet 15 ignotus. Ille utroque circumfluus vitam caelibem deflet, ille nuptiis felix orbus liberis alieno censum nutrit heredi; alius prole laetatus filii filiaeve delictis maestus illacrimat. Idcirco nemo facile cum fortunae suae condicione concordat; inest enim singulis, quod inexpertus ignoret, expertus ex- 20 horreat. Adde, quod felicissimi cuiusque delicatissimus sensus est et, nisi ad nutum cuncta suppetant, omnis adversitatis insqlens minimis quibusque prosternitur: adeo perexigua sunt, quae fortunatissimis beatitudinis summam detrahunt. Quam multos esse coniectas, qui sese caelo 25 proximos arbitrentur, si de fortunae tuae reliquiis pars eis minima contingat? Hic ipse locus, quem tu exsilium vocas,

---

8/9 Plut. Apoll. 103b: οὐκ ἔστιν ὅστις πάντ' ἀνὴρ εὐδαιμονεῖ. Hinc usque ad IV 6 *Protreptici Aristotelis excerptis Boethium usum esse adfirmat* Usener 51, *obloquuntur* Müller (II 5—III 9), Rand, Klingner 8 sq. 24 Plut. Ex. 600a: οὐ γὰρ οἶμαι πολλοὺς εἶναι Σαρδιανῶν, οἳ μὴ τὰ σὰ πράγματα καὶ μετὰ φυγῆς μᾶλλον ἐθελήσουσιν αὐτοῖς ὑπάρχειν. Ad ux. 611b: δεινόν ἐστιν ἑτέρους; μὲν ἡδέως ἂν ἑλέσθαι τὴν σὴν τύχην . . πηλίκας ἔχει τὰ σῳζόμενα χάριτας

---

8 atque *s. v. T¹*   9 est *om. P*   aliqui *P*   13 (vel) degener *P*
17 laetatur *P*   deletis *P* dilectis *T¹* delectis *V¹*   23 sūma *P*   24 quis esse *T¹*

incolentibus patria est. Adeo nihil est miserum, nisi cum putes, contraque beata sors omnis est aequanimitate tolerantis. Quis est ille tam felix, qui cum dederit impatientiae manus, statum suum mutare non optet? Quam multis amaritudinibus humanae felicitatis dulcedo respersa est! Quae si etiam fruenti iucunda esse videatur, tamen quominus, cum velit, abeat, retineri non possit. Liquet igitur, quam sit mortalium rerum misera beatitudo, quae nec apud aequanimos perpetua perdurat nec anxios tota delectat. Quid igitur, o mortales, extra petitis intra vos positam felicitatem? Error vos inscitiaque confundit. Ostendam breviter tibi summae cardinem felicitatis. Estne aliquid tibi te ipso pretiosius? Nihil, inquies; igitur si tui compos fueris, possidebis, quod nec tu amittere umquam velis nec fortuna possit auferre. Atque ut agnoscas in his fortuitis rebus beatitudinem constare non posse, sic collige. Si beatitudo est summum naturae bonum ratione degentis nec est summum bonum, quod eripi ullo modo potest, quoniam praecellit id, quod nequeat auferri, manifestum est, quin ad beatitudinem percipiendam fortunae instabilitas aspirare non possit. Ad haec, quem caduca ista felicitas vehit, vel scit eam vel nescit esse mutabilem. Si nescit, quaenam beata sors esse potest ignorantiae caecitate? Si scit, metuat necesse est, ne amittat, quod amitti posse non dubitat; quare continuus timor non sinit esse felicem. An vel si amiserit, neglegendum putat? Sic quoque perexile bonum est, quod aequo animo feratur amissum. Et quoniam tu

---

1 Menandri Epitr. fr. 179 K. (8 Koerte; Stob. IV 44, 57): οὐδὲν πέπονθας δεινόν, ἂν μὴ προσποιῇ adfertur a Plut. Ex. 599 c. Sen. Ad Lucil. I 9, 20 (Epicur. fr. 474): miser est, qui se beatissimum non iudicat

---

4 mutari T^2LV^2 7 habeat PT^1 retinere T^1V^1 9 perpetuo T^2L
10 pe*titis P 11 insciti atque T^1 14 tuam mittere T^1E 15 cognoscas T^1 Peip. (agnoscas in Aur. ita exaratum est, ut facile cogn. legi possit)   19 quoniam (ad) Rand, sed v. supra 18, 2 et Phil. Woch. 1922, 1205   22 noscit P 25 an om. T^2L^1 an si vel P^1 26 amiseris P
27 sq. tui demens P^1

idem es, cui persuasum atque insitum permultis demonstrationibus scio mentes hominum nullo modo esse mortales, cumque clarum sit fortuitam felicitatem corporis morte finiri, dubitari nequit, si haec afferre beatitudinem potest, quin omne mortalium genus in miseriam mortis fine labatur. Quodsi multos scimus beatitudinis fructum non morte solum, verum etiam doloribus suppliciisque quaesisse, quonam modo praesens facere beatos potest, quae miseros transacta non efficit?

IV. Quisquis volet perennem
    cautus ponere sedem
stabilisque nec sonori
    sterni flatibus Euri
et fluctibus minantem   (5)
    curat spernere pontum,
montis cacumen alti,
    bibulas vitet harenas;
illud protervus Auster
    totis viribus urguet,   (10)
hae pendulum solutae
    pondus ferre recusant.
Fugiens periculosam
    sortem sedis amoenae
humili domum memento   (15)
    certus figere saxo.
Quamvis tonet ruinis
    miscens aequora ventus,
tu conditus quieti
    felix robore valli   (20)
duces serenus aevum
    ridens aetheris iras.

---

4 auferre V^2 8 praesens ⟨vita⟩ F^1 (vita *s. s. T* felicitas, vita
s. s. V); cf. *Eng.*   9 effecit $P^1 Aur.^1$ 26 tenet P

5. Sed quoniam rationum iam in te mearum fomenta descendunt, paulo validioribus utendum puto. Age enim, si iam caduca et momentaria fortunae dona non essent, quid in eis est, quod aut vestrum umquam fieri queat aut non perspectum consideratumque vilescat? Divitiaene vel vestrae vel sui natura pretiosae sunt, quid earum potius, aurumne ac vis congesta pecuniae? Atqui haec effundendo magis quam coacervando melius nitent, si quidem avaritia semper odiosos, claros largitas facit. Quodsi manere apud quemque non potest, quod transfertur in alterum, tunc est pretiosa pecunia, cum translata in alios largiendi usu desinit possideri. At eadem, si apud unum, quanta est ubique gentium, congeratur, ceteros sui inopes fecerit; et vox quidem tota pariter multorum replet auditum, vestrae vero divitiae nisi comminutae in plures transire non possunt; quod cum factum est, pauperes necesse est faciant, quos relinquunt. O igitur angustas inopesque divitias, quas nec habere totas pluribus licet et ad quemlibet sine ceterorum paupertate non veniunt.

An gemmarum fulgor oculos trahit? Sed si quid est in hoc splendore praecipui, gemmarum est lux illa, non hominum; quas quidem mirari homines vehementer ammiror. Quid est enim carens animae motu atque compage, quod animatae rationabilique naturae pulchrum esse iure videa-

---

1 v. supra 16, 20. 21, 11; de sollemni Protrepticorum ordine, quo neque ob divitias neque ob nobilitatem neque ob pulchritudinem artium studium spernendum esse ostenditur, Hartlich 320, qui praeter hunc locum et III 3—7 adfert Plat. Euth. 281 b, Galeni Protr. 6—8, Iamblichi 8 (de Aristotelis fr. 59 v. infra II 6 p. 36, 24), Hortens. fr. 65/73 sq., 68, 69/76, 73/80 sq.; Plut. Περὶ παίδων ἀγωγῆς 8, Epict. III 22, 27   7/8 Hor. Carm. II 2, 1 confert Rand 11, 1

---

6 vestrae PT^1, ut vid. V^1 vestri V^2 vestra rel. Peip.   7 ac PT^1LE aut T^2 an KV bis PT^1 his E congestae V^2 pecunia PV^1E^2; cf. Eng.²; Phil. Woch. 1922, 1206   aut qui P hae V^2 10 quaemque T^1 11 pretiosa om. P^1 14 replet in ras. P 20 quidem in P 21 precipu ū T^2 23 quidem enim P

tur? Quae tametsi conditoris opera suique distinctione postremae aliquid pulchritudinis trahunt, infra vestram tamen excellentiam collocatae ammirationem vestram nullo modo mereantur. An vos agrorum pulchritudo delectat? Quidni? Est enim pulcherrimi operis pulchra portio. Sic quondam sereni maris facie gaudemus, sic caelum, sidera, lunam solemque miramur: num te horum aliquid attingit, num audes alicuius talium splendore gloriari? An vernis floribus ipse distingueris aut tua in aestivos fructus intumescit ubertas? Quid inanibus gaudiis raperis, quid externa bona pro tuis amplexaris? Numquam tua faciet esse fortuna, quae a te natura rerum fecit aliena. Terrarum quidem fructus animantium procul dubio debentur alimentis; sed si, quod naturae satis est, replere indigentiam velis, nihil est, quod fortunae affluentiam petas. Paucis enim minimisque natura contenta est; cuius satietatem si superfluis urguere velis, aut iniucundum, quod infuderis, fiet aut noxium.

Iam vero pulchrum variis fulgere vestibus putas. Quarum si grata intuitu species est, aut materiae naturam aut ingenium mirabor artificis. An vero te longus ordo famu-

---

5 *de* Cic. Hort. fr. 70/77 (amoenitas) *v.* Plasberg 66, Müller 37
7 l.l. 43/53 (caeli signorum admirabilem ordinem) 12/13 Sen. Ad Marc.
19, 5: non potest id fortuna tenere, quod natura dimisit. 15/16 Cic.
Hort. 65/73: intellegas, quam illud non sit necessarium, quod redundat,
85/92 (*v.* Plasberg 67; schol. Cruqu. ad Hor. Sat. II 6, 79): eundem non
modo mediocri pecunia, sed etiam tenui percipere possumus; Tusc.
V 89: hic (*philosophus*) quam parvo est contentus; 99, 102. Aug. Solil.
I 17 (Ciceronis liber); *cf.* Diels, Arch. f. Gesch. Philos. I 1888, 479
19/20 Arist. fr. 57 (Stob. III 3, 25 + Pap. Oxyrh. 666): .. τὴν εὐδαιμονίαν οὐκ ἐν τῷ πολλὰ κεκτῆσθαι γίγνεσθαι μᾶλλον ἢ ἐν τῷ τὴν ψυχὴν εὖ διακεῖσθαι. καὶ γὰρ οὐδὲ τὸ σῶμα οὐ τὸ λαμπρᾷ ἐσθῆτι κεκοσμημένον φαίη τις ἂν εἶναι μακάριον .. συμβαίνει τοῖς μηδενὸς ἀξίοις οὖσι, ὅταν τύχωσι χορηγίας καὶ τῶν διὰ τῆς τύχης ἀγαθῶν, πλέονος ἄξια αὐτῶν εἶναι τὰ κτήματα, ὃ πάντων αἴσχιστον .., *cf.* Hartlich 268.

---

2 postremo T^1 *Peip.* 4 mereantur *Eng.* merebantur *libri* 8sq. num audes—gloriari *om.* P 17 superfluis (is *in ras.*) V superflui surgere T^1 superfluis surgere L^1

lorum facit esse felicem? Qui si vitiosi moribus sint, perniciosa domus sarcina et ipsi domino vehementer inimica; sin vero probi, quonam modo in tuis opibus aliena probitas numerabitur? Ex quibus omnibus nihil horum, quae tu in tuis computas bonis, tuum esse bonum liquido monstratur. Quibus si nihil inest appetendae pulchritudinis, quid est quod vel amissis doleas vel laeteris retentis? Quodsi natura pulchra sunt, quid id tua refert? Nam haec per se a tuis quoque opibus sequestrata placuissent. Neque enim idcirco sunt pretiosa, quod in tuas venere divitias, sed quoniam pretiosa videbantur, tuis ea divitiis annumerare maluisti.

Quid autem tanto fortunae strepitu desideratis? Fugare, credo, indigentiam copia quaeritis. Atqui hoc vobis in contrarium cedit, pluribus quippe amminiculis opus est ad tuendam pretiosae supellectilis varietatem verumque illud est permultis eos indigere, qui permulta possideant, contraque minimum, qui abundantiam suam naturae necessitate, non ambitus superfluitate metiantur. Itane autem nullum est proprium vobis atque insitum bonum, ut in externis ac sepositis rebus bona vestra quaeratis? Sic rerum versa condicio est, ut divinum merito rationis animal non aliter sibi splendere nisi inanimatae supellectilis possessione videatur? Et alia quidem suis contenta sunt, vos autem deo mente consimiles ab rebus infimis excellentis naturae ornamenta captatis nec intellegitis, quantam conditori vestro faciatis iniuriam. Ille genus humanum terrenis omnibus praestare voluit, vos dignitatem vestram infra infima quaeque detruditis. Nam si omne cuiusque bonum eo, cuius est, constat esse pretiosius, cum vilissima rerum vestra

---

16 Gell. IX 8: verum est profecto, quod observato rerum usu sapientes viri dixere, multis egere, qui multa habeat; XIII 24

---

3 sint P 6 inest om. P 7 vel *prius* om. P quodsi ⟨sui⟩ *Schepss Eng.*²   8 haec *s. v.* P 12 ⟨in⟩ tanto *Kluss.*; *cf. Eng.*   14 *ab* opus *incipit* D 17 minimo V^2 suae L 28 ⟨quod⟩ c. bonum ⟨est⟩ $Laud^1 E^2$ ⟨quod⟩ c. b. ⟨id⟩ $V^1 D Laud^2$ ⟨quod⟩ c. b. ⟨est id⟩ $T^2 LE^1$; *cf. Eng.*

bona esse iudicatis, eisdem vosmet ipsos vestra existimatione summittitis, quod quidem haud immerito cadit. Humanae quippe naturae ista condicio est, ut tum tantum ceteris rebus, cum se cognoscit, excellat, eadem tamen infra bestias redigatur, si se nosse desierit; nam ceteris animantibus sese ignorare naturae est, hominibus vitio venit. Quam vero late patet vester hic error, qui ornari posse aliquid ornamentis existimatis alienis! At id fieri nequit; nam si quid ex appositis luceat, ipsa quidem, quae sunt apposita, laudantur, illud vero his tectum atque velatum in sua nihilo minus foeditate perdurat. Ego vero nego ullum esse bonum, quod noceat habenti. Num id mentior? Minime, inquis. Atqui divitiae possidentibus persaepe nocuerunt, cum pessimus quisque eoque alieni magis avidus, quicquid usquam auri gemmarumque est, se solum, qui habeat, dignissimum putat. Tu igitur, qui nunc contum gladiumque sollicitus pertimescis, si vitae huius callem vacuus viator intrasses, coram latrone cantares. O praeclara opum mortalium beatitudo, quam cum adeptus fueris, securus esse desistis!

V. Felix nimium prior aetas
contenta fidelibus arvis
nec inerti perdita luxu,
facili quae sera solebat
ieiunia solvere glande. (5)
Non Bacchica munera norant
liquido confundere melle

---

11 Arist. fr. 57 (v. supra ad 33, 19): τοῖς γὰρ διακειμένοις τὰ περὶ τὴν ψυχὴν κακῶς οὔτε πλοῦτος οὔτε ἰσχὺς οὔτε κάλλος τῶν ἀγαθῶν ἐστιν· ἀλλ' ὅσῳπερ ἂν αὗται μᾶλλον αἱ διαθέσεις καθ' ὑπερβολὴν ὑπάρξωσι, τοσούτῳ καὶ πλείω καὶ μείζω τὸν κεκτημένον βλάπτουσι..; cf. Müller 38
16 Iuven. X 20sqq.: nocte iter ingressus gladium contumque timebis .. cantabit vacuus coram latrone viator (de versione Planudea cf. Kugéas, Philol. LXXIII, 1914, 318)

7 qui ornari in ras. P   10 tecum PT^1V^1 15 gemmarum quae T^1L^1 17 huius om. P   24 facilique PTV^2K

nec lucida vellera Serum
Tyrio miscere veneno.
Somnos dabat herba salubres,
potum quoque lubricus amnis,
umbras altissima pinus.
Nondum maris alta secabat
nec mercibus undique lectis
nova litora viderat hospes.
Tunc classica saeva tacebant
odiis neque fusus acerbis
cruor horrida tinxerat arva.
Quid enim furor hosticus ulla
vellet prior arma movere,
cum vulnera saeva viderent
nec praemia sanguinis ulla?
Utinam modo nostra redirent
in mores tempora priscos!
Sed saevior ignibus Aetnae
fervens amor ardet habendi.
Heu primus quis fuit ille,
auri qui pondera tecti
gemmasque latere volentes
pretiosa pericula fodit?

6. Quid autem de dignitatibus potentiaque disseram,
qua vos verae dignitatis ac potestatis inscii caelo exaequatis? Quae si in improbissimum quemque ceciderunt,

---

23 cf. Ov. Met. I 140: effodiuntur opes, inritamenta malorum
24 Arist. fr. 59: τιμαὶ δὲ καὶ δόξαι τὰ ζηλούμενα μᾶλλον τῶν λοιπῶν
ἀδιηγήτου γέμει φλυαρίας (Iambl. c. 8; cf. Müller 39). Cic. Tusc. III 3:
nihil melius homini, nihil magis expetendum, nihil praestantius honoribus, imperiis, populari gloria. Plut. Apoll. 103e: ἐπαιρθέντες ἢ διὰ
χρημάτων περιουσίαν ἄφθονον ἢ διὰ μέγεθος ἀρχῆς ἢ διά τινας προ-
εδρίας πολιτικὰς ἢ διὰ τιμὰς καὶ δόξας

---

6 altas ut vid. T¹   11 arma W (probat Hüttinger 1900, p. 19, n. 1)
18 aethnae L¹KE   25 qua TE Laud² quam P quae LV Aur K² Laud¹
quas(?) DK¹   26 ceciderint D¹E, (i ex u, u m 2 s. s.) T

quae flammis Aetnae eructantibus, quod diluvium tantas strages dederint? Certe, uti meminisse te arbitror, consulare imperium, quod libertatis principium fuerat, ob superbiam consulum vestri veteres abolere cupiverunt, qui ob eandem superbiam prius regium de civitate nomen abstulerant. At si quando, quod perrarum est, probis deferantur, quid in eis aliud quam probitas utentium placet? Ita fit, ut non virtutibus ex dignitate, sed ex virtute dignitatibus honor accedat. Quae vero est ista vestra expetibilis ac praeclara potentia? Nonne, o terrena animalia, consideratis, quibus qui praesidere videamini? Nunc si inter mures videres unum aliquem ius sibi ac potestatem prae ceteris vindicantem, quanto movereris cachinno! Quid vero, si corpus spectes, imbecillius homine repperire queas, quos saepe muscularum quoque vel morsus vel in secreta quaeque reptantium necat introitus? Quo vero quisquam ius aliquod in quempiam nisi in solum corpus et quod infra corpus est — fortunam loquor — possit exserere? Num quicquam libero imperabis animo, num mentem firmam sibi ratione cohaerentem de statu propriae quietis amovebis? Cum liberum quendam virum suppliciis se tyrannus adacturum putaret, ut adversum se factae coniurationis conscios proderet, linguam ille momordit atque abscidit et in os tyranni saevientis abiecit; ita cruciatus, quos putabat tyrannus materiam crudelitatis, vir sapiens fecit esse virtutis. Quid autem est, quod in alium facere quisque possit, quod sustinere ab alio ipse non possit? Busiridem accepimus necare hospites

---

21 de Zenone cf. 6, 19; Plut. *Περὶ ἀδολεσχ.* 505 d, Euseb. Praep. ev. X 14, 15 sqq., Laert. Diog. IX 5, 27; *alii de* Anaxarcho (Diogen. IX 59) *cogitant*; *de* Anaxagora, *qui in schol. commemoratur, v.* Schepss, Progr. Würzburg 1881, p. 44 *et supra* 6, 18

---

1 quae (incendia) F^2 (a)ethn(a)e PT^2LV^2K Aetna $D^2(Vall.)$ eructant. T^1L^1VDK Peip.; cf. Verg. Aen. III 576. Gell. XVII 10, 9. Macr. V 17, 14. 2 dederunt P 11 num D, *ut vid.* T^1 12 videris T^1L^1 19 nunc P 21 puteret P 26 quisquam *codd. quidam Obb.* 27 ipse *om.* P accipimus PT^1VDK; cf. *infra* 40, 2. 75, 9.

solitum ab Hercule hospite fuisse mactatum. Regulus plures Poenorum bello captos in vincla coniecerat, sed mox ipse victorum catenis manus praebuit. Ullamne igitur eius hominis potentiam putas, qui, quod ipse in alio potest, ne id in se alter valeat, efficere non possit? Ad haec, si ipsis dignitatibus ac potestatibus inesset aliquid naturalis ac proprii boni, numquam pessimis provenirent; neque enim sibi solent adversa sociari, natura respuit, ut contraria quaeque iungantur. Ita cum pessimos plerumque dignitatibus fungi dubium non sit, illud etiam liquet natura sui bona non esse, quae se pessimis haerere patiantur. Quod quidem de cunctis fortunae muneribus dignius existimari potest, quae ad improbissimum quemque uberiora perveniunt. De quibus illud etiam considerandum puto, quod nemo dubitat esse fortem, cui fortitudinem inesse conspexerit, et, cuicumque velocitas adest, manifestum est esse velocem. Sic musica quidem musicos, medicina medicos, rhetorica rhetores facit; agit enim cuiusque rei natura, quod proprium est, nec contrariarum rerum miscetur effectibus et ultro, quae sunt adversa, depellit. Atqui nec opes inexpletam restinguere avaritiam queunt nec potestas sui compotem fecerit, quem vitiosae libidines insolubilibus adstrictum retinent catenis, et collata improbis dignitas non modo non efficit dignos, sed prodit potius et ostentat indignos. Cur ita provenit? Gaudetis enim res sese aliter habentes falsis compellare nominibus, quae facile ipsarum rerum redarguuntur effectu; itaque nec illae divitiae nec illa potentia nec haec dignitas iure appellari potest. Postremo idem de tota concludere fortuna licet, in qua nihil

---

11/12 cf. Klingner 21, 1 (Dio Chrys. LXV 10: χρήματα ἰσχὺς δύναμις δόξα τιμαί)

11 sepissimis PL^1 12 paciatur P 16 est om. P 17 misicos T^1 18 rethorica PTV^1KE -cae T^1D^1K -ce Peip.   19 contrarium P 20 auersa Peip. (typothetarum errore)   24 sed — indignos in mg. P ostendat PL^1 25 resese P 27 redarguntur T^1, ut vid. V^1 (cf. Peip. p. LXVI)

expetendum, nihil nativae bonitatis inesse manifestum est,
quae nec se bonis semper adiungit et bonos, quibus fuerit
adiuncta, non efficit.

VI. Novimus, quantas dederit ruinas
urbe flammata patribusque caesis,
fratre qui quondam ferus interempto
matris effuso maduit cruore
corpus et visu gelidum pererrans (5)
ora non tinxit lacrimis, sed esse
censor exstincti potuit decoris.
Hic tamen sceptro populos regebat,
quos videt condens radios sub undas
Phoebus, extremo veniens ab ortu, (10)
quos premunt septem gelidi triones,
quos Notus sicco violentus aestu
torret ardentes recoquens harenas.
Celsa num tandem valuit potestas
vertere pravi rabiem Neronis? (15)
Heu gravem sortem, quotiens iniquus
additur saevo gladius veneno! —

7. Tum ego: Scis, inquam, ipsa minimum nobis ambi- 1
tionem mortalium rerum fuisse dominatam; sed materiam
gerendis rebus optavimus, quo ne virtus tacita. con-
senesceret. — Et illa: Atqui hoc unum est, quod praestantes 2
quidem natura mentes, sed nondum ad extremam manum
virtutum perfectione perductas allicere possit, gloriae
scilicet cupido et optimorum in rem publicam fama meritorum. Quae quam sit exilis et totius vacua ponderis, sic 3

---

28 Cic. Tusc. I 40. Sen. Ad Marc. 21. Plut. Ex. 601c. Ptol. Syntax.
I 6. Macrob. Somn. II 9, 10; 10, 3. Mart. Cap. 290, 6 (197, 21). Amm.
Marc. XV 1, 4

---

12 subundans *P*   13 Phoeb. (in) $PT^1V^1D^1$ 15 nontus T^1 nothus
$T^2L^1V^2E$ 18 ignavi *Peip.* inpuri *Peip.*² insani *Pulman*   26 *inde a* perductas *usque ad* puto quae nec (*infra* 56, 22) *codex T suppletus est e W*

considera. Omnem terrae ambitum, sicuti astrologicis
demonstrationibus accepisti, ad caeli spatium puncti constat
obtinere rationem, id est, ut, si ad caelestis globi magnitu-
dinem conferatur, nihil spatii prorsus habere iudicetur.
4 Huius igitur tam exiguae in mundo regionis quarta fere
portio est, sicut Ptolomaeo probante didicisti, quae nobis
5 cognitis animantibus incolatur. Huic quartae si, quantum
maria paludesque premunt quantumque siti vasta regio
distenditur, cogitatione subtraxeris, vix angustissima in-
6 habitandi hominibus area relinquetur. In hoc igitur minimo
puncti quodam puncto circumsaepti atque conclusi de
pervulganda fama, de proferendo nomine cogitatis, ut quid
habeat amplum magnificumque gloria tam angustis exi-
7 guisque limitibus artata? Adde, quod hoc ipsum brevis
habitaculi saeptum plures incolunt nationes lingua, moribus,
totius vitae ratione distantes, ad quas tum difficultate iti-
nerum, tum loquendi diversitate, tum commercii insolentia
non modo fama hominum singulorum, sed ne urbium quidem
8 pervenire queat. Aetate denique M. Tullii, sicut ipse quodam loco significat, nondum Caucasum montem Romanae
rei publicae fama transcenderat et erat tunc adulta Parthis
9 etiam ceterisque id locorum gentibus formidolosa. Videsne
igitur, quam sit angusta, quam compressa gloria, quam
dilatare ac propagare laboratis? An ubi Romani nominis
transire fama nequit, Romani hominis gloria progredietur?

---

6 Ptol. Syntax. II, cf. Macrob. Somn. II 5   8 Verg. Aen. VI 42:
deserta siti regio   16 Cic. Hort. 27/37: quantum inter se homines
studiis moribus omni vitae ratione differunt (Dienel 1913, 7 sq.)
19/20 Cic. Rep. VI 22   23 Cic. Hort. 80/87 (Usener, Rhein. Mus.
XXVIII 397. Hartlich 252. Dienel 15. Plasberg 62)

---

3 [id est] *Usener, Rhein. Mus.* XXVIII 401   6 partio *P inde a rv.*
quae nobis *usque ad* 41, 21 poterit esse *deest in D*   8 sit in *P*
siti*** *V s. s.* l in via, *in mg.* id est ubi pluvia non est sicut in
arabia, quae ab ariditate nomen accepit   9 dest. $F^1 V^1$ 12 ut *eras.*
VKE at L^2 aut F^2 aliquid F^1 19 $\overline{m}$ F (*s. s.* muci, CLV Marci
Peip. men tulii *P*   (in) quodam W^2 Peip.   24 propagare ac dilitare *P*

Quid quod diversarum gentium mores inter se atque instituta
discordant, ut, quod apud alios laude, apud alios supplicio
dignum iudicetur. Quo fit, ut, si quem famae praedicatio
delectat, huic in plurimos populos nomen proferre nullo
modo conducat. Erit igitur pervagata inter suos gloria
quisque contentus et intra unius gentis terminos praeclara
illa famae immortalitas coartabitur.
Sed quam multos clarissimos suis temporibus viros
scriptorum inops delevit oblivio. Quamquam quid ipsa
scripta proficiant, quae cum suis auctoribus premit longior
atque obscura vetustas? Vos vero immortalitatem vobis
propagare videmini, cum futuri famam temporis cogitatis.
Quod si ad aeternitatis infinita spatia pertractes, quid habes,
quod de nominis tui diuturnitate laeteris? Unius etenim
mora momenti, si decem milibus conferatur annis, quoniam
utrumque spatium definitum est, minimam licet, habet
tamen aliquam portionem; at hic ipse numerus annorum
eiusque quamlibet multiplex ad interminabilem diuturnita-
tem ne comparari quidem potest. Etenim finitis ad se
invicem fuerit quaedam, infiniti vero atque finiti nulla
umquam poterit esse collatio. Ita fit, ut quamlibet prolixi
temporis fama, si cum inexhausta aeternitate cogitetur, non
parva, sed plane nulla esse videatur. Vos autem nisi ad
populares auras inanesque rumores recte facere nescitis et

---

1 *cf.* Usener, Gött. Anz. 1892, 388 (Cic. fragm. *in* schol. ad Luc. II 375
serv.)   9 Cic. Rep. VI 25: oblivione posteritatis exstinguitur   10 Hor.
Epist. II 2,118 (premit . . . vetustas)   13 sqq. Plut. Apoll. 111 c.
117 e: ὁ μακρότατος βίος ὀλίγος ἐστὶ καὶ στιγμαῖος πρὸς τὸν ἄπειρον
αἰῶνα; *cf.* Cic. Hort. 25/35 (annorum, quos in fastis habemus, magnus
12954 complectitur). Rep. VI 24. Tac. Dial. 16. Usener l.l.392. Plasberg
63. Dienel 7, 11. Rand 12, 1 *Macrobio* (Somn. II 11, 13) *collato Boethium
aliam rationem inire potuisse disputat*

1 quidquid P^1 quid quod *in ras. V s. s. s.* ē (scilicet est) quid est
quod *W Peip., cf. Usener p.* 402   5 pervulgata *codd. quidam Obb.*
10 quem cum P^1V^1 13 ad *om. L^2W^1 Peip.* aeternitates *P*   15 decem
aut a Boethio aut a librario pro duodecim *positum esse dicit Usener*
19 nec *FCV Peip.*   20 (in) infin. *P*   24 aures PL^1, *ut vid.* V^1

relicta conscientiae virtutisque praestantia de alienis
praemia sermunculis postulatis. Accipe in huius modi
arrogantiae levitate quam festive aliquis illuserit; nam
cum quidam adortus esset hominem contumeliis, qui non
ad verae virtutis usum, sed ad superbam gloriam falsum
sibi philosophi nomen induerat, adiecissetque iam se sciturum, an ille philosophus esset, si quidem inlatas iniurias
leniter patienterque tolerasset, ille patientiam paulisper
assumpsit acceptaque contumelia velut insultans: 'Iam
tandem', inquit, 'intellegis me esse philosophum?' Tum ille
nimium mordaciter: 'Intellexeram', inquit, 'si tacuisses'. Quid
autem est, quod ad praecipuos viros — de his enim sermo
est —, qui virtute gloriam petunt, quid, inquam, est, quod
ad hos de fama post resolutum morte suprema corpus
attineat? Nam si, quod nostrae rationes credi vetant, toti
moriuntur homines, nulla est omnino gloria, cum is, cuius
ea esse dicitur, non exstet omnino. Sin vero bene sibi mens
conscia terreno carcere resoluta caelum libera petit, nonne
omne terrenum negotium spernat, quae se caelo fruens
terrenis gaudet exemptam?

VII. Quicumque solam mente praecipiti petit
    summumque credit gloriam,
late patentes aetheris cernat plagas
    artumque terrarum situm;

---

12 *cf.* Plut. De vit. pud. 532f: τὴν γὰρ σιωπὴν ὁ μὲν Εὐριπίδης (fr. 977,
cf. Men. Mon. 222) φησὶ τοῖς σοφοῖς ἀπόκρισιν εἶναι. Prov. 11, 12: vir
prudens tacebit. 17, 28; Eccli. 20, 5, 6, 7. Macrob. Sat. VII 1, 11: philosophus non minus tacendo quam loquendo philosophatur. Praechter,
Herm. XLII 1907, 159. Achelis, Philol. LXXIII 470   15 *cf.* Plut. Ad ux.
611d: ὡς οὐδὲν οὐδαμῇ τῷ διαλυθέντι κακὸν οὐδὲ λυπηρόν ἐστιν . .
κωλύει σε πιστεύειν ὁ πάτριος λόγος καὶ τὰ μυστικὰ σύμβολα τῶν
περὶ τὸν Διόνυσον ὀργιασμῶν: Epicur. fr. 502a   18 Plat. Phaedo 67c:
τὴν ψυχὴν . . . ἐκλυομένην ὥσπερ [ἐκ] δεσμῶν ἐκ τοῦ σώματος

4 adhortus P adorsus $W\,Peip.$, *in mg.* V 18 soluta $D^1\,W\,Peip.$
19 spernet F^1LV^2 spernit W, *ut vid.* C *et (s. s.)* despicit) V^1 21 sola
PV^2 22 summamque F^2LV^1E

brevem replere non valentis ambitum (5)
   pudebit aucti nominis.
Quid, o superbi, colla mortali iugo
   frustra levare gestiunt?
Licet remotos fama per populos means
   diffusa linguas explicet (10)
et magna titulis fulgeat claris domus,
   mors spernit altam gloriam,
involvit humile pariter et celsum caput
   aequatque summis infima.
Ubi nunc fidelis ossa Fabricii manent, (15)
   quid Brutus aut rigidus Cato?
Signat superstes fama tenuis pauculis
   inane nomen litteris.
Sed quod decora novimus vocabula,
   num scire consumptos datur? (20)
Iacetis ergo prorsus ignorabiles
   nec fama notos efficit.
Quodsi putatis longius vitam trahi
   mortalis aura nominis,
cum sera vobis rapiet hoc etiam dies, (25)
   iam vos secunda mors manet.

8. Sed ne me inexorabile contra fortunam gerere 1
bellum putes, est aliquando, cum de hominibus fallax illa
nihil bene mereatur, tum scilicet, cum se aperit, cum frontem
detegit moresque profitetur. Nondum forte, quid loquar, 2
intellegis; mirum est, quod dicere gestio, eoque sententiam
verbis explicare vix queo. Etenim plus hominibus reor 3
adversam quam prosperam prodesse fortunam, illa enim

---

5 sq. *cf.* Verg. Aen. IV 174 (Fama), 183 (linguae)   24 fallax illa nihil *poetae cuiusdam esse suspicatur* Kluss.; Sen. Agam. 58 sqq. (fallax Fortuna)

---

16 *verba inde a* num *usque ad* terminos (p. 44, 27) *exciderunt in* D   24 (illa *eras.*) fallax *FLV Laud*   25 nihil *eras. Laud* non nihil V^2 (ἡ κατεσχηματισμένη ἐκείνη *Plan.*)   26 quod P

semper specie felicitatis, cum videtur blanda, mentitur,
haec semper vera est, cum se instabilem mutatione demonstrat. Illa fallit, haec instruit, illa mendacium specie
bonorum mentes fruentium ligat, haec cognitione fragilis
felicitatis absolvit; itaque illam videas ventosam fluentem
suique semper ignaram, hanc sobriam succinctamque et
ipsius adversitatis exercitatione prudentem. Postremo felix
a vero bono devios blanditiis trahit, adversa plerumque ad
vera bona reduces unco retrahit. An hoc inter minima
aestimandum putas, quod amicorum tibi fidelium mentes
haec aspera, haec horribilis fortuna detexit, haec tibi certos
sodalium vultus ambiguosque secrevit, discedens suos
abstulit, tuos reliquit? Quanti hoc integer et, ut videbaris
tibi, fortunatus emisses? Nunc amissas opes querere, quod
pretiosissimum divitiarum genus est, amicos invenisti.

VIII. Quod mundus stabili fide
concordes variat vices,
quod pugnantia semina
foedus perpetuum tenent,
quod Phoebus roseum diem
curru provehit aureo,
ut, quas duxerit Hesperos,
Phoebe noctibus imperet,
ut fluctus avidum mare
certo fine coherceat,
ne terris liceat vagis
latos tendere terminos,

---

17 sqq. cf. Mart. Cap. 3, 7 (1, 5): semina .. pugnantia .. elementa
ligas vicibus .. foedere .. sexus concilians et sub amore fidem

1 b∗landa P   2 mutationem P   6 ex P   13 et F^1LE om. rel.
Peip.   uti W Peip.   14 [fortunatus] Baσ.   emisser L^1, ut vid. V^1
nunc F^1L nunc et PF^2, V^1 ut vid., Aur. Laud desine (dess. E) nunc
et V^2E (nunc m 2 s. s.), K (rasura ante nunc) desine W Peip., in ras. C
(l desine in mg. F)   quaerere P, V (schol.: alia Ira habet: amissas
opes querere, melius et erit yronia), Peip.   22 hesperos V^2K, cf. supra p. 14, 6   26 nec F

hanc rerum seriem ligat
terras ac pelagus regens
et caelo imperitans amor. (15)
Hic si frena remiserit,
quicquid nunc amat invicem,
bellum continuo geret
et, quam nunc socia fide
pulchris motibus incitant, (20)
certent solvere machinam.
Hic sancto populos quoque
iunctos foedere continet,
hic et coniugii sacrum
castis nectit amoribus, (25)
hic fidis etiam sua
dictat iura sodalibus.
O felix hominum genus,
si vestros animos amor,
quo caelum regitur, regat! (30)

LIBER III.

1. Iam cantum illa finiverat, cum me audiendi avidum 1
stupentemque arrectis adhuc auribus carminis mulcedo
defixerat. Itaque paulo post: O, inquam, summum lassorum 2
solamen animorum, quam tu me vel sententiarum pondere
vel canendi etiam iucunditate refovisti, adeo ut iam me

20 Plat. Prot. 328d: ἀπεπαύσατο .. κεκηλημένος .. ἐπιθυμῶν ἀκούειν

9 certant V^2, ut vid. L^1, K 12 hinc P 13 nectat P

ANICII MANLII (MALLII P) SEVERINI BOETHII (BOETII
PL^1V^2 Laud BOECII K) EXCONS̄ ORD̄ (ORDĪ P) PATRIC̄ (VIRI
CONSUL ET ILLVSTRI C) PHILOSOPHIAE (ICE K) CON-
SOLATIONIS LIB̄ II EXPL̄ INCIPIT LIB̄ III FELICITER $PCLV$
Aur. D Laud, K (om. feliciter)

23 quam tu PV^1D, pro quantum s. s. Aur. Laud quantum rel. Peip.,
cf. infra 75, 4 quantum tu Obb.

posthac imparem fortunae ictibus esse non arbitrer! Itaque remedia, quae paulo acriora esse dicebas, non modo non perhorresco, sed audiendi avidus vehementer efflagito. —
3 Tum illa: Sensi, inquit, cum verba nostra tacitus attentusque rapiebas, eumque tuae mentis habitum vel exspectavi vel, quod est verius, ipsa perfeci; talia sunt quippe, quae restant, ut degustata quidem mordeant, interius autem
4 recepta dulcescant. Sed quod tu te audiendi cupidum dicis, quanto ardore flagrares, si, quonam te ducere aggrediamur,
5 agnosceres! — Quonam? inquam. — Ad veram, inquit, felicitatem, quam tuus quoque somniat animus, sed occupato ad imagines visu ipsam illam non potest intueri. —
6 Tum ego: Fac, obsecro, et quae illa vera sit, sine cuncta-
7 tione demonstra. — Faciam, inquit illa, tui causa libenter; sed quae tibi causa notior est, eam prius designare verbis atque informare conabor, ut ea perspecta, cum in contrariam partem flexeris oculos, verae specimen beatitudinis possis agnoscere.

    I. Qui serere ingenuum volet agrum,
       liberat arva prius fruticibus,
       falce rubos filicemque resecat,
       ut nova fruge gravis Ceres eat.
(5)   Dulcior est apium mage labor,
       si malus ora prius sapor edat.
       Gratius astra nitent, ubi Notus
       desinit imbriferos dare sonos.

---

12 Plat.Rep. 515 c e. 516 a b. 518 c (Klingner 30, 1)   13/14 Meno 77 a.
82 a ($\sigma o\tilde{v}$ $\ell v \epsilon \kappa \alpha$)   16/17 Rep. 514 b. 518 c d e. 519 ($\pi \epsilon \rho \iota \acute{\alpha} \gamma \omega$, $\pi \epsilon \rho \iota$-$\sigma \tau \rho \acute{\epsilon} \varphi \omega$, Klingner 30, 3)   22 cf. Mart. Cap. 37, 4 (24, 5): Ceres admodum gravis femina

---

1 post haec $F^1 L^1 V^1$ Aur^1 D Laud KE   arbitror PE   6 ⟨vos⟩ quae P   7 deangustata P (us in ras. V)   12 potes $F^{\prime 2} V^2$ 15 quae e corr. CD Laud, ut vid. V q$\overline{m}$ P quo L^1 quō $Aur^1 E$ causa del. Peip.², cf. infra p. 68, 7 sqq. Eng.   17 beat. specimen W beat. speciem Peip. (errore quodam)   25 nothus $FV^2 KE$

III 1, 3—7. m. I 1—13. 2, 1—6 (50, 6—52, 22 Peip.)

> Lucifer ut tenebras pepulerit,
> pulchra dies roseos agit equos. (10)
> Tu quoque falsa tuens bona prius
> incipe colla iugo retrahere:
> vera dehinc animum subierint.

2. Tum defixo paululum visu et velut in augustam suae mentis sedem recepta sic coepit: Omnis mortalium cura, quam multiplicium studiorum labor exercet, diverso quidem calle procedit, sed ad unum tamen beatitudinis finem nititur pervenire. Id autem est bonum, quo quis adepto nihil ulterius desiderare queat. Quod quidem est omnium summum bonorum cunctaque intra se bona continens, cui si quid aforet, summum esse non posset, quoniam relinqueretur extrinsecus, quod posset optari. Liquet igitur esse beatitudinem statum bonorum omnium congregatione perfectum. Hunc, uti diximus, diverso tramite mortales omnes conantur adipisci; est enim mentibus hominum veri boni naturaliter inserta cupiditas, sed ad falsa devius error abducit. Quorum quidem alii summum bonum esse nihilo indigere credentes, ut divitiis affluant, elaborant, alii vero, bonum quod sit dignissimum, veneratione iudicantes adeptis honoribus reverendi civibus suis esse nituntur. Sunt qui summum bonum in summa potentia esse constituant: hi vel regnare ipsi volunt vel regnantibus adhaerere conantur. At quibus optimum quiddam claritas

---

9 Plat. Euth. 278 e: ἀρά γε πάντες ἄνθρωποι βουλόμεθα εὖ πράττειν; (Iambl. V 24, 22; v. Jaeger 62). Cic. Hort. 26/36: beati certe omnes esse volumus, *unde disputationis (alterius partis iudice Bywatero 56) sumptum esse initium* August. Trin. XIII 4, 7 *testatur*; cf. contra Ac. I 5. Civ. VIII 8. XIX 1. Hort. 29/39 — 15/16 v. Plasberg 59 *de* Cic. Hort. 61/70: ex ea (*certa via*) multis vitiis et erroribus depravata deducitur, Tusc. III 1—6

---

5 deinhinc P   6 angustam KE, (n *in ras.*) L ag. P   13 auforet (u *in ras.*) V¹ abforet F²CV²   16 hanc F¹ vel hunc F² (vel *del.*) L
20 esse bonum F

videtur, hi vel belli vel pacis artibus gloriosum nomen
propagare festinant. Plurimi vero boni fructum gaudio
laetitiaque metiuntur; hi felicissimum putant voluptate
diffluere. Sunt etiam, qui horum fines causasque alterutro
permutent, ut qui divitias ob potentiam voluptatesque
desiderant vel qui potentiam seu pecuniae causa seu
proferendi nominis petunt. In his igitur ceterisque talibus
humanorum actuum votorumque versatur intentio veluti
nobilitas favorque popularis, quae videntur quandam
claritudinem comparare, uxor ac liberi, quae iucunditatis
gratia petuntur; amicorum vero quod sanctissimum quidem
genus est, non in fortuna, sed in virtute numeratur,
reliquum vero vel potentiae causa vel delectationis assu-
mitur. Iam vero corporis bona promptum est ut ad
superiora referantur; robur enim magnitudoque videtur
praestare valentiam, pulchritudo atque velocitas celebritatem, salubritas voluptatem. Quibus omnibus solam beatitudinem desiderari liquet; nam quod quisque prae ceteris
petit, id summum esse iudicat bonum. Sed summum bonum
beatitudinem esse definivimus; quare beatum esse iudicat
statum, quem prae ceteris quisque desiderat.

Habes igitur ante oculos propositam fere formam
felicitatis humanae: opes, honores, potentiam, gloriam,
voluptates. Quae quidem sola considerans Epicurus con-
sequenter sibi summum bonum voluptatem esse constituit,
quod cetera omnia iucunditatem animo videantur afferre.
Sed ad hominum studia revertor, quorum animus etsi
caligante memoria tamen bonum suum repetit, sed velut
ebrius, domum quo tramite revertatur, ignorat. Num enim

---

24 Epic. fr. 348 (Aug. Civ. XIX 1)   27/28 cf. Plat. Rep. 518c.
Klingner 30, 38

---

7 appetunt *CW Peip.*   12 numerantur E^1W *Peip.*   15 magnitudo
quae (bonum esse (*ex* est?) quod ab omnibus petitur) *P*   19 iudicat
esse *F*   bonum iudicat *P*   23 honoresq; *P*   24 voluptatem *W*
Peip.   28 ueluti *W Peip.*

videntur errare hi, qui nihilo indigere nituntur? Atqui non est aliud, quod aeque perficere beatitudinem possit quam copiosus bonorum omnium status nec alieni egens, sed sibi ipse sufficiens. Num vero labuntur hi, qui, quod sit optimum, id etiam reverentiae cultu dignissimum putent? Minime; neque enim vile quiddam contemnendumque est, quod adipisci omnium fere mortalium laborat intentio. An in bonis non est numeranda potentia? Quid igitur, num imbecillum ac sine viribus aestimandum est, quod omnibus rebus constat esse praestantius? An claritudo nihili pendenda est? Sed sequestrari nequit, quin omne, quod excellentissimum sit, id etiam videatur esse clarissimum. Nam non esse anxiam tristemque beatitudinem nec doloribus molestiisque subiectam quid attinet dicere, quando in minimis quoque rebus id appetitur, quod habere fruique delectet? Atqui haec sunt, quae adipisci homines volunt eaque de causa divitias, dignitates, regna, gloriam voluptatesque desiderant, quod per haec sibi sufficientiam, reverentiam, potentiam, celebritatem, laetitiam credunt esse venturam. Bonum est igitur, quod tam diversis studiis homines petunt; in quo quanta sit naturae vis, facile monstratur, cum licet variae dissidentesque sententiae tamen in diligendo boni fine consentiunt.

> II. Quantas rerum flectat habenas
> natura potens, quibus immensum
> legibus orbem provida servet
> stringatque ligans inresoluto
> singula nexu, placet arguto   (5)
> fidibus lentis promere cantu.
> Quamvis Poeni pulchra leones
> vincula gestent manibusque datas
> captent escas metuantque trucem
> soliti verbera ferre magistrum,   (10)

---

5 putant *EW Peip.* 12 est id *PW Peip.* 16 sunt *om. P*

si cruor horrida tinxerit ora,
resides olim redeunt animi
fremituque gravi meminere sui,
laxant nodis colla solutis
primusque lacer dente cruento
domitor rabidas imbuit iras.
Quae canit altis garrula ramis
ales, caveae clauditur antro;
huic licet inlita pocula melle
largasque dapes dulci studio
ludens hominum cura ministret.
si tamen arto saliens texto
nemorum gratas viderit umbras,
sparsas pedibus proterit escas.
silvas tantum maesta requirit,
silvas dulci voce susurrat.
Validis quondam viribus acta
pronum flectit virga cacumen;
hanc si curvans dextra remisit.
recto spectat vertice caelum.
Cadit Hesperias Phoebus in undas.
sed secreto tramite rursus
currum solitos vertit ad ortus.
Repetunt proprios quaeque recursus
redituque suo singula gaudent
nec manet ulli traditus ordo,
nisi quod fini iunxerit ortum
stabilemque sui fecerit orbem.

3. Vos quoque, o terrena animalia, tenui licet imagine vestrum tamen principium somniatis verumque illum beatitudinis finem licet minime perspicaci, qualicumque tamen cogitatione prospicitis eoque vos et ad verum bonum na-

---

12 tecto F^1L^2 $Aur.^2E$ (hoc est tecto s. v. V^2)   20 specta P respectat F^2 23 cursum solitus P 32 perspicitis P Laud^2 ($\vartheta\epsilon\tilde{\alpha}\sigma\vartheta\epsilon$ Plan.)

turalis ducit intentio et ab eodem multiplex error abducit. Considera namque, an per ea, quibus se homines adepturos beatitudinem putant, ad destinatum finem valeant pervenire. Si enim vel pecunia vel honores ceteraque tale quid afferunt, cui nihil bonorum abesse videatur, nos quoque fateamur fieri aliquos horum adeptione felices. Quodsi neque id valent efficere, quod promittunt, bonisque pluribus carent, nonne liquido falsa in eis beatitudinis species deprehenditur? Primum igitur te ipsum, qui paulo ante divitiis affluebas, interrogo: inter illas abundantissimas opes numquamne animum tuum concepta ex qualibet iniuria confudit anxietas? — Atqui, inquam, libero me fuisse animo, quin aliquid semper angerer, reminisci non queo. — Nonne quia vel aberat, quod abesse non velles, vel aderat, quod adesse noluisses? — Ita est, inquam. — Illius igitur praesentiam, huius absentiam desiderabas? — Confiteor, inquam. — Eget vero, inquit, eo, quod quisque desiderat? — Eget, inquam. — Qui vero eget aliquo, non est usquequaque sibi ipse sufficiens. — Minime, inquam. — Tu itaque hanc insufficientiam plenus, inquit, opibus sustinebas? — Quidni? inquam. — Opes igitur nihilo indigentem sufficientemque sibi facere nequeunt et hoc erat, quod promittere videbantur. Atqui hoc quoque maxime considerandum puto, quod nihil habeat suapte natura pecunia, ut his, a quibus possidetur, invitis, nequeat auferri. — Fateor, inquam. — Quidni fateare, cum eam cotidie valentior aliquis eripiat invito? Unde enim forenses querimoniae, nisi quod vel vi vel fraude nolentibus pecuniae repetuntur ereptae? — Ita est, inquam. — Egebit igitur,

---

2 cf. infra p. 52,15, Hartlich 312 (Plut. Κατὰ πλούτου fr. 21 D. VII 123 B [Stob. IV 31 c 86]) 24/25 cf. Usener, Gött. Anz. 1892. 381 Aug. Beat. vit. 4, 26. 2, 14), Plasberg 70 (Cic. Hort. 76/83)

4 pecuniae D^1KW Peip. pecunia (beatos non fieri) P 5 offerunt P nil P 6 fatemur L^2 13 nequeo W Peip., ut vid. FC 14 adesse $PC^1V^1Aur.^1$ 15 abesse P 16 desiderabas om. W^1 uncis inclusit Peip. 24 pecunia — bove p. 52, 21 om. P

inquit, extrinsecus petito praesidio, quo suam pecuniam
15 quisque tueatur. — Quis id, inquam, neget? — Atqui non
egeret eo, nisi possideret pecuniam, quam possit amittere.
16 — Dubitari, inquam, nequit. — In contrarium igitur relapsa
res est; nam quae sufficientes sibi facere putabantur opes, 5
17 alieno potius praesidio faciunt indigentes. Quis autem
modus est, quo pellatur divitiis indigentia? Num enim
divites esurire nequeunt, num sitire non possunt, num
18 frigus hibernum pecuniosorum membra non sentiunt? Sed
adest, inquies, opulentis, quo famem satient, quo sitim 10
frigusque depellant. Sed hoc modo consolari quidem
divitiis indigentia potest, auferri penitus non potest; nam
si haec hians semper atque aliquid poscens opibus expletur,
19 maneat necesse est, quae possit expleri. Taceo, quod naturae
minimum, quod avaritiae nihil satis est. Quare si opes nec 15
summovere indigentiam possunt et ipsae suam faciunt,
quid est, quod eas sufficientiam praestare credatis?

    III. Quamvis fluente dives auri gurgite
        non expleturas cogat avarus opes
        oneretque bacis colla rubri litoris 20
        ruraque centeno scindat opima bove,
(5)   nec cura mordax deseret superstitem
        defunctumque leves non comitantur opes.

1   4. Sed dignitates honorabilem reverendumque, cui pro-
venerint, reddunt. Num vis ea est magistratibus, ut utentium 25
2 mentibus virtutes inserant, vitia depellant? Atqui non
fugare, sed inlustrare potius nequitiam solent, quo fit, ut
indignemur eas saepe nequissimis hominibus contigisse;
unde Catullus licet in curuli Nonium sedentem strumam

---

    20 *cf.* Hor. Epod. 8, 14: onusta bacis   29 Catull. 52, 2: sella in
curuli struma Nonius sedet (Plin. N. h. XXXVII 81)

    2 id *om. VE*   3 eo *del. F¹*   posset *Par.15090, Vind.*   13 (non)
expletur *F² Vall.*   16 possunt indig. *W Peip.*   20 *verba inde ab*
oneretque *usque ad* offi(cio 53, 24) *exciderunt in D*   22 deserit *FW
Peip.* deserat *V¹* (οὔτ' ἂν ἐκφύγοι *Plan.*), *cf. Eng.*

tamen appellat. Videsne, quantum malis dedecus adiciant dignitates? Atqui minus eorum patebit indignitas, si nullis honoribus inclarescant. Tu quoque num tandem tot periculis adduci potuisti, ut cum Decorato gerere magistratum putares, cum in eo mentem nequissimi scurrae delatorisque respiceres? Non enim possumus ob honores reverentia dignos iudicare, quos ipsis honoribus iudicamus indignos. At si quem sapientia praeditum videres, num posses eum vel reverentia vel ea, qua est praeditus, sapientia non dignum putare? — Minime. — Inest enim dignitas propria virtuti, quam protinus in eos, quibus fuerit adiuncta, transfundit. Quod quia populares facere nequeunt honores, liquet eos propriam dignitatis pulchritudinem non habere. In quo illud est animadvertendum magis: nam si eo abiectior est, quo magis a pluribus quisque contemnitur, cum reverendos facere nequeat, quos pluribus ostentat, despectiores potius improbos dignitas facit. Verum non impune; reddunt namque improbi parem dignitatibus vicem, quas sua contagione commaculant.

Atque ut agnoscas veram illam reverentiam per has umbratiles dignitates non posse contingere: si qui multiplici consulatu functus in barbaras nationes forte devenerit, venerandumne barbaris honor faciet? Atqui si hoc naturale munus dignitatibus foret, ab officio suo quoquo gentium nullo modo cessarent, sicut ignis ubique terrarum numquam tamen calere desistit. Sed quoniam id eis non propria vis, sed hominum fallax adnectit opinio, vanescunt ilico, cum ad eos venerint, qui dignitates eas esse non aestimant. Sed hoc apud exteras nationes; inter eos vero, apud quos ortae sunt, num perpetuo perdurant? Atqui praetura magna olim potestas, nunc inane nomen et senatorii census gravis

---

5 putareris *Mommsen* (*Cassiod. Var.* p. 492 *s. v.* Decoratus) optares Brakman; cf. *Eng.*² 14 eo om. F²CLVK 16 ostendat PK Laud 21 umbrabiles CL¹V Aur.¹ K Laud¹ W Peip. (cf. Amm. Marc. XXI 16,21: imperium .. cassum et umbratile) contingere (sic collige) W Peip. (sic accipe) *s. v.* F²; cf. p. 30, 16 30 praefectura F¹CV²D²W Peip.

sarcina; si quis quondam populi curasset annonam, magnus habebatur, nunc ea praefectura quid abiectius? Ut enim paulo ante diximus, quod nihil habet proprii decoris, opinione utentium nunc splendorem accipit, nunc amittit. Si igitur reverendos facere nequeunt dignitates, si ultro improborum contagione sordescunt, si mutatione temporum splendere desinunt, si gentium aestimatione vilescunt, quid est, quod in se expetendae pulchritudinis habeant, nedum aliis praestent?

  IV. Quamvis se Tyrio superbus ostro
    comeret et niveis lapillis,
    invisus tamen omnibus vigebat
    luxuriae Nero saevientis.
  Sed quondam dabat improbus verendis
    patribus indecores curules.
  Quis illos igitur putet beatos,
    Quos miseri tribuunt honores?

5. An vero regna regumque familiaritas efficere potentem valet? Quidni, quando eorum felicitas perpetuo perdurat? Atqui plena est exemplorum vetustas, plena etiam praesens aetas, qui reges felicitatem calamitate mutaverint. O praeclara potentia, quae ne ad conservationem quidem sui satis efficax invenitur. Quodsi haec regnorum potestas beatitudinis auctor est, nonne, si qua parte defuerit, felicitatem minuat, miseriam importet? Sed quamvis late humana tendantur imperia, plures necesse est gentes relinqui, quibus regum quisque non imperet. Qua vero parte beatos faciens desinit potestas, hac impotentia subintrat, quae miseros facit; hoc igitur modo maiorem regibus inesse necesse est miseriae

---

1/2 *de Pompeio Magno* v. Cassiod. Var. VI 18 3 v. *supra* 53, 27
20 Cic. Arch. 14: plena exemplorum vetustas

---

1 pop. quondam *W Peip.* an non iam *P* an non nam *V*
21 regis *P* (*probat Schepss)* mutuaverint *V Aur. K Laud*, cf. *Eng.*¹
22 nec *W Peip.* 27 regnum *P V*¹ imperet regum quisque *W Peip.*

portionem. Expertus sortis suae periculorum tyrannus regni metus pendentis supra verticem gladii terrore simulavit. Quae est igitur haec potestas, quae sollicitudinum morsus expellere, quae formidinum aculeos vitare nequit? Atqui vellent ipsi vixisse securi, sed nequeunt; dehinc de potestate gloriantur. An tu potentem censes, quem videas velle, quod non possit efficere, potentem censes, qui satellite latus ambit, qui, quos terret, ipse plus metuit, qui ut potens esse videatur, in servientium manu situm est? Nam quid ego de regum familiaribus disseram — cum regna ipsa tantae imbecillitatis plena demonstrem — quos quidem regia potestas saepe incolumis, saepe autem lapsa prosternit? Nero Senecam familiarem praeceptoremque suum ad eligendae mortis coegit arbitrium, Papinianum diu inter aulicos potentem militum gladiis Antoninus obiecit. Atqui uterque potentiae suae renuntiare voluerunt, quorum Seneca opes etiam suas tradere Neroni seque in otium conferre conatus est; sed dum ruituros moles ipsa trahit, neuter, quod voluit, effecit. Quae est igitur ista potentia, quam pertimescunt habentes, quam nec cum habere velis, tutus sis et, cum deponere cupias, vitare non possis? An praesidio sunt amici, quos non virtus, sed fortuna conciliat? Sed quem felicitas amicum fecit, infortunium faciet inimicum. Quae vero pestis efficacior ad nocendum quam familiaris inimicus?

    V. Qui se volet esse potentem,
        animos domet ille feroces
        nec victa libidine colla
        foedis summittat habenis;
        etenim licet Indica longe

---

7 *cf.* Cic. Off. II 24 sq. Claud. Hon. IV 290   18 Hor. Carm. III 4, 65: vis consili expers mole ruit sua   24 sq. *cf.* Matth. 10, 36: inimici homines domestici eius

2 metum *Volkmann*   3 sollicitudinem PV^1DK 24 efficacior (est) *W Peip.*

tellus tua iura tremescat
et serviat ultima Thyle,
tamen atras pellere curas
miserasque fugare querelas
non posse potentia non est.

6. Gloria vero quam fallax saepe, quam turpis est! Unde non iniuria tragicus exclamat:

ὦ δόξα, δόξα, μυρίοισι δὴ βροτῶν
οὐδὲν γεγῶσι βίοτον ὤγκωσας μέγαν.

Plures enim magnum saepe nomen falsis vulgi opinionibus abstulerunt, quo quid turpius excogitari potest? Nam qui falso praedicantur, suis ipsi necesse est laudibus erubescant. Quae si etiam meritis conquisitae sint, quid tamen sapientis adiecerint conscientiae, qui bonum suum non populari rumore, sed conscientiae veritate metitur? Quodsi hoc ipsum propagasse nomen pulchrum videtur, consequens est, ut foedum non extendisse iudicetur. Sed cum, uti paulo ante disserui, plures gentes esse necesse sit, ad quas unius fama hominis nequeat pervenire, fit, ut, quem tu aestimas esse gloriosum, proxima parte terrarum videatur inglorius. Inter haec vero popularem gratiam ne commemoratione quidem dignam puto, quae nec iudicio provenit nec umquam firma perdurat. Iam vero quam sit inane, quam futtile nobilitatis nomen, quis non videat? Quae si ad claritudinem refertur, aliena est; videtur namque esse nobilitas quaedam de meritis veniens laus parentum.

---

2 Verg. Georg. I 30: tibi serviat ult. Thule 8 sq. Eur. Andr. 319 sq. 18 v. p. 40, 14 sqq.; 54, 25 sq. 24/25 Arist. Rhet. 1399 b 16 (εὐγενείας .. φιλοτιμώτερον εἶναι τὸν κεκτημένον .. εὐγ. ἐντιμότης προγόνων), Sall. Iug. 85, 21—25, Hartlich 321

---

9 ΕΙΟΤΟΝ $PV Aur.$ Laud ΕΓΟΤΟΝ F ΗΩΤΟΝ L ΟΓΚΟΝ $Peip.$
13 conquisita $PF^1C^1LV^1DK$ sit $PC^1LV^1DK^1$, v. $Eng.^2$ 18 esse gentes $W Peip.$ 20 proxima $FC^1L Aur.^2$, ł maxima m 2 s. s. E (τοῖς πλησιοχώροις $Plan.$) pro maxima rel. 22 iudicio inde denuo T (v. p. 39, 26)

Quodsi claritudinem praedicatio facit, illi sint clari necesse est, qui praedicantur; quare splendidum te, si tuam non habes, aliena claritudo non efficit. Quodsi quid est in nobilitate bonum, id esse arbitror solum, ut imposita nobilibus necessitudo videatur, ne a maiorum virtute degeneret.

VI. Omne hominum genus in terris simili surgit ab ortu; unus enim rerum pater est, unus cuncta ministrat. Ille dedit Phoebo radios, dedit et cornua lunae, ille homines etiam terris dedit ut sidera caelo, hic clausit membris animos celsa sede petitos; mortales igitur cunctos edit nobile germen. Quid genus et proavos strepitis? Si primordia vestra auctoremque deum spectes, nullus degener exstat, ni vitiis peiora fovens proprium deserat ortum.

7. Quid autem de corporis voluptatibus loquar, quarum appetentia quidem plena est anxietatis, satietas vero paenitentiae? Quantos illae morbos, quam intolerabiles dolores quasi quendam fructum nequitiae fruentium solent referre corporibus! Quarum motus quid habeat iucunditatis, ignoro; tristes vero esse voluptatum exitus, quisquis reminisci libidinum suarum volet, intelleget. Quae si beatos explicare possunt, nihil causae est, quin pecudes quoque beatae esse dicantur, quarum omnis ad explendam corporalem lacunam festinat intentio. Honestissima quidem coniugis foret liberorumque iucunditas, sed nimis e natura dictum est nescio quem filios invenisse tortores; quorum

---

8 Mart. Cap. 427, 7 (299, 26): cornua lunae   15 cf. Cic. Hort. 66/74, 73/80, 74/81, Plasberg 77, Dienel 1914, 7   26 cf. Soph. Ant. 645 sqq.: ὅστις δ' ἀνωφέλητα φιτύει τέκνα, | τί τόνδ' ἂν εἴποις ἄλλο πλὴν αὑτῷ πόνους | φῦσαι; Euen. fr. 6: ἢ δέος ἢ λύπη παῖς πατρὶ πάντα χρόνον (Arist. Eth. 1119b 8 sqq. *non recte adferri videtur*)

---

5 degenerent $T^2 L Aur.^2 DE$ (*probat Schepss*)   9 *om.* P *et sid.* $T^2 LV^1 Aur. K Laud^2 E$ (*Cally*)   24 lacinam P lucinam *ut vid.* V^1 (*s. s.* ·i· retentio aque dr̄)   26 tortorem $PLV^1 Aur. DK Laud E^1$

quam sit mordax quaecumque condicio, neque alias expertum te neque nunc anxium necesse est ammonere. In quo Euripidis mei sententiam probo, qui carentem liberis infortunio dixit esse felicem.

VII. Habet hoc voluptas omnis,
stimulis agit fruentes
apiumque par volantum,
ubi grata mella fudit,
(5) fugit et nimis tenaci
ferit icta corda morsu.

8. Nihil igitur dubium est, quin hae ad beatitudinem viae devia quaedam sint nec perducere quemquam eo valeant, ad quod se perducturas esse promittunt. Quantis vero implicitae malis sint, brevissime monstrabo. Quid enim, pecuniamne congregare conaberis? Sed eripies habenti. Dignitatibus fulgere velis? Danti supplicabis et, qui praeire ceteros honore cupis, poscendi humilitate vilesces. Potentiamne desideras? Subiectorum insidiis obnoxius periculis subiacebis. Gloriam petas? Sed per aspera quaeque distractus securus esse desistis. Voluptariam vitam degas? Sed quis non spernat atque abiciat vilissimae fragilissimaeque rei, corporis, servum? Iam vero qui bona prae se corporis ferunt, quam exigua, quam fragili possessione nituntur! Num enim elephantos mole, tauros robore superare poteritis, num tigres velocitate praeibitis?

---

3 Eur. Andr. 420: δυστυχῶν εὐδαιμονεῖ 21 Plut. Apoll. 104a: ἀνθρώπων ὄντως θνητὰ καὶ ἐφήμερα τὰ σώματα. 114d 24 Gal. Protr. 9 (21, 12 sq. K.): τίς λεόντων ἢ ἐλεφάντων ἀλκιμώτερος; Plut. Π. παίδ. ἀγ. 5e: πόστον γάρ ἐστιν ἰσχὺς ἀνθρωπίνη τῆς τῶν ἄλλων ζῴων .. οἷον ἐλεφάντων καὶ ταύρων καὶ λεόντων;

---

5 omnis hoc vol. *Pulman Peip.* 6 ? furentes *s. s. T* 11 nil (*s. s.* hil) d. i. *P* 12 vitae *P*¹ 14 demonstrabo *PE*², cf. *Eng.*² *et infra* p. 81, 22 15 conaberis *P*¹*T*² *Aur.*³ conaveris *E* conabaeris *T*¹ conabaris *P*² *L V Aur.*¹ *DK Laud Peip.* conaris *Eng.* coneris Βασ. eripias *PK* 19 petis *T*³*V*²*E*² (*probat Schepss*) 21 degas (a *e corr.*) *V* deligis *T*², *s. s.* ? degas ? degere vis *F* 25 praehibitis *PT*¹

Respicite caeli spatium, firmitudinem, celeritatem et ali- 8
quando desinite vilia mirari. Quod quidem caelum non his
potius est quam sua, qua regitur, ratione mirandum. For- 9
mae vero nitor ut rapidus est, ut velox et vernalium florum
5 mutabilitate fugacior! Quodsi, ut Aristoteles ait, Lyncei 10
oculis homines uterentur, ut eorum visus obstantia pene-
traret, nonne introspectis visceribus illud Alcibiadis super-
ficie pulcherrimum corpus turpissimum videretur? Igitur
te pulchrum videri non tua natura, sed oculorum spectan-
10 tium reddit infirmitas. Sed aestimate quam vultis nimio 11
corporis bona, dum sciatis hoc, quodcumque miramini,
triduanae febris igniculo posse dissolvi. Ex quibus omnibus 12
illud redigere in summam licet, quod haec, quae nec
praestare, quae pollicentur, bona possunt nec omnium
15 bonorum congregatione perfecta sunt, ea nec ad beatitudinem quasi quidam calles ferunt nec beatos ipsa perficiunt.

VIII. Eheu quae miseros tramite devios
      abducit ignorantia!
    Non aurum in viridi quaeritis arbore
20   nec vite gemmas carpitis,
    non altis laqueos montibus abditis,   (5)
      ut pisce ditetis dapes,
    nec vobis capreas si libeat sequi,
      Tyrrhena captatis vada;
25   ipsos quin etiam fluctibus abditos
      norunt recessus aequoris,   (10)

---

4 Gal. 8 (16, 7 sqq.): τὴν τῶν μειρακίων ὥραν τοῖς ἠρινοῖς ἄνθεσιν
ἐοικυῖαν ὀλιγοχρόνιόν τε τὴν τέρψιν ἔχουσαν   5 Arist. fr. 59 (Iambl.
Protr. 8; 47,12): εἰ γάρ τις ἐδύνατο βλέπειν καθάπερ τὸν Λυγκέα φασίν, ὃς
διὰ τῶν τοίχων ἑώρα καὶ τῶν δένδρων, ποτ' ἂν ἔδοξεν εἶναί τινα (de Alci-
biade v. Analyt. post. 1397 b 18, Hartlich 250, Jaeger 101) τὴν ὄψιν ἀνεκτὸν
ὁρᾶν, ἐξ οἵων συνέστηκε κακῶν; cf. R.-E. XIII 2470, 35; Roscher II 2218.

5 aristotelis PTL^1VD Lyncei $PVAur.^1Laud$ lincoi T^1 Lynceis
$V^2Aur.^2DKE$ linceis T^2L (Λυγκείοις Plan.)   13 sūma P 17 devio
$T^2Laud^2E^2W^2$; cf. Philol. 1893, 381; Hüttinger 1900, 38, 1   26 noverunt P

quae gemmis niveis unda feracior
vel quae rubentis purpurae
nec non quae tenero pisce vel asperis
praestent echinis litora.
(15) Sed quonam lateat, quod cupiunt, bonum,
nescire caeci sustinent
et, quod stelliferum transabiit polum,
tellure demersi petunt.
Quid dignum stolidis mentibus imprecer?
(20) Opes honores ambiant
et, cum falsa gravi mole paraverint,
tum vera cognoscant bona.

9. Hactenus mendacis formam felicitatis ostendisse suffecerit, quam si perspicaciter intueris, ordo est deinceps, quae sit vera, monstrare. — Atqui video, inquam, nec opibus sufficientiam nec regnis potentiam nec reverentiam dignitatibus nec celebritatem gloria nec laetitiam voluptatibus posse contingere. — An etiam causas, cur id ita sit, deprehendisti? — Tenui quidem veluti rimula mihi videor intueri, sed ex te apertius cognoscere malim. — Atqui promptissima ratio est. Quod enim simplex est indivisumque natura, id error humanus separat et a vero atque perfecto ad falsum imperfectumque traducit. An tu arbitraris, quod nihilo indigeat, egere potentia? — Minime, inquam. — Recte tu quidem; nam si quid est, quod in ulla re imbecillioris valentiae sit, in hac praesidio necesse est egeat alieno. — Ita est, inquam. — Igitur sufficientiae potentiaeque una est eademque natura. — Sic videtur. — Quod vero huius modi sit, spernendumne esse censes an contra rerum

20 cf. infra 73, 19; 82, 12. Plat. Phaedr. 263 a (δοκῶ μὲν ϑ λέγεις μανϑάνειν, ἔτι δ' εἰπὲ σαφέστερον) similesque locos adfert Klingner 76.

6 nec scire T^1 12 tunc P 14 sufficerit $PTDK^1E^1$ 17 gloriae T^1 ut vid., $V^1 Laud^1 E^2$ 20 apertius ex te D^2 cognoscere apertius LT^2 ex te cogn. malim apertius V 24 agere inpotentia P

omnium veneratione dignissimum? — At hoc, inquam, ne dubitari quidem potest. — Addamus igitur sufficientiae potentiaeque reverentiam, ut haec tria unum esse iudicemus. — Addamus, si quidem vera volumus confiteri. — Quid vero, inquit, obscurumne hoc atque ignobile censes esse an omni celebritate clarissimum? Considera vero, ne, quod nihilo indigere, quod potentissimum, quod honore dignissimum esse concessum est, egere claritudine, quam sibi praestare non possit, atque ob id aliqua ex parte videatur abiectius. — Non possum, inquam, quin hoc, uti est, ita etiam celeberrimum esse confitear. — Consequens igitur est, ut claritudinem superioribus tribus nihil differre fateamur. — Consequitur, inquam. — Quod igitur nullius egeat alieni, quod suis cuncta viribus possit, quod sit clarum atque reverendum, nonne hoc etiam constat esse laetissimum? — Sed unde huic, inquam, tali maeror ullus obrepat, ne cogitare quidem possum, quare plenum esse laetitiae, si quidem superiora manebunt, necesse est confiteri. — Atqui illud quoque per eadem necessarium est sufficientiae, potentiae, claritudinis, reverentiae, iucunditatis nomina quidem esse diversa, nullo modo vero discrepare substantiam. — Necesse est, inquam. —

Hoc igitur, quod est unum simplexque natura, pravitas humana dispertit et, dum rei, quae partibus caret, partem conatur adipisci, nec portionem, quae nulla est, nec ipsam, quam minime affectat, assequitur. — Quonam, inquam, modo? — Qui divitias, inquit, petit penuriae fuga, de potentia nihil laborat, vilis obscurusque esse mavult, multas etiam sibi naturales quoque subtrahit voluptates, ne pecuniam, quam paravit, amittat. Sed hoc modo ne sufficientia quidem contingit ei, quem valentia deserit, quem

---

20 cf. Plat. Prot. 329 c.d

---

1 ad PT^1L^1VK 11 confiteor T^1L^1 14 posset P 24 dispetit P 27 fugat PK^1 27 sq. deponentia PT^1 29 nec T^1 30 nec T^1K Peip.

molestia pungit, quem vilitas abicit, quem recondit obscuritas. Qui vero solum posse desiderat, profligat opes, despicit voluptates honoremque potentia carentem, gloriam quoque nihili pendit. Sed hunc quoque quam multa deficiant, vides; fit enim, ut aliquando necessariis egeat, ut anxietatibus mordeatur, cumque haec depellere nequeat, etiam id, quod maxime petebat, potens esse desistat. Similiter ratiocinari de honoribus, gloria, voluptatibus licet; nam cum unumquodque horum idem quod cetera sit, quisquis horum aliquid sine ceteris petit, ne illud quidem, quod desiderat, apprehendit. — Quid igitur, inquam, si qui cuncta simul cupiat adipisci? — Summam quidem ille beatitudinis velit; sed num in his eam repperiet, quae demonstravimus id, quod pollicentur, non posse conferre? — Minime, inquam. — In his igitur, quae singula quaedam expetendorum praestare creduntur, beatitudo nullo modo vestiganda est. — Fateor, inquam, et hoc nihil dici verius potest. —
Habes igitur, inquit, et formam falsae felicitatis et causas. Deflecte nunc in adversum mentis intuitum; ibi enim veram. quam promisimus, statim videbis. — Atqui haec, inquam. vel caeco perspicua est eamque tu paulo ante monstrasti, dum falsae causas aperire conaris. Nam nisi fallor, ea vera est et perfecta felicitas, quae sufficientem, potentem, reverendum, celebrem laetumque perficiat. Atque ut me interius animadvertisse cognoscas, quae unum horum, quoniam idem cuncta sunt, veraciter praestare potest, hanc esse plenam beatitudinem sine ambiguitate cognosco. — O te, alumne. hac opinione felicem, si quidem hoc, inquit, adieceris! — Quidnam? inquam. — Essene aliquid in his

---

13 *v. supra* 59, 13 sqq.   22 *v.* 60, 15   28 *cf.* Klingner 79 (Phaedr. 263 c d: ἄριστα λέγεις· ἀλλ' εἰπὲ καὶ τόδε)

---

1 obicit T^1 2 dispicit PT^1V^1 displicit $KAur.^1$ 5 ut *prius* om. P 6 etiam) hic (quod) P 11 quis V^2 12 in illis T^1 16 investiganda V^2 22 conabaris V^2K conareris $Aur.^2E$ (probat Schepss)   29 quinnam PT^1V^1

mortalibus caducisque rebus putas, quod huius modi statum possit afferre? — Minime, inquam, puto idque a te, nihil ut amplius desideretur, ostensum est. — Haec igitur vel imagines veri boni vel imperfecta quaedam bona dare mortalibus videntur, verum autem atque perfectum bonum conferre non possunt. — Assentior, inquam. — Quoniam igitur agnovisti, quae vera illa sit, quae autem beatitudinem mentiantur, nunc superest, ut unde veram hanc petere possis, agnoscas. — Id quidem, inquam, iam dudum vehementer exspecto. — Sed cum, ut in Timaeo Platoni, inquit, nostro placet, in minimis quoque rebus divinum praesidium debeat implorari, quid nunc faciendum censes, ut illius summi boni sedem repperire mereamur? — Invocandum, inquam, rerum omnium patrem, quo praetermisso nullum rite fundatur exordium. — Recte, inquit, ac simul ita modulata est:

IX. O qui perpetua mundum ratione gubernas,
terrarum caelique sator, qui tempus ab aevo
ire iubes stabilisque manens das cuncta moveri,
quem non externae pepulerunt fingere causae
materiae fluitantis opus, verum insita summi
forma boni livore carens, tu cuncta superno
ducis ab exemplo, pulchrum pulcherrimus ipse
mundum mente gerens similique in imagine formans
perfectasque iubens perfectum absolvere partes.
Tu numeris elementa ligas, ut frigora flammis,
arida conveniant liquidis, ne purior ignis
evolet aut mersas deducant pondera terras.

---

10 Tim. 27c   17sqq. *veluti quandam ἐπιτομήν primae partis Timaei dicit Vall.*; *cf.* Klingner 42sqq.   21 Procli ῥέουσαν οὐσίαν *et* Synes. Hymn. II 9: πολυχύμονος ὕλης *adfert* Klingner 43   24 Gen. 1, 26: faciamus hominem ad imaginem et similitudinem nostram. Sap. 2, 23

---

2 auferre (u *del.*) *P*   id *T*¹ idquae *PV*¹   4 dare bona *PAur. DK* (bonam *V*¹*D*¹)   8 metiantur *PV*²   10 ut in *L*² uti in *T*² uti *rel.* Peip.   timaeo *V*²*D* timoeo *T*² timaeus *V*¹ timeo *rel.*

Tu triplicis mediam naturae cuncta moventem
conectens animam per consona membra resolvis;
quae cum secta duos motum glomeravit in orbes,
in semet reditura meat mentemque profundam
circuit et simili convertit imagine caelum.
Tu causis animas paribus vitasque minores
provehis et levibus sublimes curribus aptans
in caelum terramque seris, quas lege benigna
ad te conversas reduci facis igne reverti.
Da, pater, augustam menti conscendere sedem,
da fontem lustrare boni, da luce reperta
in te conspicuos animi defigere visus.
Dissice terrenae nebulas et pondera molis
atque tuo splendore mica; tu namque serenum,
tu requies tranquilla piis, te cernere finis,
principium, vector, dux, semita, terminus idem.

10. Quoniam igitur, quae sit imperfecti, quae etiam
perfecti boni forma, vidisti, nunc demonstrandum reor,
quonam haec felicitatis perfectio constituta sit. In quo
illud primum arbitror inquirendum, an aliquod huius modi
bonum, quale paulo ante definisti, in rerum natura possit
exsistere, ne nos praeter rei subiectae veritatem cassa
cogitationis imago decipiat. Sed quin exsistat sitque hoc
veluti quidam omnium fons bonorum, negari nequit; omne
enim, quod imperfectum esse dicitur, id imminutione perfecti imperfectum esse perhibetur. Quo fit, ut, si in quolibet
genere imperfectum quid esse videatur, in eo perfectum
quoque aliquid esse necesse sit; etenim perfectione sublata,
unde illud, quod imperfectum perhibetur, exstiterit, ne fingi

---

10 Mart. Cap. 74, 18 (49, 4): Da, pater, aetherios mentem conscendere coetus   11 Eucler. (Anth. Lat. ed. Riese 789) 8: qua luce
reperta   15 sq. cf. Plat. Leg. 715e: ὁ.. θεός.. ἀρχήν τε καὶ τελευτὴν
καὶ μέσα τῶν ὄντων ἁπάντων ἔχων ⟨adfert Plut. Ex. 601b); Apoc. 1, 8: ego
sum Α et Ω, principium et finis. De vectore Klingner 58 sq.   21 v. 63, 5

---

14 micat unamque $T^1 L^1 V$

quidem potest. Neque enim ab deminutis inconsummatisque natura rerum cepit exordium, sed ab integris absolutisque procedens in haec extrema atque effeta dilabitur. Quodsi, uti paulo ante monstravimus, est quaedam boni fragilis imperfecta felicitas, esse aliquam solidam perfectamque non potest dubitari. — Firmissime, inquam, verissimeque conclusum est. — Quo vero, inquit, habitet, ita considera. Deum, rerum omnium principem, bonum esse communis humanorum conceptio probat animorum; nam cum nihil deo melius excogitari queat, id, quo melius nihil est, bonum esse quis dubitet? Ita vero bonum esse deum ratio demonstrat, ut perfectum quoque in eo bonum esse convincat. Nam ni tale sit, rerum omnium princeps esse non poterit; erit enim eo praestantius aliquid perfectum possidens bonum, quod hoc prius atque antiquius esse videatur; omnia namque perfecta minus integris priora esse claruerunt. Quare ne in infinitum ratio prodeat, confitendum est summum deum summi perfectique boni esse plenissimum; sed perfectum bonum veram esse beatitudinem constituimus: veram igitur beatitudinem in summo deo sitam esse necesse est. — Accipio, inquam, nec est, quod contra dici ullo modo queat. — Sed quaeso, inquit, te, vide, quam id sancte atque inviolabiliter probes, quod boni summi summum deum diximus esse plenissimum. — Quonam, inquam, modo? — Ne hunc rerum omnium patrem illud summum bonum, quo plenus esse perhibetur, vel extrinsecus accepisse vel ita naturaliter habere praesumas, quasi habentis dei habitaeque beatitudinis diversam cogites esse substantiam. Nam si extrinsecus acceptum putes, praestantius id, quod dederit, ab eo, quod acceperit, existimare possis, sed hunc esse rerum omnium praecellentissimum dignissime confitemur.

---

1 diminutis T^2K demunitis P 2 cepit K coepit rel. Peip.
5 fragilis om. L fragilis (et) $Bα\sigma$.   8 considerandum rerum T^1
22 ab ullo usque ad Super (66, 27) deest D 31 ab eras. V 32 dignissime (q. s. v. add.) P

Quod si natura quidem inest, sed est ratione diversum, cum de rerum principe loquamur deo, fingat, qui potest, quis haec diversa coniunxerit. Postremo quod a qualibet re diversum est, id non est illud, a quo intellegitur esse diversum; quare quod a summo bono diversum est sui natura, id summum bonum non est, quod nefas est de eo cogitare, quo nihil constat esse praestantius. Omnino enim nullius rei natura suo principio melior poterit exsistere, quare, quod omnium principium sit, id etiam sui substantia summum esse bonum verissima ratione concluserim. — Rectissime, inquam. — Sed summum bonum beatitudinem esse concessum est. — Ita est, inquam. — Igitur, inquit, deum esse ipsam beatitudinem necesse est confiteri. — Nec propositis, inquam, prioribus refragari queo et illis hoc inlatum consequens esse perspicio. —

Respice, inquit, an hinc quoque idem firmius approbetur, quod duo summa bona, quae a se diversa sint, esse non possunt. Etenim quae discrepant bona, non esse alterum, quod sit alterum, liquet; quare neutrum poterit esse perfectum, cum alterutri alterum deest. Sed quod perfectum non sit, id summum non esse manifestum est; nullo modo igitur, quae summa sunt bona, ea possunt esse diversa. Atqui et beatitudinem et deum summum bonum esse collegimus, quare ipsam necesse est summam esse beatitudinem, quae sit summa divinitas. — Nihil, inquam, nec reapse verius nec ratiocinatione firmius nec deo dignius concludi potest. — Super haec, inquit, igitur veluti geometrae solent demonstratis propositis aliquid inferre, quae porismata ipsi vocant, ita ego quoque tibi veluti corollarium dabo. Nam quoniam beatitudinis adeptione fiunt homines beati, beatitudo vero est ipsa divinitas, divinitatis adeptione beatos fieri manifestum est. Sed uti iustitiae adeptione iusti, sa-

---

6 de dõ P   25 sq. reapse verius *Schepss* re ab severius *P Laud²*, *ut vid.* V¹ re ab sverius *Laud*¹ re ab severius (se *eras.*) K re verius L¹ re⁎verius T¹ re hac verius T² re ipsa verius *rel. Peip.*

pientiae sapientes fiunt, ita divinitatem adeptos deos fieri simili ratione necesse est. Omnis igitur beatus deus, sed natura quidem unus; participatione vero nihil prohibet esse quam plurimos. — Et pulchrum, inquam, hoc atque pretiosum, sive porisma sive corollarium vocari mavis. — Atqui hoc quoque pulchrius nihil est, quod his adnectendum esse ratio persuadet. — Quid? inquam. — Cum multa, inquit, beatitudo continere videatur, utrumne haec omnia unum veluti corpus beatitudinis quadam partium varietate coniungant an sit eorum aliquid, quod beatitudinis substantiam compleat, ad hoc vero cetera referantur? — Vellem, inquam, id ipsarum rerum commemoratione patefaceres. — Nonne, inquit, beatitudinem bonum esse censemus? — Ac summum quidem, inquam. —
Addas, inquit, hoc omnibus licet. Nam eadem sufficientia summa est, eadem summa potentia, reverentia quoque, claritas ac voluptas beatitudo esse iudicatur. Quid igitur, haecine omnia, bonum, sufficientia, potentia ceteraque veluti quaedam beatitudinis membra sunt an ad bonum veluti ad verticem cuncta referuntur? — Intellego, inquam, quid investigandum proponas, sed, quid constituas, audire desidero. — Cuius discretionem rei sic accipe. Si haec omnia beatitudinis membra forent, a se quoque invicem discreparent; haec est enim partium natura, ut unum corpus diversa componant. Atqui haec omnia idem esse monstrata sunt, minime igitur membra sunt; alioquin ex uno membro beatitudo videbitur esse coniuncta, quod fieri nequit. — Id quidem, inquam, dubium non est, sed id, quod restat, exspecto. — Ad bonum vero cetera referri palam est. Idcirco enim sufficientia petitur, quoniam bonum esse iudicatur, idcirco

---

19 Klingner 72 *cum* Plat. Phaed. 60b: ὥσπερ ἐκ μιᾶς κορυφῆς ἡμμένω *confert* Themist. I, p. 5c   20 *v. supra* 60, 19

---

4 ut pulchrum Βασ. (ὡς *Plan.*)   8 videtur PL^2D 11 velle PD 12 ad (ipsarum) P^1, *ut vid.* V^1 ut V^2 18 bona T^2

Boethii Phil. cons.

potentia, quoniam id quoque esse creditur bonum; idem de reverentia, claritudine, iucunditate coniectare licet. Omnium igitur expetendorum summa atque causa bonum est; quod enim neque re neque similitudine ullum in se retinet bonum, id expeti nullo modo potest. Contraque etiam, quae natura bona non sunt, tamen si esse videantur, quasi vere bona sint, appetuntur. Quo fit, uti summa, cardo atque causa expetendorum omnium bonitas esse iure credatur. Cuius vero causa quid expetitur, id maxime videtur optari, veluti si salutis causa quispiam velit equitare, non tam equitandi motum desiderat quam salutis effectum. Cum igitur omnia boni gratia petantur, non illa potius quam bonum ipsum desideratur ab omnibus. Sed propter quod cetera optantur, beatitudinem esse concessimus; quare sic quoque sola quaeritur beatitudo. Ex quo liquido apparet ipsius boni et beatitudinis unam atque eandem esse substantiam. — Nihil video, cur dissentire quispiam possit. — Sed deum veramque beatitudinem unum atque idem esse monstravimus. — Ita, inquam. — Securo igitur concludere licet dei quoque in ipso bono nec usquam alio sitam esse substantiam.

X. Huc omnes pariter venite capti,
quos fallax ligat improbis catenis
terrenas habitans libido mentes,
haec erit vobis requies laborum,
(5) hic portus placida manens quiete,
hoc patens unum miseris asylum.
Non quicquid Tagus aureis harenis
donat aut Hermus rutilante ripa
aut Indus calido propinquus orbi
(10) candidis miscens virides lapillos,
inlustrent aciem magisque caecos

---

18 *v. supra* 66, 13   21 *cf.* Matth. 11, 28   24 Verg. Aen. VIII 46: hic locus urbis erit, requies ea certa laborum

1 creditur esse *P*   4 ullum inseret bonum *T*[1]   22 ligat fallax roseis *Peip.*

in suas condunt animos tenebras.
Hoc, quicquid placet excitatque mentes,
infimis tellus aluit cavernis;
splendor, quo regitur vigetque caelum, (15)
vitat obscuras animae ruinas;
hanc quisquis poterit notare lucem,
candidos Phoebi radios negabit.

11. Assentior, inquam; cuncta enim firmissimis nexa 1
rationibus constant. — Tum illa: Quanti, inquit, aestimabis, 2
si, bonum ipsum quid sit, agnoveris? — Infinito, inquam, si 3
quidem mihi pariter deum quoque, qui bonum est, continget
agnoscere. — Atqui hoc verissima, inquit, ratione pate- 4
faciam, maneant modo, quae paulo ante conclusa sunt. —
Manebunt. — Nonne, inquit, monstravimus ea, quae appe- 5
tuntur pluribus, idcirco vera perfectaque bona non esse,
quoniam a se invicem discreparent, cumque alteri abesset
alterum, plenum absolutumque bonum afferre non posse,
tum autem verum bonum fieri, cum in unam veluti formam
atque efficientiam colliguntur, ut, quae sufficientia est,
eadem sit potentia, reverentia, claritas atque iucunditas,
nisi vero unum atque idem omnia sint, nihil habere, quo
inter expetenda numerentur? — Demonstratum, inquam, 6
nec dubitari ullo modo potest. — Quae igitur, cum discre- 7
pant, minime bona sunt, cum vero unum esse coeperint,
bona fiunt, nonne, haec ut bona sint, unitatis fieri adeptione
contingit? — Ita, inquam, videtur. — Sed omne, quod bo- 8
num est, boni participatione bonum esse concedis an
minime? — Ita est. — Oportet igitur idem esse unum atque 9
bonum simili ratione concedas; eadem namque substantia
est eorum, quorum naturaliter non est diversus effectus. —
Negare, inquam, nequeo. — Nostine igitur, inquit, omne, 10
quod est, tam diu manere atque subsistere, quamdiu sit
unum, sed interire atque dissolvi, pariter atque unum esse

---

13 *v. supra* 66, 18 sqq.   14 Klingner 81 (Crito 48b: ἀλλὰ μένει)

11 destiterit? — Quonam modo? — Ut in animalibus, inquit, cum in unum coeunt ac permanent anima corpusque, id animal vocatur; cum vero haec unitas utriusque separatione 12 dissolvitur, interire nec iam esse animal liquet. Ipsum quoque corpus cum in una forma membrorum coniunctione permanet, humana visitur species; at si distributae segregataeque partes corporis distraxerint unitatem, desinit esse, 13 quod fuerat. Eoque modo percurrenti cetera procul dubio patebit subsistere unumquodque, dum unum est, cum vero unum esse desinit, interire. — Consideranti, inquam, mihi plura minime aliud videtur. —
14 Estne igitur, inquit, quod, in quantum naturaliter agat, relicta subsistendi appetentia venire ad interitum corrup-15 tionemque desideret? — Si animalia, inquam, considerem, quae habent aliquam volendi nolendique naturam, nihil invenio; quod nullis extra cogentibus abiciant manendi inten-16 tionem et ad interitum sponte festinent. Omne namque animal tueri salutem laborat, mortem vero perniciemque 17 devitat. Sed quid de herbis arboribusque, quid de inanimatis 18 omnino consentiam rebus, prorsus dubito. — Atqui non est, quod de hoc quoque possis ambigere, cum herbas atque arbores intuearis primum sibi convenientibus innasci locis, ubi, quantum earum natura queat, cito exarescere atque 19 interire non possint. Nam aliae quidem campis, aliae montibus oriuntur, alias ferunt paludes, aliae saxis haerent, aliarum fecundae sunt steriles harenae, quas si in alia 20 quispiam loca transferre conetur, arescant. Sed dat cuique natura, quod convenit, et ne, dum manere possunt, intereant, 21 elaborat. Quid quod omnes velut in terras ore demerso trahunt alimenta radicibus ac per medullas robur corti-

---

22 Plut. Ex. 607 e: φυτῷ ἔστι τις χώρα μᾶλλον ἑτέρας ἑτέρα πρόσφορος, ἐν ᾗ τρέφεται καὶ βλαστάνει βέλτιον

---

8 percurrenti ⟨tibi s. v.⟩ T^2 12 ⟨aliquid s. v.⟩ quod T^2 agat s. v. T^2 s. s. ut vid. vivet (vivat in mg. F) 16 nullus P

cemque diffundunt? Quid quod mollissimum quidque, sicuti medulla est, interiore semper sede reconditur, extra vero quadam ligni firmitate, ultimus autem cortex adversum caeli intemperiem quasi mali patiens defensor opponitur? Iam vero quanta est naturae diligentia, ut cuncta semine multiplicato propagentur! Quae omnia non modo ad tempus manendi, verum generatim quoque quasi in perpetuum permanendi veluti quasdam machinas esse quis nesciat? Ea etiam, quae inanimata esse creduntur, nonne, quod suum est, quaeque simili ratione desiderant? Cur enim flammas quidem sursum levitas vehit, terras vero deorsum pondus deprimit, nisi quod haec singulis loca motionesque conveniunt? Porro autem, quod cuique consentaneum est, id unumquodque conservat; sicuti ea, quae sunt inimica, corrumpunt. Iam vero, quae dura sunt ut lapides, adhaerent tenacissime partibus suis et, ne facile dissolvantur, resistunt. Quae vero liquentia ut aer atque aqua facile quidem dividentibus cedunt, sed cito in ea rursus, a quibus sunt abscisa, relabuntur, ignis vero omnem refugit sectionem.

Neque nunc nos de voluntariis animae cognoscentis motibus, sed de naturali intentione tractamus, sicuti est, quod acceptas escas sine cogitatione transigimus, quod in somno spiritum ducimus nescientes. Nam ne in animalibus quidem manendi amor ex animae voluntatibus, verum ex naturae principiis venit. Nam saepe mortem cogentibus causis, quam natura reformidat, voluntas amplectitur, contraque illud, quo solo mortalium rerum durat diuturnitas, gignendi opus, quod natura semper appetit, interdum cohercet voluntas. Adeo haec sui caritas non ex animali motione, sed ex naturali intentione procedit; dedit enim providentia creatis a se rebus hanc vel maximam manendi causam, ut, quoad possunt, naturaliter manere desiderent. Quare nihil est, quod ullo modo queas dubitare cuncta,

---

1 secuti T^1V^1 7 permanendi verum generatum P 19 abscissa V^1 20 cognoscentes P 30sq. dedit ei providentia P

quae sunt, appetere naturaliter constantiam permanendi,
devitare perniciem. — Confiteor, inquam, nunc me indubitato cernere, quae dudum incerta videbantur. — Quod
autem, inquit, subsistere ac permanere petit, id unum esse
desiderat; hoc enim sublato ne esse quidem cuiquam per-
manebit. — Verum est, inquam. — Omnia igitur, inquit,
unum desiderant. — Consensi. — Sed unum id ipsum monstravimus esse, quod bonum. — Ita quidem. — Cuncta
igitur bonum petunt, quod quidem ita describas licet ipsum
bonum esse, quod desideretur ab omnibus. — Nihil, inquam,
verius excogitari potest; nam vel ad nihil unum cuncta
referuntur et uno veluti vertice destituta sine rectore flui-
tabunt aut, si quid est, ad quod universa festinant, id erit
omnium summum bonorum. — Et illa: Nimium, inquam, o
alumne, laetor; ipsam enim mediae veritatis notam mente
fixisti. Sed in hoc patuit tibi, quod ignorare te paulo ante
dicebas. — Quid? inquam. — Quis esset, inquit, rerum
omnium finis; is est enim profecto, quod desideratur ab
omnibus, quod, quia bonum esse collegimus, oportet rerum
omnium finem bonum esse fateamur.

> XI. Quisquis profunda mente vestigat verum
> cupitque nullis ille deviis falli,
> in se revolvat intimi lucem visus
> longosque in orbem cogat inflectens motus
> animumque doceat, quicquid extra molitur,
> suis retrusum possidere thesauris;

8 *v. supra* 69, 18   12 Quint. VII Prooem. 3: sine rectore fluitet
16 *v.* 18, 13. 16. 29   23 Procl. in Tim. II 244, 14 (Diehl): ὡς ἐπέστραπται
πρὸς ἑαυτό. Augustin. Conf. VII 10: admonitus redire in memet ipsum
intravi in intima mea .. et vidi .. lucem incommutabilem

4 appetit T^2L^2E 6 est *om.* T^1 8 bonum (est) P^1 11 ad
nihilum cuncta T^2V^2KE, *cf.* Bednarz 21 (Liv. XLI 20, 7: nihil unum)
13 festinent *LVD Laud*   17 dicebas *bis ut vid.* T^1 18 est *om.* T^1
19 colligimus V^1KE

dudum quod atra texit erroris nubes,
lucebit ipso perspicacius Phoebo.
Non omne namque mente depulit lumen
obliviosam corpus invehens molem; (10)
haeret profecto semen introrsum veri,
quod excitatur ventilante doctrina;
nam cur rogati sponte recta censetis,
ni mersus alto viveret fomes corde?
Quodsi Platonis Musa personat verum, (15)
quod quisque discit, immemor recordatur.

12. Tum ego: Platoni, inquam, vehementer assentior; 1
nam me horum iam secundo commemoras, primum quod
memoriam corporea contagione, dehinc cum maeroris mole
pressus amisi. — Tum illa: Si priora, inquit, concessa respi- 2
cias, ne illud quidem longius aberit, quin recorderis, quod
te dudum nescire confessus es. — Quid? inquam. — Quibus, 3
ait illa, gubernaculis mundus regatur. — Memini, inquam,
me inscitiam meam fuisse confessum, sed quid afferas, licet
iam prospiciam, planius tamen ex te audire desidero. —
Mundum, inquit, hunc deo regi paulo ante minime dubi- 4
tandum putabas. — Ne nunc quidem arbitror, inquam, nec
umquam dubitandum putabo, quibusque in hoc rationibus
accedam, breviter exponam. Mundus hic ex tam diversis 5
contrariisque partibus in unam formam minime convenisset,
nisi unus esset, qui tam diversa coniungeret. Coniuncta 6
vero naturarum ipsa diversitas invicem discors dissociaret
atque divelleret, nisi unus esset, qui quod nexuit contineret.
Non tam vero certus naturae ordo procederet nec tam 7
dispositos motus locis, temporibus, efficientia, spatiis, qualitatibus explicarent, nisi unus esset, qui has mutationum

---

9 Phaed. 76a   16 sq. v. supra 18, 7   19 v. 60, 19 sq.   20 v. 18, 6 sq.;
63, 17

---

18 inscientiam P (glossa in V)   20 ⟨a⟩ deo Met.   minime s. s.
nemini $T^1 E^1$ 28 praecederet T^1 30 explicaret $V^2 Aur.^2 E$

varietates manens ipse disponeret. Hoc quicquid est, quo condita manent atque agitantur, usitato cunctis vocabulo deum nomino. — Tum illa: Cum haec, inquit, ita sentias, parvam mihi restare operam puto, ut felicitatis compos patriam sospes revisas. Sed, quae proposuimus, intueamur. Nonne in beatitudine sufficientiam numeravimus deumque beatitudinem ipsam esse consensimus? — Ita quidem. — Et ad mundum igitur, inquit, regendum nullis extrinsecus amminiculis indigebit; alioquin si quo egeat, plenam sufficientiam non habebit. — Id, inquam, ita est necessarium. — Per se igitur solum cuncta disponit? — Negari, inquam, nequit. — Atqui deus ipsum bonum esse monstratus est. — Memini, inquam. — Per bonum igitur cuncta disponit, si quidem per se regit omnia, quem bonum esse consensimus, et hic est veluti quidam clavus atque gubernaculum, quo mundana machina stabilis atque incorrupta servatur. — Vehementer assentior, inquam, et id te paulo ante dicturam tenui licet suspicione prospexi. — Credo, inquit; iam enim, ut arbitror, vigilantius ad cernenda vera oculos deducis, sed, quod dicam, non minus ad contuendum patet. — Quid? inquam. — Cum deus, inquit, omnia bonitatis clavo gubernare iure credatur eademque omnia, sicuti docui, ad bonum naturali intentione festinent, num dubitari potest, quin voluntaria regantur seque ad disponentis nutum veluti convenientia contemperataque rectori sponte convertant? — Ita, inquam, necesse est; nec beatum regimen esse videretur, si quidem detrectantium iugum foret, non obtemperantium salus. — Nihil est igitur, quod naturam servans deo contra ire conetur? — Nihil, inquam. — Quodsi conetur, ait, num tandem proficiet quicquam adversum eum, quem iure beatitudinis potentissimum esse concessimus? — Prorsus, inquam, nihil

---

1 varietatos P 8 concessimus T^1E^2 (15 T^2E)   20 deducis (s e corr., s. s. deflectis) T 21 continendum T^1 24 voluntarie T^1 26 contemperataeque T^1 31 adversus P^1T^2D Peip.

valeret. — Non est igitur aliquid, quod summo huic bono vel velit vel possit obsistere? — Non, inquam, arbitror. — Est igitur summum, inquit, bonum, quod regit cuncta fortiter suaviterque disponit. — Tum ego: Quam, inquam, me non modo ea, quae conclusa est, summa rationum, verum multo magis haec ipsa, quibus uteris, verba delectant, ut tandem aliquando stultitiam magna lacerantem sui pudeat! — Accepisti, inquit, in fabulis lacessentes caelum Gigantas; sed illos quoque, uti condignum fuit, benigna fortitudo disposuit. Sed visne rationes ipsas invicem collidamus? Forsitan ex huius modi conflictatione pulchra quaedam veritatis scintilla dissiliat. — Tuo, inquam, arbitratu. — Deum, inquit, esse omnium potentem nemo dubitaverit. — Qui quidem, inquam, mente consistat, nullus prorsus ambigat. — Qui vero est, inquit, omnium potens, nihil est, quod ille non possit. — Nihil, inquam. — Num igitur deus facere malum potest? — Minime, inquam. — Malum igitur, inquit, nihil est, cum id facere ille non possit, qui nihil non potest. — Ludisne, inquam, me inextricabilem labyrinthum rationibus texens, quae nunc quidem, qua egrediaris, introeas, nunc vero, quo introieris, egrediare, an mirabilem quendam divinae simplicitatis orbem complicas? Etenim paulo ante beatitudine incipiens eam summum bonum esse dicebas, quam in summo deo sitam loquebare. Ipsum quoque deum summum esse bonum plenamque beatitudinem disserebas, ex quo neminem beatum fore, nisi qui pariter deus esset, quasi munusculum dabas. Rursus ipsam boni formam dei ac beatitudinis loquebaris esse substantiam

---

3 sq. Sap. 8, 1: attinget .. fortiter et disponit omnia suaviter (consensum fortuitum existimat Rand 26,1) 12 Plat. Rep. 434 e: τάχ' ἂν ὥσπερ ἐκ πυρείων ἐκλάμψαι ποιήσαιμεν τὴν δικαιοσύνην 24 v. supra 66, 11

1 valet F^2, in mg. E valebit V^2 bono ex homo T bomo F^1
9 lacescentes P gigantes PLV^2KE 16 potest PT^1D^1 21 nuncque egredieris (om. quidem) T^1 24 (a) beat. V^2 (probat Schepss)

ipsumque unum id ipsum esse bonum docebas, quod ab omni rerum natura peteretur. Deum quoque bonitatis gubernaculis universitatem regere disputabas volentiaque cuncta parere nec ullam mali esse naturam. Atque haec nullis extrinsecus sumptis, sed ex altero ⟨altero⟩ fidem trahente insitis domesticisque probationibus explicabas. — Tum illa: Minime, inquit, ludimus remque omnium maximam dei munere, quem dudum deprecabamur, exegimus. Ea est enim divinae forma substantiae, ut neque in externa dilabatur nec in se externum aliquid ipsa suscipiat, sed, sicut de ea Parmenides ait,

πάντοθεν εὐκύκλου σφαίρης ἐναλίγκιον ὄγκῳ

rerum orbem mobilem rotat, dum se immobilem ipsa conservat. Quodsi rationes quoque non extra petitas, sed intra rei, quam tractabamus, ambitum collocatas agitavimus, nihil est, quod ammirere, cum Platone sanciente didiceris cognatos, de quibus loquuntur, rebus oportere esse sermones.

XII. Felix, qui potuit boni
fontem visere lucidum,
felix, qui potuit gravis
terrae solvere vincula.
(5) Quondam funera coniugis
vates Threicius gemens,
postquam flebilibus modis
silvas currere mobiles,
amnes stare coegerat

---

12 VIII 43 Diels (Plat. Soph. 244e)   16 Tim. 29b   26 sqq. Mart. Cap. 481, 3 (339, 9): silvas currere monte suas carmine quo Strymon continuit latices .. et lepus immiti contulit ora cani; cf. Ov. Fast. II 83; Marx, N. Jahrb. I, 1898, 105; Hüttinger 1902, 16

---

5 ⟨altero⟩ Par. 15090 (altero ex altero m. 2), v. Philol. 1892, 483; 1893, 381; Eng.   12 ΕΥΚΥΚΛΟΥC (ΕΥΚΛΟΥC P) ΦΕΡΗC PT^1LVDKE ΕΥΚΥΚΛΟΥ CΦΕΡΗC T^2 ΕΝΑΛΙΓΚΥΟΝ L ΕΝΑΛΙΓΚΙΝ V   ΟCΚΩΝ L^1 ΟΓΚΩΝ T^1L^2 14 si om. P

iunxitque intrepidum latus
saevis cerva leonibus
nec visum timuit lepus
iam cantu placidum canem,
cum flagrantior intima
fervor pectoris ureret
nec, qui cuncta subegerant,
mulcerent dominum modi,
immites superos querens
infernas adiit domos.
Illic blanda sonantibus
chordis carmina temperans,
quicquid praecipuis deae
matris fontibus hauserat,
quod luctus dabat impotens,
quod luctum geminans amor,
deflet Taenara commovens
et dulci veniam prece
umbrarum dominos rogat.
Stupet tergeminus novo
captus carmine ianitor,
quae sontes agitant metu
ultrices scelerum deae
iam maestae lacrimis madent;
non Ixionium caput
velox praecipitat rota
et longa site perditus
spernit flumina Tantalus;
vultur, dum satur est modis,
non traxit Tityi iecur.
Tandem: 'Vincimur' arbiter
umbrarum miserans ait.

31 Sen. Herc. fur. 586: Tandem mortis ait Vincimur arbiter

3 lepus *T²LV² Laud E* lepos *rel. Peip.* 17 tenara *V²* trenara *TLV¹* tenera *K* 22 fontes *P* 27 sit eperditus *T¹, ut vid. V¹* siti *L²D* 31 tande *P*

'Donamus comitem viro
emptam carmine coniugem;
sed lex dona coherceat,
ne, dum Tartara liquerit,
fas sit lumina flectere.'
Quis legem det amantibus?
Maior lex amor est sibi.
Heu noctis prope terminos
Orpheus Eurydicen suam
vidit, perdidit, occidit.
Vos haec fabula respicit,
quicumque in superum diem
mentem ducere quaeritis;
nam qui Tartareum in specus
victus lumina flexerit,
quicquid praecipuum trahit,
perdit, dum videt inferos.

LIBER IV.

1. **1.** Haec cum Philosophia dignitate vultus et oris gravitate servata leniter suaviterque cecinisset, tum ego nondum penitus insiti maeroris oblitus intentionem dicere adhuc
2. aliquid parantis abrupi et: O, inquam, veri praevia luminis, quae usque adhuc tua fudit oratio, cum sui speculatione divina tum tuis rationibus invicta patuerunt eaque mihi, etsi ob iniuriae dolorem nuper oblita, non tamen antehac
3. prorsus ignorata dixisti. Sed ea ipsa est vel maxima nostri

---

9 erudicen P

ANICII (ANCII *Laud*) MANLII SEVERINI BOETHII (BOETHI L BOETII P *Laud* BOECII K) EXCONS̄ ORD̄ (EXCONSOŁ RD̄ T) PATRICII PHILOSOPHIAE (·PHYAE P ·SOPICE K) CONSOLATIONIS LIBER TERTIUS EXPLICIT (CONSOLATĪ EXPLIC̄ LIB III PK) INCIPIT LIB̄ QVARTVS ((feliciter) PLK) PTLVAur. DK, (excons — patricii *et* lib *om*.) *Laud*, (lib *om*.) E

21 parentis P   23 ea quae PT^1L^1 24 sq. antehactenus (anteh del.) prorsus •••V^2

causa maeroris, quod, cum rerum bonus rector exsistat, vel
esse omnino mala possint vel impunita praetereant, quod
solum quanta dignum sit ammiratione, profecto consideras.
At huic aliud maius adiungitur; nam imperante florenteque 4
nequitia virtus non solum praemiis caret, verum etiam
sceleratorum pedibus subiecta calcatur et in locum facinorum supplicia luit. Quae fieri in regno scientis omnia, po- 5
tentis omnia, sed bona tantummodo volentis dei nemo satis
potest nec ammirari nec conqueri. — Tum illa: Et esset, 6
inquit, infiniti stuporis omnibusque horribilius monstris, si,
uti tu aestimas, in tanti velut patris familias dispositissima
domo vilia vasa colerentur, pretiosa sordescerent. Sed non 7
ita est; nam si ea, quae paulo ante conclusa sunt, inconvulsa
servantur, ipso, de cuius nunc regno loquimur, auctore
cognosces semper quidem potentes esse bonos, malos vero
abiectos semper atque imbecillos nec sine poena umquam
esse vitia nec sine praemio virtutes, bonis felicia, malis
semper infortunata contingere multaque id genus, quae
sopitis querelis firma te soliditate corroborent. Et quoniam 8
verae formam beatitudinis me dudum monstrante vidisti,
quo etiam sita sit, agnovisti, decursis omnibus, quae prae-
mittere necessarium puto, viam tibi, quae te domum revehat, ostendam. Pennas etiam tuae menti, quibus se in 9
altum tollere possit, adfigam, ut perturbatione depulsa
sospes in patriam meo ductu, mea semita, meis etiam vehiculis revertaris.

   I. Sunt etenim pennae volucres mihi,
    quae celsa conscendant poli;
   quas sibi cum velox mens induit,
    terras perosa despicit,

---

30 *de* Prudentio *cf.* Hüttinger 1900, 43 sq.

4 magis T 6 loco V^2 12 colorentur TL^1 16 inbecilles PV^1KE 19 firmate T^1 firmitate PK^1 firmata V 23 pinnas T^1V^1D Peip.   25 dictu T^1 ductu *s. s.* dictione V 26 reue*aris V 27 pinnae T^1V^1D Peip.

Boethii Phil. cons.

(5) aeris immensi superat globum
nubesque postergum videt,
quique agili motu calet aetheris,
transcendit ignis verticem,
donec in astriferas surgat domos
(10) Phoeboque coniungat vias
aut comitetur iter gelidi senis
miles corusci sideris,
vel, quocumque micans nox pingitur,
recurrat astri circulum
(15) atque, ubi iam exhausti fuerit satis,
polum relinquat extimum
dorsaque velocis premat aetheris
compos verendi luminis.
Hic regum sceptrum dominus tenet
(20) orbisque habenas temperat
et volucrem currum stabilis regit
rerum coruscus arbiter.
Huc te si reducem referat via,
quam nunc requiris immemor,
(25) haec, dices, memini, patria est mihi,
hinc ortus, hic sistam gradum.
Quodsi terrarum placeat tibi
noctem relictam visere,
quos miseri torvos populi timent,
(30) cernes tyrannos exsules.

2. Tum ego: Papae, inquam, ut magna promittis! Nec dubito, quin possis efficere, tu modo, quem excitaveris, ne moreris. — Primum igitur, inquit, bonis semper adesse po-

---

1 Mart. Cap. 40, 12 (26, 13): mundi exsuperat .. globum 7 Verg. Georg. I 336: frigida Saturni .. stella 17 Plat. Phaedr. 246 e: Ζεὺς ἐλαύνων πτηνὸν ἅρμα .. διακοσμῶν πάντα

---

6 iungat P 12 populum PV^1D^1 13 praemat PT^1L^1 15 screptum P 19 scire ducem P 28sq. excitaveris memor eris T^1

tentiam, malos cunctis viribus esse desertos agnoscas licebit, quorum quidem alterum demonstratur ex altero. Nam cum bonum malumque contraria sint, si bonum potens esse constiterit, liquet imbecillitas mali, at si fragilitas clarescat mali, boni firmitas nota est. Sed uti nostrae sententiae fides abundantior sit, alterutro calle procedam nunc hinc, nunc inde proposita confirmans. Duo sunt, quibus omnis humanorum actuum constat effectus, voluntas scilicet ac potestas, quorum si alterutrum desit, nihil est, quod explicari queat. Deficiente etenim voluntate ne aggreditur quidem quisque, quod non vult, at si potestas absit, voluntas frustra sit. Quo fit, ut, si quem videas adipisci velle, quod minime adipiscatur, huic obtinendi, quod voluerit, defuisse valentiam dubitare non possis. — Perspicuum est, inquam, nec ullo modo negari potest. — Quem vero effecisse, quod voluerit, videas, num etiam potuisse dubitabis? — Minime. — Quod vero quisque potest, in eo validus, quod vero non potest, in hoc imbecillis esse censendus est. — Fateor, inquam. — Meministine igitur, inquit, superioribus rationibus esse collectum intentionem omnem voluntatis humanae, quae diversis studiis agitur, ad beatitudinem festinare? — Memini, inquam, illud quoque esse demonstratum. — Num recordaris beatitudinem ipsum esse bonum eoque modo, cum beatitudo petitur, ab omnibus desiderari bonum? — Minime, inquam, recordor, quoniam id memoriae fixum teneo. — Omnes igitur homines boni pariter ac mali indiscreta intentione ad bonum pervenire nituntur? — Ita, inquam, consequens est. — Sed certum adeptione boni bonos fieri. — Certum. — Adipiscuntur igitur boni, quod appetunt? — Sic videtur. — Mali vero si adipiscerentur, quod appetunt, bonum, mali esse non possent. — Ita est. — Cum igitur

---

5 sententia P   10 quisquam *Kinderling*   12 quem si T^1 25 memoria *Antv.*² (*probat Schepss*)   28 certum est F^2V^2 *Peip.*

utrique bonum petant, sed hi quidem adipiscantur, illi vero minime, num dubium est bonos quidem potentes esse, qui vero mali sint, imbecillos? — Quisquis, inquam, dubitat, nec rerum naturam nec consequentiam potest considerare rationum. — Rursus, inquit, si duo sint, quibus idem secundum naturam propositum sit, eorumque unus naturali officio id ipsum agat atque perficiat, alter vero naturale illud officium minime amministrare queat, alio vero modo, quam naturae convenit, non quidem impleat propositum suum, sed imitetur implentem, quemnam horum valentiorem esse decernis? — Etsi coniecto, inquam, quid velis, planius tamen audire desidero. — Ambulandi, inquit, motum secundum naturam esse hominibus num negabis? — Minime, inquam. — Eiusque rei pedum officium esse naturale num dubitas? — Ne hoc quidem, inquam. — Si quis igitur pedibus incedere valens ambulet aliusque, cui hoc naturale pedum desit officium, manibus nitens ambulare conetur, quis horum iure valentior existimari potest? — Contexe, inquam, cetera; nam quin naturalis officii potens eo, qui idem nequeat, valentior sit, nullus ambigat. — Sed summum bonum, quod aeque malis bonisque propositum boni quidem naturali officio virtutum petunt, mali vero variam per cupiditatem, quod adipiscendi boni naturale officium non est, idem ipsum conantur adipisci; an tu aliter existimas? — Minime, inquam; nam etiam, quod est consequens, patet. Ex his enim, quae concesserim, bonos quidem potentes, malos vero esse necesse est imbecillos. — Recte, inquit, praecurris idque, uti medici sperare solent, indicium est erectae iam resistentisque naturae. Sed quoniam te ad intellegendum promptissi-

3 sunt *T Peip.* imbecilles PV^1K 6 sunt P 12 plenius T^1L, cf. *supra* 73, 19 20 quidem PV^2D 21 ambigiit L^1 ambigit T^2L^2LaudE 22 positum P propos. ⟨est⟩ $T^2Aur.^3E$ 23 appetunt V^2 uaria P uaria cupiditate *Erfurt.* 27 esse T^2V^2E om. rel., cf. *infra* 98, 14. 109, 26. *Eng.*² 28 imbecilles PV^2E^1

mum esse conspicio, crebras coacervabo rationes; vide enim, quanta vitiosorum hominum pateat infirmitas, qui ne ad hoc quidem pervenire queunt, ad quod eos naturalis ducit ac paene compellit intentio. Et quid, si hoc tam magno ac paene invicto praeeuntis naturae desererentur auxilio? Considera vero, quanta sceleratos homines habeat impotentia. Neque enim levia aut ludicra praemia petunt, quae consequi atque obtinere non possunt, sed circa ipsam rerum summam verticemque deficiunt nec in eo miseris contingit effectus, quod solum dies noctesque moliuntur; in qua re bonorum vires eminent. Sicut enim eum, qui pedibus incedens ad eum locum usque pervenire potuisset, quo nihil ulterius pervium iaceret incessui, ambulandi potentissimum esse censeres, ita eum, qui expetendorum finem, quo nihil ultra est, apprehendit, potentissimum necesse est iudices. Ex quo fit, quod huic obiacet, ut idem scelesti, idem viribus omnibus videantur esse deserti. Cur enim relicta virtute vitia sectantur, inscitiane bonorum — sed quid enervatius ignorantiae caecitate? — an sectanda noverunt, sed transversos eos libido praecipitat? Sic quoque intemperantia fragiles, qui obluctari vitio nequeunt. An scientes volentesque bonum deserunt, ad vitia deflectunt? Sed hoc modo non solum potentes esse, sed omnino esse desinunt; nam qui communem omnium, quae sunt, finem relinquunt, pariter quoque esse desistunt.

Quod quidem cuipiam mirum forte videatur, ut malos, qui plures hominum sunt, eosdem non esse dicamus; sed ita sese res habet. Nam qui mali sunt, eos malos esse non abnuo; sed eosdem esse pure atque simpliciter nego. Nam uti cadaver hominem mortuum dixeris, simpliciter vero hominem appellare non possis, ita vitiosos malos quidem esse

---

7 Verg. Aen. XII 764 sq.: neque enim levia aut ludicra petuntur pr.

---

4 ac — magno om. P^1 5 praeeuntes P 6 quantos P 18 insciane P 21 pariter quod P 27 non om. P 29 pure in ras. P

36 concesserim, sed esse absolute nequeam confiteri. Est enim, quod ordinem retinet servatque naturam; quod vero ab hac deficit, esse etiam, quod in sua natura situm est, derelinquit.
37 Sed possunt, inquies, mali; ne ego quidem negaverim, sed haec eorum potentia non a viribus, sed ab imbecillitate
38 descendit. Possunt enim mala, quae minime valerent, si in
39 bonorum efficientia manere potuissent. Quae possibilitas eos evidentius nihil posse demonstrat; nam si, uti paulo ante collegimus, malum nihil est, cum mala tantummodo possint, nihil posse improbos liquet. — Perspicuum est. —
40 Atque ut intellegas, quaenam sit huius potentiae vis, summo bono nihil potentius esse paulo ante definivimus. — Ita est, inquam. — Sed idem, inquit, facere malum nequit. —
41 Minime. — Est igitur, inquit, aliquis, qui omnia posse homines putet? — Nisi quis insaniat, nemo. — Atqui idem possunt mala. — Utinam quidem, inquam, non possent! —
42 Cum igitur bonorum tantummodo potens possit omnia, non vero queant omnia potentes etiam malorum, eosdem, qui
43 mala possunt, minus posse manifestum est. Huc accedit, quod omnem potentiam inter expetenda numerandam omniaque expetenda referri ad bonum velut ad quoddam na-
44 turae suae cacumen ostendimus. Sed patrandi sceleris possibilitas referri ad bonum non potest, expetenda igitur non est. Atqui omnis potentia expetenda est; liquet igitur malo-
45 rum possibilitatem non esse potentiam. Ex quibus omnibus bonorum quidem potentia, malorum vero minime dubitabilis apparet infirmitas veramque illam Platonis esse sententiam liquet solos, quod desiderent, facere posse sapientes, improbos vero exercere quidem, quod libeat, quod vero deside-
46 rent, explere non posse. Faciunt enim quaelibet, dum per

---

8 sqq. *v. supra* 76, 4   12 *v.* 75, 1   27 *Klingner* 85, 3 *Peipero, qui adnotat*: ut in Gorg. 507c Alcib. primo 124e sqq., *oblocutus adfert* Gorg. 466b—481b; *v. infra* 90, 18. 91, 4. *Rand hoc caput et proximum Gorgiae paraphrasim esse dicit.*

1 consenserim *VK*   11 atqui T^2 ut om. T^1 15 nisi qui T^2V^2 20 sq. omnia quae $PT^1L^1V^1$

ea, quibus delectantur, id bonum, quod desiderant, se adepturos putant; sed minime adipiscuntur, quoniam ad beatitudinem probra non veniunt.

II. Quos vides sedere celsos solii culmine reges,
purpura claros nitente, saeptos tristibus armis,
ore torvo comminantes, rabie cordis anhelos,
detrahat si quis superbis vani tegmina cultus,
iam videbit intus artas dominos ferre catenas; (5)
hinc enim libido versat avidis corda venenis,
hinc flagellat ira mentem fluctus turbida tollens,
maeror aut captus fatigat aut spes lubrica torquet.
Ergo cum caput tot unum cernas ferre tyrannos,
non facit, quod optat ipse, dominis pressus iniquis. (10)

3. Videsne igitur, quanto in caeno probra volvantur, qua probitas luce resplendeat? In quo perspicuum est numquam bonis praemia, numquam sua sceleribus deesse supplicia. Rerum etenim, quae geruntur, illud, propter quod unaquaeque res geritur, eiusdem rei praemium esse non iniuria videri potest, uti currendi in stadio, propter quam curritur, iacet praemium corona. Sed beatitudinem esse id ipsum bonum, propter quod omnia geruntur, ostendimus; est igitur humanis actibus ipsum bonum veluti praemium commune propositum. Atqui hoc a bonis non potest separari — neque enim bonus ultra iure vocabitur, qui careat bono — quare probos mores sua praemia non relinquunt. Quantumlibet igitur saeviant mali, sapienti tamen corona non decidet, non arescet; neque enim probis animis proprium decus aliena decerpit improbitas. Quodsi extrinsecus

---

11 Mart. Cap. 16, 1 (9, 25): spes incerta fatigat 21 sq. v. supra 47, 7 sqq. 26 sq. Ps. 89, 6: vespere decidat et obduret et arescat. Prov. 14, 24: Corona sapientium divitiae eorum. Ier. 13, 18

---

5 nitentes aeptos PT^1 11 captos $T^2V^2Aur.^2$ (probat Peip.^{3})
19 ut enī c. (nī in ras.) P currenti T^1V^2 21 id** T idem L^2E^2
Peip. id est rel.; cf. 32, 20. 23

Boethii Phil. cons.

accepto laetaretur, poterat hoc vel alius quispiam vel ipse etiam, qui contulisset, auferre; sed quoniam id sua cuique probitas confert, tum suo praemio carebit, cum probus esse
7 desierit. Postremo cum omne praemium idcirco appetatur, quoniam bonum esse creditur, quis boni compotem praemii
8 iudicet expertem? At cuius praemii? Omnium pulcherrimi maximique; memento etenim corollarii illius, quod paulo
9 ante praecipuum dedi, ac sic collige. Cum ipsum bonum beatitudo sit, bonos omnes eo ipso, quod boni sint, fieri
10 beatos liquet. Sed qui beati sint, deos esse convenit, est igitur praemium bonorum, quod nullus deterat dies, nullius
11 minuat potestas, nullius fuscet improbitas, deos fieri. Quae cum ita sint, de malorum quoque inseparabili poena dubitare sapiens nequeat; nam cum bonum malumque, item poenae atque praemium adversa fronte dissideant, quae in boni praemio videmus accedere, eadem necesse est in mali
12 poena contraria parte respondeant. Sicut igitur probis probitas ipsa fit praemium, ita improbis nequitia ipsa supplicium est. Iam vero quisquis afficitur poena, malo se affec-
13 tum esse non dubitat. Si igitur sese ipsi aestimare velint, possuntne sibi supplicii expertes videri, quos — omnium malorum extremum — nequitia non affecit modo, verum etiam vehementer infecit?
14 Vide autem ex adversa parte bonorum, quae improbos poena comitetur; omne namque, quod sit, unum esse ipsumque unum bonum esse paulo ante didicisti, cui consequens
15 est, ut omne, quod sit, id etiam bonum esse videatur. Hoc igitur modo, quicquid a bono deficit, esse desistit. Quo fit,

---

7 v. supra 66, 29   17 sq. cf. Ambr. De off. I 12, 46: impius ipse sibi poena est, iustus .. gratia et utrique aut bonorum aut malorum operum merces ex se ipso solvitur   26 v. supra 76, 1

1 ille L   10 sunt T^1E 15 poena T^2 16 accidere T^2Laud, v. infra 100, 18   17 pro nobis T^1 22 extremum Βασ. (τῷ χολοφῶνι τῶν κακῶν Plan.) extrema codd. Peip.   afficit $P^1Aur.^2Laud^1E$
23 inficit $T^1Aur.^2Laud^1E$

ut mali desinant esse, quod fuerant — sed fuisse homines adhuc ipsa humani corporis reliqua species ostentat — quare versi in malitiam humanam quoque amisere naturam. Sed cum ultra homines quemque provehere sola probitas possit, necesse est, ut, quos ab humana condicione deiecit, infra hominis meritum detrudat improbitas; evenit igitur, ut, quem transformatum vitiis videas, hominem aestimare non possis. Avaritia fervet alienarum opum violentus ereptor: lupis similem dixeris. Ferox atque inquies linguam litigiis exercet: cani comparabis. Insidiator occultus subripuisse fraudibus gaudet: vulpeculis exaequetur. Irae intemperans fremit: leonis animum gestare credatur. Pavidus ac fugax non metuenda formidat: cervis similis habeatur. Segnis ac stupidus torpet: asinum vivit. Levis atque inconstans studia permutat: nihil avibus differt. Foedis immundisque libidinibus immergitur: sordidae suis voluptate detinetur. Ita fit, ut qui probitate deserta homo esse desierit, cum in divinam condicionem transire non possit, vertatur in beluam.

III.

Vela Neritii ducis
et vagas pelago rates
Eurus appulit insulae,
pulchra qua residens dea
Solis edita semine   (5)
miscet hospitibus novis
tacta carmine pocula.

---

16 Loxi De physiognomia librum (*v.* Script. phys. II 1. Lips. 1893, Schanz VIII 3³, 132) *obversatum esse opinatur* Pitra (Spicil. Sol. III 323); *cf.* Macrob. Sat. II 8, 15   23 sqq. *cf.* Hom. x 138 sqq.

2 ostendat *P*   4 hominis *T*¹   6 homines *P*¹*Laud*¹, *ut vid. T*¹, *cf. Eng.*²   9 lupis *Aur.* lipi *T* lupi *rel. Peip.*   inquies *in ras. P* inquietos *K*¹ inquietus *V*²*K*²   11 gaudit *P*   vulpic. *T*¹*V*¹*DK Peip.*
13 cervi *V*   similes *P*¹   14 torpit *PT*¹*VDK Peip.*   20 niretii *T*¹*LAur.DK* niretu *P* naretii (a *ut vid. ex* u) *Laud* naricii (n *in ras.*) *V* nericii (e *ex* i) *E*; *cf. Schepss,* Arch. f. Stud. neuer. Sprach. XCIV 155
21 vagos pelagos *T*¹

Boethii Phil. cons.

Quos ut in varios modos
vertit herbipotens manus,
hunc apri facies tegit,
ille Marmaricus leo
dente crescit et unguibus; 5
hic lupis nuper additus,
flere dum parat, ululat,
ille tigris ut Indica
tecta mitis obambulat.
Sed licet variis malis 10
numen Arcadis alitis
obsitum miserans ducem
peste solverit hospitis,
iam tamen mala remiges
ore pocula traxerant, 15
iam sues Cerealia
glande pabula verterant
et nihil manet integrum
voce, corpore perditis.
Sola-mens stabilis super 20
monstra, quae patitur, gemit.
O levem nimium manum
nec potentia gramina,
membra quae valeant licet,
corda vertere non valent! 25
Intus est hominum vigor
arce conditus abdita.
Haec venena potentius
detrahunt hominem sibi
dira, quae penitus meant, 30
nec nocentia corpori
mentis vulnere saeviunt.

---

6 lupus P^2KE super *Pulman Peip.*   7 ullulat T^1 *Peip.* eiulat
L. Müller   16 suescere alia $T^1L^1V^1$ 19 praeditis $PT^1L^1VAur.^1D$
Laud^1 *Peip.*   32 ulcere *Pulman Peip.* (*Hüttinger* 1900, 42, 1 *cf.*
Hor. Epist. I 16, 24; Prud. Perist. II 223).

4. Tum ego: Fateor, inquam, nec iniuria dici video vitiosos, tametsi humani corporis speciem servent, in beluas tamen animorum qualitate mutari; sed quorum atrox scelerataque mens bonorum pernicie saevit, id ipsum eis licere noluissem. — Nec licet, inquit, uti convenienti monstrabitur loco, sed tamen, si id ipsum, quod eis licere creditur, auferatur, magna ex parte sceleratorum hominum poena relevetur. Etenim quod incredibile cuiquam forte videatur, infeliciores esse necesse est malos, cum cupita perfecerint, quam si ea, quae cupiunt, implere non possint. Nam si miserum est voluisse prava, potuisse miserius est, sine quo voluntatis misere langueret effectus. Itaque cum sua singulis miseria sit, triplici infortunio necesse est urgueantur, quos videas scelus velle posse perficere. — Accedo, inquam, sed, uti hoc infortunio cito careant patrandi sceleris possibilitate deserti, vehementer exopto. — Carebunt, inquit, ocius, quam vel tu forsitan velis vel illi sese aestiment esse carituros; neque enim est aliquid in tam brevibus vitae metis ita serum, quod exspectare longum immortalis praesertim animus putet. Quorum magna spes et excelsa facinorum machina repentino atque insperato saepe fine destruitur, quod quidem illis miseriae modum statuit; nam si nequitia miseros facit, miserior sit necesse est diuturnior nequam. Quos infelicissimos esse iudicarem, si non eorum malitiam saltem mors extrema finiret; etenim si de pravitatis infortunio vera conclusimus, infinitam liquet esse miseriam, quam esse constat aeternam. — Tum ego: Mira quidem, inquam, et concessu difficilis inlatio, sed his eam, quae prius concessa sunt, nimium convenire cognosco. —

---

9 *cf.* Plat. Gorg. 509 d. Cic. Hort. 29/39.   Augustin. Civ. V 26 extr. (Plasberg 28). Wilhelm 610. Klingner 85 sq.

---

3 atrorum *P*   8 cuiq̃ *K* cuipiam *Schepss*   12 misere *P, ut vid.* *T¹* miserae *rel.* (infeliciter *s. s. V*) *Peip.*   22 distruitur *T¹K Pcip.* distribuitur *D*   26 concludimus *P¹V²*   28 ea *P*

11 Recte, inquit, aestimas, sed qui conclusioni accedere durum putat, aequum est vel falsum aliquid praecessisse demonstret vel collocationem propositionum non esse efficacem necessariae conclusionis ostendat; alioquin concessis praecedentibus nihil prorsus est, quod de inlatione causetur. 12 Nam hoc quoque, quod dicam, non minus mirum videatur, sed ex his, quae sumpta sunt, aeque est necessarium. — 13 Quidnam? inquam. — Feliciores, inquit, esse improbos supplicia luentes, quam si eos nulla iustitiae poena cohercceat. 14 Neque id nunc molior, quod cuivis veniàt in mentem, corrigi ultione pravos mores et ad rectum supplicii terrore deduci, ceteris quoque exemplum esse culpanda fugiendi, sed alio quodam modo infeliciores esse improbos arbitror impunitos, tametsi nulla ratio correctionis, nullus respectus habeatur exempli. — 15 Et quis erit, inquam, praeter hos alius modus? — Et illa: Bonos, inquit, esse felices, malos vero miseros nonne 16 concessimus? — Ita est, inquam. — Si igitur, inquit, miseriae cuiuspiam bonum aliquid addatur, nonne felicior est eo, cuius pura ac solitaria sine cuiusquam boni ammixtione 17 miseria est? — Sic, inquam, videtur. — Quid si eidem misero, qui cunctis careat bonis, praeter ea, quibus miser est, malum aliud fuerit adnexum, nonne multo infelicior eo censendus est, cuius infortunium boni participatione relevatur? — 18 Quidni? inquam. — Habent igitur improbi, cum puniuntur quidem, boni aliquid adnexum, poenam ipsam scilicet, quae

---

1 *de* Hort. 42/52, 49/58, 50/59, 51/60 *v.* Plasberg 41 sq.   8 Plat. Gorg. 472e: ὁ ἀδικῶν τε καὶ ὁ ἄδικος πάντως μὲν ἄθλιος, ἀθλιώτερος μέντοι, ἐὰν μὴ διδῷ δίκην μηδὲ τυγχάνῃ τιμωρίας, ἧττον δ᾿ ἄθλιος, ἐὰν διδῷ δίκην; *v. supra* 84, 27, *infra* 91, 4

1 conclusione *PK*   3 collationem *T¹ Peip.*   propositionem *T¹*   7 neque *P, ut vid. T¹*, *V¹K¹*   16 (si) quis *V²K¹*   22 (eo) praeter *PT¹V¹K¹E²*, *cf. Eng.²*   25 sqq. *post* inquam *transponunt* Sed puniri — Liquere respondi (p. 91, 5—9) *Langen* (Symb. phil. Bonn. 266) *et Eng.* Liquere respondi *non vertit Plan.* malum liquere. — Respondi tum *Peip.* malum liquet esse (*om.* respondi) *E*

ratione iustitiae bona est, idemque cum supplicio carent, inest eis aliquid ulterius, mali ipsa impunitas, quam iniquitatis merito malum esse confessus es. — Negare non possum. — Multo igitur infeliciores improbi sunt iniusta impunitate donati quam iusta ultione puniti. Sed puniri improbos iustum, impunitos vero elabi iniquum esse manifestum est. — Quis id neget? — Sed ne illud quidem, ait, quisquam negabit bonum esse omne, quod iustum est, contraque, quod iniustum est, malum. — Liquere respondi. Tum ego: Ista quidem consequentia sunt eis, quae paulo ante conclusa sunt; sed quaeso, inquam, te, nullane animarum supplicia post defunctum morte corpus relinquis? — Et magna quidem, inquit, quorum alia poenali acerbitate, alia vero purgatoria clementia exerceri puto, sed nunc de his disserere consilium non est.

Id vero hactenus egimus, ut, quae indignissima tibi videbatur malorum potestas, eam nullam esse cognosceres, quosque impunitos querebare, videres numquam improbitatis suae carere suppliciis, licentiam, quam cito finiri precabaris, nec longam esse disceres infelicioremque fore, si diuturnior, infelicissimam vero, si esset aeterna; post haec miseriores esse improbos iniusta impunitate dimissos quam iusta ultione punitos. Cui sententiae consequens est, ut tum demum gravioribus suppliciis urgueantur, cum impuniti esse creduntur. —

Tum ego: Cum tuas, inquam, rationes considero, nihil dici verius puto, at si ad hominum iudicia revertar, quis ille est, cui haec non credenda modo, sed saltem audienda videantur? — Ita est, inquit illa. Nequeunt enim oculos tenebris assuetos ad lucem perspicuae veritatis attollere similesque avibus sunt, quarum intuitum nox inluminat, dies caecat; dum enim non rerum ordinem, sed suos intuen-

---

5sqq. *v.* 90, 25   8 negavit PT^1V^1DKE 9 est om. P 13 acervitate PT^1VDK 16 aut quae P 22 demissos $PVDE$

tur affectus, vel licentiam vel impunitatem scelerum putant esse felicem. Vide autem, quid aeterna lex sanciat. Melioribus animum conformaveris: nihil opus est iudice praemium deferente, tu te ipse excellentioribus addidisti. Studium ad peiora deflexeris: extra ne quaesieris ultorem, tu te ipse in deteriora trusisti, veluti, si vicibus sordidam humum caelumque respicias, cunctis extra cessantibus ipsa cernendi ratione nunc caeno, nunc sideribus interesse videaris. At vulgus ista non respicit; quid igitur, hisne accedamus, quos beluis similes esse monstravimus? Quid si quis amisso penitus visu ipsum etiam se habuisse oblivisceretur intuitum nihilque sibi ad humanam perfectionem deesse arbitraretur, num videntes eadem caeco putaremus? Nam ne illud quidem adquiescent, quod aeque validis rationum nititur firmamentis, infeliciores eos esse, qui faciant, quam qui patiantur iniuriam. — Vellem, inquam, has ipsas audire rationes. — Omnem, inquit, improbum num supplicio dignum negas? — Minime. — Infelices vero esse, qui sint improbi, multipliciter liquet. — Ita, inquam. — Qui igitur supplicio digni sunt, miseros esse non dubitas. — Convenit, inquam. — Si igitur cognitor, ait, resideres, cui supplicium inferendum putares, eine qui fecisset an qui pertulisset iniuriam? — Nec ambigo, inquam, quin perpesso satisfacerem dolore facientis. — Miserior igitur tibi iniuriae inlator quam acceptor esse videretur. — Consequitur, inquam. Hac igitur aliisque causis ea radice nitentibus, quod turpitudo suapte natura miseros faciat, apparet inlatam cuilibet iniuriam non accipientis, sed inferentis esse miseriam. —

Atqui nunc, ait, contra faciunt oratores; pro his enim, qui grave quid acerbumque perpessi sunt, miserationem

---

5 ipsā *P*   7 truxisti *P*   8 cernenda *P*   14 caeco *Bασ*. (ταυτὰ τῷ τυφλῷ *Plan.*) caecos *libri Peip.*   18 nūquā *P*   24 dolerem *P* dolorem *D*¹   26 hinc *T*¹*L*²*E*²   27 aliisque de *Par.* 15090 aliis de *rel. Peip.* aliisve *Eng.*² (*Plan.*: ταύτῃ .. τῇ αἰτίᾳ καὶ ἑτέραις, *cf. Bασ.*)   31 aceruumque *PT*¹*V* acerhumque *ut vid. L*¹   miserationum *P*

iudicum excitare conantur, cum magis admittentibus iustior miseratio debeatur, quos non ab iratis, sed a propitiis potius miserantibusque accusatoribus ad iudicium veluti aegros ad medicum duci oportebat, ut culpae morbos supplicio resecarent. Quo pacto defensorum opera vel tota frigeret, vel si prodesse hominibus mallet, in accusationis habitum verteretur. Ipsi quoque improbi, si eis aliqua rimula virtutem relictam fas esset aspicere vitiorumque sordes poenarum cruciatibus se deposituros viderent, compensatione adipiscendae probitatis nec hos cruciatus esse ducerent defensorumque operam repudiarent ac se totos accusatoribus iudicibusque permitterent. Quo fit, ut apud sapientes nullus prorsus odio locus relinquatur, — nam bonos quis nisi stultissimus oderit? — malos vero odisse ratione caret. Nam si uti corporum languor ita vitiositas quidam est quasi morbus animorum, cum aegros corpore minime dignos odio, sed potius miseratione iudicemus, multo magis non insequendi, sed miserandi sunt, quorum mentes omni languore atrocior urguet improbitas.

IV. Quid tantos iuvat excitare motus
    et propria fatum sollicitare manu?
Si mortem petitis, propinquat ipsa
    sponte sua volucres nec remoratur equos.
Quos serpens, leo, tigris, ursus, aper   (5)
    dente petunt, idem se tamen ense petunt;
an distant quia dissidentque mores,
    iniustas acies et fera bella movent
alternisque volunt perire telis?
    Non est iusta satis saevitiae ratio;   (10)
vis aptam meritis vicem referre:
    dilige iure bonos et miseresce malis.

---

2 ab propitiis *P*   4 medicem *P*   8 virtute relicta .. aspiceret *P*
9 sed depos. *P* sede pos. T^1L^1, *ut vid.* V^1 10 cruciatos *PK*   11 totis
P   14 bonus T^1 16 quiddem *ut vid.* T^1 quidem (e *e corr.*) *F*
19 viget *P*   21 apri *Vall.* acri *Obb. Peip.* asper *Haupt*, Herm. V 315
acer *Antv. m. rec.*

5. Hic ego: Video, inquam, quae sit vel felicitas vel miseria in ipsis proborum atque improborum meritis constituta. Sed in hac ipsa fortuna populari non nihil boni malive inesse perpendo; neque enim sapientum quisquam exsul inops ignominiosusque esse malit potius quam pollens opibus, honore reverendus, potentia validus in sua permanens urbe florere. Sic enim clarius testatiusque sapientiae tractatur officium, cum in contingentes populos regentium quodam modo beatitudo transfunditur, cum praesertim carcer ceteraque legalium tormenta poenarum perniciosis potius civibus, propter quos etiam constitutae sunt, debeantur. Cur haec igitur versa vice mutentur scelerumque supplicia bonos premant, praemia virtutum mali rapiant, vehementer ammiror, quaeque tam iniustae confusionis ratio videatur, ex te scire desidero. Minus etenim mirarer, si misceri omnia fortuitis casibus crederem. Nunc stuporem meum deus rector exaggerat. Qui cum saepe bonis iucunda, malis aspera contraque bonis dura tribuat, malis optata concedat, nisi causa deprehenditur, quid est, quod a fortuitis casibus differre videatur? — Nec mirum, inquit, si quid ordinis ignorata ratione temerarium confusumque credatur; sed tu quamvis causam tantae dispositionis ignores, tamen, quoniam bonus mundum rector temperat, recte fieri cuncta ne dubites.

V. Si quis Arcturi sidera nescit
propinqua summo cardine labi,
cur legat tardus plaustra Bootes
mergatque seras aequore flammas,

---

25 Verg. Georg. I 204: Arcturi sidera   27 Mart. Cap. 42, 4 (27, 9): succendit plaustra Bootes, *cf.* Ov. Met. II 177

---

2 in *om.* P   miseritis P   4 sapientium PD^1 5 pellens P
7 enim ⟨ut⟩ P   9 sq. carcer ** (et *eras. videtur*) $Aur.^1K$, (ex *s. s.*) D carceres *Laud* carcer nex *Rehd.* (*Obb.*) carcer lex *rel. Peip.* carcer nexus *Vulpius*   11 constituta T^2LK 14 iustae P   22 causa P^2
27 legat *s. s.* ł regat *Par. 7183* (regat *Sitzm. coll.* Octav. 234) .

cum nimis celeres explicet ortus, (5)
legem stupebit aetheris alti.
Palleant plenae cornua lunae
infecta metis noctis opacae,
quaeque fulgenti texerat ore,
confusa Phoebe detegat astra; (10)
commovet gentes publicus error
lassantque crebris pulsibus aera.
Nemo miratur flamina Cori
litus frementi tundere fluctu
nec nivis duram frigore molem (15)
fervente Phoebi solvier aestu.
Hic enim causas cernere promptum est,
illic latentes pectora turbant,
cuncta, quae rara provehit aetas
stupetque subitis mobile vulgus; (20)
cedat inscitiae nubilus error,
cessent profecto mira videri!

6. Ita est, inquam; sed cum tui muneris sit latentium 1
rerum causas evolvere velatasque caligine explicare rationes, quaeso, uti, quae hinc decernas, quoniam hoc me miraculum maxime perturbat, edisseras. — Tum illa paulisper 2
arridens: Ad rem me, inquit, omnium quaesitu maximam
vocas, cui vix exhausti quicquam satis sit. Talis namque 3
materia est, ut una dubitatione succisa innumerabiles aliae
velut hydrae capita succrescant; nec ullus fuerit modus,
nisi quis eas vivacissimo mentis igne coherceat. In hac 4
enim de providentiae simplicitate, de fati serie, de repentinis

---

22sq. *locos Platonicos velut* Phaed. 62a: ἠρέμα ἐπιγελάσας *adfert* Klingner 82, 6sqq.

---

1 celeres *vocem suspectam dicit Peip.*   2 stupepit (i *ex* a) aeteris
P   9 chori *libri*   12 solvere V^1 solvere ab V^2K 17 inscientiae
P insciti *Cally*   18 censent PL^1 cessant T^1 20 volatasque P
21 ut K utique $PTVDE$ ⟨et⟩ quoniam T^2LV^2E 26 suarescant P

casibus, de cognitione ac praedestinatione divina, de arbitrii libertate quaeri solet, quae quanti oneris sint ipse perpendis. Sed quoniam haec quoque te nosse quaedam medicinae tuae portio est, quamquam angusto limite temporis saepti tamen aliquid deliberare conabimur. Quodsi te musici carminis oblectamenta delectant, hanc oportet paulisper differas voluptatem, dum nexas sibi ordine contexo rationes. — Ut libet, inquam.

Tunc velut ab alio orsa principio ita disseruit: Omnium generatio rerum cunctusque mutabilium naturarum progressus et, quicquid aliquo movetur modo, causas, ordinem, formas ex divinae mentis stabilitate sortitur. Haec in suae simplicitatis arce composita multiplicem rebus gerendis modum statuit. Qui modus cum in ipsa divinae intellegentiae puritate conspicitur, providentia nominatur; cum vero ad ea, quae movet atque disponit, refertur, fatum a veteribus appellatum est. Quae diversa esse facile liquebit, si quis utriusque vim mente conspexerit; nam providentia est ipsa illa divina ratio in summo omnium principe constituta, quae cuncta disponit, fatum vero inhaerens rebus mobilibus dispositio, per quam providentia suis quaeque nectit ordinibus. Providentia namque cuncta pariter quamvis diversa, quamvis infinita complectitur, fatum vero singula digerit in motum locis, formis ac temporibus distributa, ut haec temporalis ordinis explicatio in divinae mentis adunata pro-

9 *hinc alio fonte eoque Neoplatonico usum esse Boethium putat* Usener 52, *v.* Klingner 46, 3 (Plotin. I 7, 1. II 2, 1 sqq. III 1, 7 sq.; 3, 4 sq. VI 8, 18; 9, 8), 88 sq. Müller 26 (Procl. Prov. 5 sqq.; 151 sqq. Tim. 30 b). Rand 17, 1 *confert* Cic. De divin. II 101: tum ego rursus quasi ab alio principio sum exorsus dicere   12 Schündelen, Theol. Lit.-Bl. 1870, 809 *coll.* Aug. De trin. III 4, 9 *probasse non videtur singulas Consolationis sententias, si minus ex Augustino fluxerint, at tamen ex eo explicari posse*

1 praedist. TLV^2D 5 delibare *Pulman*   8 orationes T^1LV
9 tum T^1KE *Peip.*   13 rebus gerendis E, *in mg.* F rebus regendis W(*Kluss.*) regerendis *ut vid.* V^1Laud^1 regendis *rel.* (n *in ras.*
3 *litt.* V *ras.* 2 *litt. post* g *Laud*) regendi *Antv.*² *Peip.*; *cf. infra* 97, 15 sq. Philol. 1893, 381   23 sq. immotum PT^1V

spectum providentia sit, eadem vero adunatio digesta atque explicata temporibus fatum vocetur.

Quae licet diversa sint, alterum tamen pendet ex altero; ordo namque fatalis ex providentiae simplicitate procedit. Sicut enim artifex faciendae rei formam mente praecipiens movet operis effectum et, quod simpliciter praesentarieque prospexerat, per temporales ordines ducit, ita deus providentia quidem singulariter stabiliterque facienda disponit, fato vero haec ipsa, quae disposuit, multipliciter ac temporaliter amministrat. Sive igitur famulantibus quibusdam providentiae divinis spiritibus fatum exercetur seu anima seu tota inserviente natura seu caelestibus siderum motibus seu angelica virtute seu daemonum varia sollertia seu aliquibus horum seu omnibus fatalis series texitur, illud certe manifestum est immobilem simplicemque gerendarum formam rerum esse providentiam, fatum vero eorum, quae divina simplicitas gerenda disposuit, mobilem nexum atque ordinem temporalem.

Quo fit, ut omnia, quae fato subsunt, providentiae quoque subiecta sint, cui ipsum etiam subiacet fatum, quaedam vero, quae sub providentia locata sunt, fati seriem superent; ea vero sunt, quae primae propinqua divinitati stabiliter fixa fatalis ordinem mobilitatis excedunt. Nam ut orbium circa eundem cardinem sese vertentium, qui est intimus, ad simplicitatem medietatis accedit ceterorumque extra locatorum veluti cardo quidam, circa quem versentur, exsistit, extimus vero maiore ambitu rotatus, quanto a puncti media individuitate discedit, tanto amplioribus spatiis explicatur, si quid vero illi se medio conectat et societ, in simplicitatem cogitur diffundique ac diffluere cessat, simili ratione, quod longius a prima mente discedit, maioribus fati nexibus im-

---

5 percipiens PT^2LV^2KE 6 movet *om. P*   praesentariaeque *P, ut vid.* T^1, *DKE*   20 fatum — Nimis quidem *(104, 12) desunt in E*   21 locuta PT^1 28 amplicatur *P*   29 illis e T^1LV^1 illis est *P* illis (e *om.*) *K*   coniectat *P* (-at *in ras.*) T^1

plicatur ac tanto aliquid fato liberum est, quanto illum
rerum cardinem vicinius petit. Quodsi supernae mentis haeserit firmitati, motu carens fati quoque supergreditur necessitatem. Igitur uti est ad intellectum ratiocinatio, ad id
quod est id quod gignitur, ad aeternitatem tempus, ad
punctum medium circulus, ita est fati series mobilis ad
providentiae stabilem simplicitatem. Ea series caelum ac
sidera movet, elementa in se invicem temperat et alterna
commutatione transformat; eadem nascentia occidentiaque
omnia per similes fetuum seminumque renovat progressus.
Haec actus etiam fortunasque hominum indissolubili causarum conexione constringit, quae cum ab immobilis providentiae proficiscatur exordiis, ipsas quoque immutabiles
esse necesse est. Ita enim res optime reguntur, si manens
in divina mente simplicitas indeclinabilem causarum ordinem promat, hic vero ordo res mutabiles et alioquin temere
fluituras propria incommutabilitate coherceat.

Quo fit, ut, tametsi vobis hunc ordinem minime considerare valentibus confusa omnia perturbataque videantur,
nihilo minus tamen suus modus ad bonum dirigens cuncta
disponat. Nihil est enim, quod mali causa ne ab ipsis quidem improbis fiat; quos, ut uberrime demonstratum est,
bonum quaerentes pravus error avertit, nedum ordo de
summi boni cardine proficiens a suo quoquam deflectat
exordio. Quae vero, inquies, potest ulla iniquior esse confusio, quam ut bonis tum adversa tum prospera, malis etiam
tum optata tum odiosa contingant? Num igitur ea mentis
integritate homines degunt, ut, quos probos improbosve
censuerunt, eos quoque, uti existimant, esse necesse sit?

---

11 *cf.* Cic. De divin. I 125: fatum autem id appello, quod Graeci
εἱμαρμένην, id est ordinem seriemque causarum, cum causae causa
nexa rem ex se gignat   24 *de* Tito Bostrensi *v.* Klingner 89, 4

---

3 supergredietur *Bασ.* (*coll. Plan.*: ὑπεραναβήσεται)   7 testabilem *P*   13 proficiscantur *L¹*   ipsam .. immutabilem *T²V²*   21 nec *P*
24 proficiscens *L²Aur.Peip., cf. Eng.*   29 censuerint *T²V¹*

IV 6, 16—36 (110, 70—112, 132 Peip.)

Atqui in hoc hominum iudicia depugnant et, quos alii prae- 25
mio, alii supplicio dignos arbitrantur. Sed concedamus, ut aliquis possit bonos malosque dis- 26
cernere; num igitur poterit intueri illam intimam tempe-
riem, velut in corporibus dici solet, animorum? Non enim 27
dissimile est miraculum nescienti, cur sanis corporibus his
quidem dulcia, illis vero amara conveniant, cur aegri etiam
quidam lenibus, quidam vero acribus adiuvantur. At hoc 28
medicus, qui sanitatis ipsius atque aegritudinis modum
temperamentumque dinoscit, minime miratur. Quid vero 29
aliud animorum salus videtur esse quam probitas, quid
aegritudo quam vitia, quis autem alius vel servator bonorum
vel malorum depulsor quam rector ac medicator mentium
deus? Qui cum ex alta providentiae specula respexit, quid 30
unicuique conveniat, agnoscit et, quod convenire novit,
accommodat. Hic iam fit illud fatalis ordinis insigne mira- 31
culum, cum ab sciente geritur, quod stupeant ignorantes.

Nam ut pauca, quae ratio valet humana, de divina pro- 32
funditate perstringam, de hoc, quem tu iustissimum et aequi
servantissimum putas, omnia scienti providentiae diversum
videtur. Et victricem quidem causam dis, victam vero 33
Catoni placuisse familiaris noster Lucanus ammonuit. Hic 34
igitur quicquid citra spem videas geri, rebus quidem rectus
ordo est, opinioni vero tuae perversa confusio. Sed sit 35
aliquis ita bene moratus, ut de eo divinum iudicium pariter
humanumque consentiat, sed est animi viribus infirmus, cui
si quid eveniat adversi, desinet colere forsitan innocentiam,
per quam non potuit retinere fortunam. Parcit itaque sa- 36
piens dispensatio ei, quem deteriorem facere possit adver-

---

19 sq. Verg. Aen. II 426: iustissimus unus .. et servantissimus aequi
22 Lucan. I 128 victrix causa deis placuit, sed victa Catoni

---

1 atquin hoc *P* hominem *P* 5 veluti *P* ditio *P* 7 qui
de *P* 8 adiuventur *T*² ad *PV*¹ 13 mediator *P* 21 diis
*T*²*L* 23 rebus *om. P* 26 et humanum *T*¹*Peip.* 27 desinat *K*
devenit *P*

37 sitas, ne, cui non convenit, laborare patiatur. Est alius cunctis virtutibus absolutus sanctusque ac deo proximus; hunc contingi quibuslibet adversis nefas providentia iudi-
38 cat adeo, ut ne corporeis quidem morbis agitari sinat. Nam ut quidam me quoque excellentior:

ἀνδρὸς δὴ ἱεροῦ δέμας αἰθέρες οἰκοδόμησαν.

39 Fit autem saepe, uti bonis summa rerum regenda defe-
40 ratur, ut exuberans retundatur improbitas. Aliis mixta quaedam pro animorum qualitate distribuit, quosdam ... remordet, ne longa felicitate luxurient, alios duris (sinit) agitari, ut virtutes animi patientiae usu atque exercitatione
41 confirment. Alii plus aequo metuunt, quod ferre possunt, alii plus aequo despiciunt, quod ferre non possunt; hos in
42 experimentum sui tristibus ducit. Nonnulli venerandum saeculi nomen gloriosae pretio mortis emerunt, quidam suppliciis inexpugnabiles exemplum ceteris praetulerunt invictam malis esse. virtutem; quae quam recte atque disposite et ex eorum bono, quibus accedere videntur, fiant, nulla
43 dubitatio est. Nam illud quoque, quod improbis nunc tristia,
44 nunc optata proveniunt, ex eisdem ducitur causis. Ác de tristibus quidem nemo miratur, quod eos malo meritos omnes existimant — quorum quidem supplicia tum ceteros

---

6 *Parmenidi tribuebat Peip.* (*coll.* 8, 56 *et* 16, 1 Diels)

---

6 ΑΝΑΡΟC *VAur. Laud* ΑΝΑΡΟC *K* anapos *P* ΑΗ *PVAur. Laud* ἱεροῦ *T¹* ερον *D* νρον *V* νερον *rel.* δέμας *Haupt* (Herm. III 146) Δ *L* ααιμαις *P* ααινας *V* δαινας *Aur. K* δαιμας *rel.* ΑΙΕΘΕΡC *T* οικοδονησαν *V* ΟΙΚΟΛΟΘCΗΑΝ *P* ΟΙΚΑΛΟΛΧΝΙCAN *K* 7 ut *P* 8 exuperans *P, cf. supra* 29, 13 10 remordet (rerum *s. s.*) *V itaque et* rerum *et ex quo pendet, ablativus velut* mutatione (*cf.* 21, 6; 44, 2; 54, 6) *videtur excidisse* (*de glossis codicis V, quae ad aliam lectionem pertinent, cf.* 9, 19; 42, 19; 44, 14; 79, 25; 89, 13; 105, 28), remordet *corruptum censet Baσ.* (*coll. Plan.*: δηδοῦς συγχωρεῖ πειραθῆναι), *v. Eng.* luxorient *P¹T¹* duris (permittit *s. s.*) *V* (sinit) *Rand* 11 agit. (sinit) *Goth. quidam Obb. s.* XV. agit. (vult) *Kluss.* virtute *P, ut vid. K* virtutis *TV¹D* 12 mutuunt *P* possunt — (13) ferre *om.* *V¹* alii — possunt *om. P* 15 saeculis *Baσ.* 18 accidere *L²T¹, cf.* 86, 16 20 eis *P* 21 male *P*(?), *L² Peip.*

ab sceleribus deterrent, tum ipsos, quibus invehuntur, emendant — laeta vero magnum bonis argumentum loquuntur, quid de huius modi felicitate debeant iudicare, quam famulari saepe improbis cernant. In qua re illud etiam dispensari credo, quod est forsitan alicuius tam praeceps atque importuna natura, ut eum in scelera potius exacerbare possit rei familiaris inopia; huius morbo providentia collatae pecuniae remedio medetur. Hic foedatam probris conscientiam spectans et se cum fortuna sua comparans forsitan pertimescit, ne, cuius ei iucundus usus est, sit tristis amissio; mutabit igitur mores ac, dum fortunam metuit amittere, nequitiam derelinquit. Alios in cladem meritam praecipitavit indigne acta felicitas, quibusdam permissum puniendi ius, ut exercitii bonis et malis esset causa supplicii. Nam ut probis atque improbis nullum foedus est, ita ipsi inter se improbi nequeunt convenire. Quidni, cum a semet ipsis discerpentibus conscientiam vitiis quisque dissentiat faciantque saepe, quae, cum gesserint, non fuisse gerenda decernant?

Ex quo saepe summa illa providentia protulit insigne miraculum, ut malos mali bonos facerent. Nam dum iniqua sibi a pessimis quidam perpeti videntur, noxiorum odio flagrantes ad virtutis frugem rediere, dum se eis dissimiles student esse, quos oderant. Sola est enim divina vis, cui mala quoque bona sint, cum eis competenter utendo alicuius boni elicit effectum. Ordo enim quidam cuncta complectitur, ut, quod adsignata ordinis ratione decesserit, hoc licet in alium, tamen ordinem relabatur, ne quid in regno providentiae liceat temeritati.

---

6 exacervare PT^1L^1VDK 9 spectans T^2L et spectans $Aur.^2$ expectans rel. Peip. (αἰσθανόμενος Plan.) 10 rei Pulman; cf. Eng. 13 ***acta T (auct erasum esse putavit Peip.) aucta F (probat Schepss) ducta in mg. T^2 ac P ἐπενεχθεῖσα Plan. 15 foedus ita ut ipsi P 17 dissentiant faciatque P 18 fuissent P 23 redire P redigere L^1 24 student om. P 27 ⟨ab⟩ adsignata T^2LV^2

'Ἀργαλέον δέ με ταῦτα θεὸν ὡς πάντ' ἀγορεύειν.

Neque enim fas est homini cunctas divinae operae machinas vel ingenio comprehendere vel explicare sermone. Hoc tantum perspexisse sufficiat, quod naturarum omnium proditor deus idem ad bonum dirigens cuncta disponat dumque ea, quae protulit in sui similitudinem, retinere festinat, malum omne de rei publicae suae terminis per fatalis seriem necessitatis eliminet. Quo fit, ut, quae in terris abundare creduntur, si disponentem providentiam spectes, nihil usquam mali esse perpendas. Sed video te iam dudum et pondere quaestionis oneratum et rationis prolixitate fatigatum aliquam carminis exspectare dulcedinem; accipe igitur haustum, quo refectus firmior in ulteriora contendas.

VI. Si vis celsi iura Tonantis
pura sollers cernere mente,
aspice summi culmina caeli;
illic iusto foedere rerum
(5) veterem servant sidera pacem.
Non sol rutilo concitus igne
gelidum Phoebes impedit axem
nec, quae summo vertice mundi
flectit rapidos Ursa meatus,
(10) numquam occiduo lota profundo,
cetera cernens sidera mergi
cupit Oceano tinguere flammas;
semper vicibus temporis aequis
Vesper seras nuntiat umbras

---

1 Hom. *M* 176 2 sq. Eccle. 1,8: cunctae res difficiles, non potest eas homo explicare sermone 6 Phil. 2,7: in similitudinem hominum factus. Iac. 3,9: homines .. ad sim. dei facti, v. Eng. 27 22 sqq. cf. Mart. Cap. 427,7 (299,25): Phoebeos currus rapidosque meatus. Verg. Georg. II 481 sq.: quid tantum Oceano properent se tinguere soles hiberni

---

1 ΑΡΓΑΛΘΟΝ *T*² ΑΡΙΑΛΘΟΝ *L*   NE *V*   ΘΕΩΝ *P*   4 quo *P*
14 celsura *P*   23 occidua *PK*   26 vitibus *P*   27 vespe *P*
nuntiatiat *P*

revehitque diem Lucifer almum. (15)
Sic aeternos reficit cursus
alternus amor, sic astrigeris
bellum discors exsulat oris.
Haec concordia temperat aequis
elementa modis, ut pugnantia (20)
vicibus cedant humida siccis
iungantque fidem frigora flammis,
pendulus ignis surgat in altum
terraeque graves pondere sidant.
His de causis vere tepenti (25)
spirat florifer annus odores,
aestas cererem fervida siccat,
remeat pomis gravis autumnus,
hiemem defluus inrigat imber.
Haec temperies alit ac profert, (30)
quicquid vitam spirat in orbe;
eadem rapiens condit et aufert
obitu mergens orta supremo.
Sedet interea conditor altus
rerumque regens flectit habenas (35)
rex et dominus, fons et origo,
lex et sapiens arbiter aequi,
et, quae motu concitat ire,
sistit retrahens ac vaga firmat;
nam nisi rectos revocans itus (40)
flexos iterum cogat in orbes,
quae nunc stabilis continet ordo,
dissaepta suo fonte fatiscant.
Hic est cunctis communis amor
repetuntque boni fine teneri, (45)

---

1 Verg. Ecl. 8, 17: diem .. age Lucifer almum   4 Georg. III 225:
ignotis exsulat oris   17 Maxim. 5, 112: quidquid toto spirat in orbe

6 pugnantia *vitiosum censet L. Mueller*   11 his de T^2 hisdem *rel.*
iisdem *Vulpius* isdem *Peip.*   16 proferat T^1 18 aufer•t *TK* offert *P*
19 suppraema *P*   24 irae *P*   27 urbes PL^1, *ut vid.* V^1, *D*

quia non aliter durare-queant,
nisi converso rursus amore
refluant causae, quae dedit esse.

7. Iamne igitur vides, quid haec omnia, quae diximus, consequatur? — Quidnam? inquam. — Omnem, inquit, bonam prorsus esse fortunam. — Et qui id, inquam, fieri potest? — Attende, inquit. Cum omnis fortuna vel iucunda vel aspera tum remunerandi exercendive bonos, tum puniendi corrigendive improbos causa deferatur, omnis bona, quam vel iustam constat esse vel utilem. — Nimis quidem, inquam, vera ratio et, si quam paulo ante docuisti providentiam fatumve considerem, firmis viribus nixa sententia. Sed eam si placet, inter eas, quas inopinabiles paulo ante posuisti, numeremus. — Qui? inquit. — Quia id hominum sermo communis usurpat et quidem crebro quorundam malam esse fortunam. — Visne igitur, inquit, paulisper vulgi sermonibus accedamus, ne nimium velut ab humanitatis usu recessisse videamur? — Ut placet, inquam. — Nonne igitur bonum censes esse, quod prodest? — Ita est, inquam. — Quae vero aut exercet aut corrigit, prodest? — Fateor, inquam. — Bona igitur? — Quidni? — Sed haec eorum est, qui vel in virtute positi contra aspera bellum gerunt vel a vitiis declinantes virtutis iter arripiunt. — Negare, inquam, nequeo. — Quid vero iucunda, quae in praemium tribuitur bonis, num vulgus malam esse decernit? — Nequaquam, verum uti est, ita quoque esse optimam censet. — Quid reliqua, quae cum sit aspera, iusto supplicio malos cohercet, num bonam populus putat? — Immo omnium, inquam, quae excogitari possunt, iudicat esse miserrimam. — Vide igitur, ne opinionem populi sequentes quid-

---

11 *cf.* 96, 15 sq.

1 queunt V^2 3 refluunt *ut vid.* T^1 6 quid PT^1VK^1 qui K^2
11 inquam *denuo incipit* E 12 fatumque P 19 sq. quod est
(prodest — prod *om.*) P 27 reliquam T^2L^2E

dam valde inopinabile confecerimus. — Quid? inquam. — Ex his enim, ait, quae concessa sunt, evenit eorum quidem, qui vel sunt vel in possessione vel in provectu vel in adeptione virtutis, omnem, quaecumque sit, bonam, in improbitate vero manentibus omnem pessimam esse fortunam. — Hoc, inquam, verum est, tametsi nemo audeat confiteri. — Quare, inquit, ita vir sapiens moleste ferre non debet, quotiens in fortunae certamen adducitur, ut virum fortem non decet indignari, quotiens increpuit bellicus tumultus. Utrique enim huic quidem gloriae propagandae, illi vero conformandae sapientiae difficultas ipsa materia est. Ex quo etiam virtus vocatur, quod suis viribus nitens non superetur adversis; neque enim vos in provectu positi virtutis diffluere deliciis et emarcescere voluptate venistis. Proelium cum omni fortuna animis acre conseritis, ne vos aut tristis opprimat aut iucunda corrumpat. Firmis medium viribus occupate; quicquid aut infra subsistit aut ultra progreditur, habet contemptum felicitatis, non habet praemium laboris. In vestra enim situm manu, qualem vobis fortunam formare malitis; omnis enim, quae videtur aspera, nisi aut exercet aut corrigit, punit.

    VII. Bella bis quinis operatus annis
        ultor Atrides Phrygiae ruinis
        fratris amissos thalamos piavit.
        Ille dum Graiae dare vela classi
        optat et ventos redimit cruore,   (5)
        exuit patrem miserumque tristis
        foederat natae iugulum sacerdos.
        Flevit amissos Ithacus sodales,

---

    2 concessit ev. *P*   3 vel *primum om. T²L¹E*, alterum *V²K* profectu *Schepss*   10 sq. confirmandae *Erlang.*² (100, 12, *cf. Bas.*) 15 ac nimis *L²K* nimis *T*² (probat *Brakman*; μάχην ἐκτόπως δριμεῖαν *Plan.*, *cf. Eng.*) a nimis *Peip.* animis ac re *Damsté* (*Mnem.* XXXIII 352)   20 nisi ut *P* nisi at *T*¹   25 gratiae *T*¹   26 redemit *P* 28 foederat *V*² federat *Erlang.*¹ *Met.* f(o)edarat *F²E* foderat *T*² *Erlang.*² (σφαγίασσε *Plan.*) foedera *rel.* (turparat *s. s. V*)

Boethii Phil. cons.

(10) quos ferus vasto recubans in antro
mersit immani Polyphemus alvo;
sed tamen caeco furibundus ore
gaudium maestis lacrimis rependit.
Herculem duri celebrant labores,
ille Centauros domuit superbos,
(15) abstulit saevo spolium leoni
fixit et certis volucres sagittis,
poma cernenti rapuit draconi
aureo laevam gravior metallo,
Cerberum traxit triplici catena.
(20) Victor immitem posuisse fertur
pabulum saevis dominum quadrigis.
Hydra combusto periit veneno,
fronte turpatus Achelous amnis
ora demersit pudibunda ripis.
(25) Stravit Antaeum Libycis harenis,
Cacus Euandri satiavit iras,
quosque pressurus foret altus orbis,
saetiger spumis umeros notavit.
Ultimus caelum labor inreflexo
(30) sustulit collo pretiumque rursus
ultimi caelum meruit laboris.
Ite nunc, fortes, ubi celsa magni
ducit exempli via. Cur inertes
terga nudatis? Superata tellus
(35) sidera donat.

16 Sen. Herc. F. 1178: ora pudibunda obtegit   17 Sen. Med. 643:
stravit Antaeum, 653: Libycis harenis.

1 feros *PVD*   2 albo *PT¹D¹*   17 anteum *PE¹* antehum *K*
antheum *rel.*   libicis *P* lybicis *T²* lypicis *T¹*   19 pressurus *L²K*
depressus *Laud²* compressus *T¹E* cūpressus (cū *in ras.*) *Aur.* pressus
rel. (praessus *P*)   21 caelum *T¹L¹V* caelo *rel.* caelos *Peip.*
22 callo *Peip.* (*typothetarum errore*)   26 nudatus *PT¹*

LIBER V.

1. Dixerat orationisque cursum ad alia quaedam tractanda atque expedienda vertebat. Tum ego: Recta quidem, inquam, exhortatio tuaque prorsus auctoritate dignissima, sed quod tu dudum de providentia quaestionem pluribus aliis implicitam esse dixisti, re experior. Quaero enim, an esse aliquid omnino et quidnam esse casum arbitrere. — Tum illa: Festino, inquit, debitum promissionis absolvere viamque tibi, qua patriam reveharis, aperire. Haec autem etsi perutilia cognitu, tamen a propositi nostri tramite paulisper aversa sunt verendumque est, ne deviis fatigatus ad emetiendum rectum iter sufficere non possis. — Ne id, inquam, prorsus vereare; nam quietis mihi loco fuerit ea, quibus maxime delector, agnoscere. Simul, cum omne disputationis tuae latus indubitata fide constiterit, nihil de sequentibus ambigatur.

Tum illa: Morem, inquit, geram tibi, simulque sic orsa est: Si quidem, inquit, aliquis eventum temerario motu nullaque causarum conexione productum casum esse definiat, nihil omnino casum esse confirmo et praeter subiectae rei significationem inanem prorsus vocem esse decerno; quis enim cohercente in ordinem cuncta deo locus esse ullus temeritati reliquus potest? Nam nihil ex nihilo exsistere vera sententia est, cui nemo umquam veterum refragatus

---

22 *v.* Epicurea ed. Usener p. 5, 13; 374. Class. Review XXXIV 161; XXXV 23. Rand, Jahrb. Suppl. XXVI 425. Pers. 3, 84: gigni de nihilo nihilum.

Inscriptio deest in *P* ANICII MANLII SEVERINI BOETHII (BOETII *Laud*) V̄C̄ ET INL EXCONS̄ (EXCONSOL *T*) ORD̄ EXMAG OFF ATQE PATRICIO(-CII *L²*) PHILOSOPHICAE (PHILOSOPHIAE *T*) CONSOLATIONIS LIB · IIII EXPLICIT (expl. l. quartus *TK*) INCIPIT LIB · V̄ FELICITER *TLVAur.DLaud*, (*om.* vc et inl . . exmag off atque) *K*

3 exortatio *L¹VDK* exoratio *P*   tua quae *T¹V²*   4 quaestionum *P¹, ut vid. T¹*   5 quae enim *P*   17 eventu *P*

est, quamquam id illi non de operante principio, sed de materiali subiecto hoc omnium de natura rationum quasi quoddam iecerint fundamentum. At si nullis ex causis aliquid oriatur, id de nihilo ortum esse videbitur; quodsi hoc fieri nequit, ne casum quidem huius modi esse possibile est, qualem paulo ante definivimus. — Quid igitur, inquam, nihilne est, quod vel casus vel fortuitum iure appellari queat? An est aliquid, tametsi vulgus lateat, cui vocabula ista conveniant? — Aristoteles meus id, inquit, in Physicis et brevi et veri propinqua ratione definivit. — Quonam, inquam, modo? — Quotiens, ait, aliquid cuiuspiam rei gratia geritur aliudque quibusdam de causis, quam quod intendebatur, obtingit, casus vocatur, ut si quis colendi agri causa fodiens humum defossi auri pondus inveniat. Hoc igitur fortuito quidem creditur accidisse, verum non de nihilo est; nam proprias causas habet, quarum inprovisus inopinatusque concursus casum videtur operatus. Nam nisi cultor agri humum foderet, nisi eo loci pecuniam suam depositor obruisset, aurum non esset inventum. Hae sunt igitur fortuiti causae compendii, quod ex obviis sibi et confluentibus causis, non ex gerentis intentione provenit. Neque enim vel qui aurum obruit vel qui agrum exercuit, ut ea pecunia repperiretur, intendit, sed, uti dixi, quo ille obruit, hunc fodisse convenit atque concurrit. Licet igitur definire casum esse inopinatum ex confluentibus causis in his, quae ob aliquid geruntur, eventum. Concurrere vero atque confluere causas facit ordo ille inevitabili conexione procedens, qui de providentiae fonte descendens cuncta suis locis temporibusque disponit.

6 v. 107, 18   9 sq. Aristot. Phys. II 4

1 id *om. Met.*   2 hoc ⟨est⟩ *Met.; v. Eng.*   3 iecerunt P^1 7 nihilne esse P 8 tam ut si P 9 aristotelis PTL^1VKE 10 veteri PV^1 11 qm̄ P quō K 12 de *om. P*   15 fortuitu PT^1V^2E *Peip.* accedisse L^1VD^1K 18 loco PKE 19 haec $T^1L^1Aur.D^1$ *Peip.*   20 fortuitu PV^1(-ta V^2)   causa $PT^1L^1V^1Aur.D$ *Peip.*   ex *om. P*   22 argentum reuit (*sic*) P^2 27 fecit P 28 prudentiae P

I. Rupis Achaemeniae scopulis, ubi versa sequentum
pectoribus figit spicula pugna fugax,
Tigris et Euphrates uno se fonte resolvunt
et mox abiunctis dissociantur aquis.
Si coeant cursumque iterum revocentur in unum, (5)
confluat, alterni quod trahit unda vadi,
convenient puppes et vulsi flumine trunci
mixtaque fortuitos implicet unda modos;
quos tamen ipsa vagos terrae declivia casus
gurgitis et lapsi defluus ordo regit. (10)
Sic, quae permissis fluitare videtur habenis,
fors patitur frenos ipsaque lege meat.

2. Animadverto, inquam, idque, uti tu dicis, ita esse 1
consentio. Sed in hac haerentium sibi serie causarum estne 2
ulla nostri arbitrii libertas an ipsos quoque humanorum
motus animorum fatalis catena constringit? — Est, inquit; 3
neque enim fuerit ulla rationalis natura, quin eidem libertas
adsit arbitrii. Nam quod ratione uti naturaliter potest, id 4
habet iudicium, quo quidque discernat; per se igitur fu-
gienda optandave dinoscit. Quod vero quis optandum esse 5
iudicat, petit; refugit vero, quod aestimat esse fugiendum.
Quare, quibus in ipsis inest ratio, inest etiam volendi nolen- 6
dique libertas, sed hanc non in omnibus aequam esse con-
stituo. Nam supernis divinisque substantiis et perspicax 7
iudicium et incorrupta voluntas et efficax optatorum praesto
est potestas. Humanas vero animas liberiores quidem esse 8
necesse est, cum se in mentis divinae speculatione conser-
vant, minus vero, cum dilabuntur ad corpora, minusque
etiam, cum terrenis artubus colligantur. Extrema vero est 9
servitus, cum vitiis deditae rationis propriae possessione

---

1 acham. P   sequentium P   2 figit om. T¹   picula P   3 tygris
P   eufrates PTK   fronte P   5 coherant P coheant L¹   6 con-
fluant P   7 conveniant P conveniunt K   12 frons P   22 in ipsis
om. T¹E uncis incl. Peip.   25 voluptas P   efficat P   26 esse
om. P   27 necesse est eras. P

10 ceciderunt. Nam ubi oculos a summae luce veritatis ad
inferiora et tenebrosa deiecerint, mox inscitiae nube caligant, perniciosis turbantur affectibus, quibus accedendo
consentiendoque, quam invexere sibi, adiuvant servitutem
11 et sunt quodam modo propria libertate captivae. Quae
tamen ille ab aeterno cuncta prospiciens providentiae cernit
intuitus et suis quaeque meritis praedestinata disponit.

II. Πάντ' ἐφορᾶν καὶ πάντ' ἐπακούειν
puro clarum lumine Phoebum
melliflui canit oris Homerus,
qui tamen intima viscera terrae
(5) non valet aut pelagi radiorum
infirma perrumpere luce.
Haud sic magni conditor orbis;
huic ex alto cuncta tuenti
nulla terrae mole resistunt,
(10) non nox atris nubibus obstat.
Quae sint, quae fuerint veniantque,
uno mentis cernit in ictu;
quem, quia respicit omnia solus,
verum possis dicere solem.

1   3. Tum ego: En, inquam, difficiliore rursus ambiguitate
2 confundor. — Quaenam, inquit, ista est? Iam enim, quibus
3 perturbere, coniecto. — Nimium, inquam, adversari ac repugnare videtur praenoscere universa deum et esse ullum

---

8 Hom. Γ 277: 'Ἠέλιός θ᾽, ὅς πάντ' ἐφορᾷς καὶ πάντ' ἐπακούεις, cf.
λ 109. μ 323   9 Hom. Λ 605: λαμπρὸν φάος ἠελίοιο   18 Verg. Georg.
IV 393: quae sunt, quae fuerint, quae mox ventura trahuntur   20 cf.
Cic. Nat. deor. II 68. III 54. Lact. Inst. II 10. Firm. Mat. De err. prof.
rel. 17, 1. Mart. Cap. 74, 1 (48, 9)   22 sqq. cf. Aug. Civ. V 9—11

---

1 ceciderint V^2 2 inscientiae VE 4 adiubant $T^1V^1DK^1E^2$
(-bent E^1)   7 quaque P praedist. $TLDK$ 8 carmini attribuit
Eng. (cf. Plan.) ΠΑΝΦΟΡΑΝ ΚΑΙ ΝΑΝΤΕΠΑΚΟΙΕΗ P ἐφορῶν .. ἐπακούων Obb. Peip.   24 perturbere DLV^1 perturbaere E perturbare
rel. Peip.

libertatis arbitrium. Nam si cuncta prospicit deus neque falli ullo modo potest, evenire necesse est, quod providentia futurum esse praeviderit. Quare si ab aeterno non facta hominum modo, sed etiam consilia voluntatesque praenoscit, nulla erit arbitrii libertas; neque enim vel factum aliud ullum vel quaelibet exsistere poterit voluntas, nisi quam nescia falli providentia divina praesenserit. Nam si aliorsum, quam provisae sunt, detorqueri valent, non iam erit futuri firma praescientia, sed opinio potius incerta, quod de deo credere nefas iudico.

Neque enim illam probo rationem, qua se quidam credunt hunc quaestionis nodum posse dissolvere. Aiunt enim non ideo quid esse eventurum, quoniam id providentia futurum esse prospexerit, sed e contrario potius, quoniam quid futurum est, id divinam providentiam latere non posse eoque modo necessarium hoc in contrariam relabi partem. Neque enim necesse esse contingere, quae providentur, sed necesse esse, quae futura sunt, provideri, quasi vero, quae cuius rei causa sit, praescientiane futurorum necessitatis an futurorum necessitas providentiae, laboretur ac non illud demonstrare nitamur, quoquo modo sese habeat ordo causarum, necessarium esse eventum praescitarum rerum, etiam si praescientia futuris rebus eveniendi necessitatem non videatur inferre.

Etenim si quispiam sedeat, opinionem, quae eum sedere coniectat, veram esse necesse est atque e converso rursus, si de quopiam vera sit opinio, quoniam sedet, eum sedere necesse est. In utroque igitur necessitas inest, in hoc quidem sedendi, at vero in altero veritatis. Sed non idcirco quisque sedet, quoniam vera est opinio, sed haec potius vera est, quoniam quempiam sedere praecessit. Ita cum

---

8 provisa *P*   9 praesentia *PK*[1]   16 (est *eras.*) hoc *T*   19 necessitas *TVAur.LaudKE*   20 in futurum (an *om.*) *P* futurarum *L*[2] futura *T*[2]   necessitate *K*[1]   26 at *T*[1] *Peip.*   est conversa *P*
27 copiam *P*   28 est *om. P*

causa veritatis ex altera parte procedat, inest tamen communis in utraque necessitas. Similia de providentia futurisque rebus ratiocinari patet; nam etiam si idcirco, quoniam futura sunt, providentur, non vero ideo, quoniam providentur, eveniunt, nihilo minus tamen a deo vel ventura provideri vel provisa necesse est evenire provisa, quod ad perimendam arbitrii libertatem solum satis est. Iam vero quam praeposterum est, ut aeternae praescientiae temporalium rerum eventus causa esse dicatur! Quid est autem aliud arbitrari ideo deum futura, quoniam sunt eventura, providere, quam putare, quae olim acciderunt, causam summae illius esse providentiae? Ad haec sicuti, cum quid esse scio, id ipsum esse necesse est, ita, cum quid futurum novi, id ipsum futurum esse necesse est; sic fit igitur, ut eventus praescitae rei nequeat evitari. Postremo si quid aliquis aliorsum, atque sese res habet, existimet, id non modo scientia non est, sed est opinio fallax ab scientiae veritate longe diversa. Quare si quid ita futurum est, ut eius certus ac necessarius non sit eventus, id eventurum esse praesciri qui poterit? Sicut enim scientia ipsa impermixta est falsitati, ita id, quod ab ea concipitur, esse aliter, atque concipitur, nequit. Ea namque causa est, cur mendacio scientia careat, quod se ita rem quamque habere necesse est, uti eam sese habere scientia comprehendit.

Quid igitur, quonam modo deus haec incerta futura praenoscit? Nam si inevitabiliter eventura censet, quae etiam non evenire possibile est, fallitur, quod non sentire modo nefas est, sed etiam voce proferre. At si ita, uti sunt, ita ea futura esse decernit, ut aeque vel fieri ea vel non fieri posse cognoscat, quae est haec praescientia, quae nihil

---

6 ab *TLV¹DK*   7 provisa *om. T²V²E²* Peip.; *cf. Eng.*   13 esse
— id ipsum *in mg. T*   14 sq. ita — necesse est *om. PD¹*   novi —
futurum *om. V¹*   21 ab *om. T²L¹*   23 aeratet *P*   24 uti etiam *P*
26 qui *P*   28 quod nec sentire *P*   30 decernet *P*

certum, nihil stabile comprehendit? Aut quid hoc refert
vaticinio illo ridiculo Tiresiae
Quicquid dicam, aut erit aut non?
Quid etiam divina providentia humana opinione praestiterit,
si uti homines incerta iudicat, quorum est incertus eventus?
Quodsi apud illum rerum omnium certissimum fontem nihil
incerti esse potest, certus eorum est eventus, quae futura
firmiter ille praescierit.
Quare nulla est humanis consiliis actionibusque libertas,
quas divina mens sine falsitatis errore cuncta prospiciens
ad unum alligat et constringit eventum. Quo semel recepto
quantus occasus humanarum rerum consequatur, liquet.
Frustra enim bonis malisque praemia poenaeve proponuntur, quae nullus meruit liber ac voluntarius motus animorum.
Idque omnium videbitur iniquissimum, quod nunc aequissimum iudicatur, vel puniri improbos vel remunerari probos,
quos ad alterutrum non propria mittit voluntas, sed futuri
cogit certa necessitas. Nec vitia igitur nec virtutes quicquam fuerint, sed omnium meritorum potius mixta atque
indiscreta confusio, quoque nihil sceleratius excogitari
potest, cum ex providentia rerum omnis ordo ducatur nihilque consiliis liceat humanis, fit, ut vitia quoque nostra ad
bonorum omnium referantur auctorem. Igitur nec sperandi
aliquid nec deprecandi ulla ratio est; quid enim vel speret
quisque vel etiam deprecetur, quando optanda omnia series
indeflexa conectit?
Auferetur igitur unicum illud inter homines deumque
commercium sperandi scilicet ac deprecandi, si quidem
iustae humilitatis pretio inaestimabilem vicem divinae gratiae promeremur, qui solus modus est, quo cum deo colloqui

---

3 Hor. Sat. II 5, 59; cf. Cic. Nat. deor. I 70

---

1 fert *P* differt *Bentley* (ad *Horat.*)   2 ridiculo *om. P*
17 futura *P*   24 esset *Schepss* potest *P*   29 praeconio *P*   30 promeremur (emur *in ras.*) *T* promereremur *Schepss*

homines posse videantur illique inaccessae luci prius quoque, quam impetrent, ipsa supplicandi ratione coniungi.
35 Quae si recepta futurorum necessitate nihil virium habere credantur, quid erit, quo summo illi rerum principi conecti
36 atque adhaerere possimus? Quare necesse erit humanum genus, uti paulo ante cantabas, dissaeptum atque disiunctum suo fonte fatiscere.

III. Quaenam discors foedera rerum
causa resolvit? Quis tanta deus
veris statuit bella duobus,
ut, quae carptim singula constent,
(5) eadem nolint mixta iugari?
An nulla est discordia veris
semperque sibi certa cohaerent,
sed mens caecis obruta membris
nequit oppressi luminis igne
(10) rerum tenues noscere nexus?
Sed cur tanto flagrat amore
veri tectas reperire notas?
Scitne, quod appetit anxia nosse?
Sed quis nota scire laborat?
(15) At si nescit, quid caeca petit?
Quis enim quicquam nescius optet
aut quis valeat nescita sequi
quove inveniat? Quis reppertam
queat ignarus noscere formam?
(20) An, cum mentem cerneret altam,
pariter summam et singula norat?
Nunc membrorum condita nube
non in totum est oblita sui

---

6 v. *supra* 103, 29   20 *cf.* Plat. Men. 80 d. e

3 necessitate — eadem (116, 27) *exciderunt in D*   10 viris *P*
13 discordia nulla est *Peip.*   19 repperire *codd.*   21 notam *vel* notas
i. e. causas) *Peip.*   loborat T^1 22 quid (i. cur *s. s.*) *T* cur *in ras. V*
qui *P*   23 optat *PE*   25 quisque L^2 quisve *ut vid.* Pulman, *Peip.*
repertam *libri*

summamque tenet singula perdens.
Igitur quisquis vera requirit,
neutro est habitu; nam neque novit
nec penitus tamen omnia nescit,
sed, quam retinens meminit, summam
consulit alte visa retractans,
ut servatis queat oblitas
addere partes.

4. Tum illa: Vetus, inquit, haec est de providentia querela M.que Tullio, cum divinationem distribuit, vehementer agitata tibique ipsi res diu prorsus multumque quaesita, sed haudquaquam ab ullo vestrum hactenus satis diligenter ac firmiter expedita. Cuius caliginis causa est, quod humanae ratiocinationis motus ad divinae praescientiae simplicitatem non potest ammoveri, quae si ullo modo cogitari queat, nihil prorsus relinquetur ambigui. Quod ita demum patefacere atque expedire temptabo, si prius ea, quibus moveris, expendero. Quaero enim, cur illam solventium rationem minus efficacem putes, quae quia praescientiam non esse futuris rebus causam necessitatis existimat, nihil impediri praescientia arbitrii libertatem putat. Num enim tu aliunde argumentum futurorum necessitatis trahis, nisi quod ea, quae praesciuntur, non evenire non possunt? Si igitur praenotio nullam futuris rebus adicit necessitatem, quod tu etiam paulo ante fatebare, quid est, quod voluntarii exitus rerum ad certum cogantur eventum? Etenim positionis gratia, ut, quid consequatur, advertas, statuamus nullam esse praescientiam. Num igitur, quantum ad hoc attinet, quae ex arbitrio veniunt, ad necessitatem

---

10 Cic. Div. II 8 sqq. 24 Orig. (Euseb. Praep. ev.VI 11): ἡ πρόγνωσις τοῦ θεοῦ οὐκ ἀνάγκην ἐπιτίθησι τοῖς περὶ ὧν κατείληφε, cf. 116, 33 sq.
25 v. 111, 23

---

10 M.que om. T¹ mensque tulit iocum divinatione P   distruit T¹L¹V describit L²   12 autquaquam P   19 effica computes P   praesentiam bis P   29 eveniunt T Peip.

9 cogantur? — Minime. — Statuamus iterum esse, sed nihil rebus necessitatis iniungere; manebit, ut opinor, eadem
10 voluntatis integra atque absoluta libertas. Sed praescientia, inquies, tametsi futuris eveniendi necessitas non est, signum
11 tamen est necessario ea esse ventura. Hoc igitur modo, etiam si praecognitio non fuisset, necessarios futurorum exitus esse constaret; omne etenim signum tantum, quid sit,
12 ostendit, non vero efficit, quod designat. Quare demonstrandum prius est nihil non ex necessitate contingere, ut praenotionem signum esse huius necessitatis appareat; alioquin si haec nulla est, ne illa quidem eius rei signum poterit esse,
13 quae non est. Iam vero probationem firma ratione subnixam constat non ex signis neque petitis extrinsecus argumentis, sed ex convenientibus necessariisque causis esse ducendam.
14 Sed qui fieri potest, ut ea non proveniant, quae futura esse providentur? Quasi vero nos ea, quae providentia futura esse praenoscit, non esse eventura credamus ac non illud potius arbitremur, licet eveniant, nihil tamen, ut eveni-
15 rent, sui natura necessitatis habuisse. Quod hinc facile perpendas licebit; plura etenim, dum fiunt, subiecta oculis intuemur, ut ea, quae in quadrigis moderandis atque flectendis facere spectantur aurigae, atque ad hunc modum cetera.
16 Num igitur quicquam illorum ita fieri necessitas ulla compellit? — Minime; frustra enim esset artis effectus, si omnia
17 coacta moverentur. — Quae igitur, cum fiunt, carent exsistendi necessitate, eadem, prius quam fiant, sine neces-
18 sitate futura sunt. Quare sunt quaedam eventura, quorum
19 exitus ab omni necessitate sit absolutus. Nam illud quidem nullum arbitror esse dicturum, quod, quae nunc fiunt, prius quam fierent, eventura non fuerint; haec igitur etiam prae-
20 cognita liberos habent eventus. Nam sicut scientia praesentium rerum nihil his, quae fiunt, ita praescientia futuro-

---

1 cogantur PT^1E coguntur *rel.*   igitur P 18 ventura TV
27 prius *denuo incipit* D 30 nunc *om.* P *in ras.* V 33 praesentia PK

rum nihil his, quae ventura sunt, necessitatis importat. Sed hoc, inquis, ipsum dubitatur, an earum rerum, quae necessarios exitus non habent, ulla possit esse praenotio. Dissonare etenim videntur putasque, si praevideantur, consequi necessitatem, si necessitas desit, minime praesciri nihilque scientia comprehendi posse nisi certum. Quodsi, quae incerti sunt exitus, ea quasi certa providentur, opinionis id esse caliginem, non scientiae veritatem; aliter enim, ac sese res habeat, arbitrari ab integritate scientiae credis esse diversum. Cuius erroris causa est, quod omnia, quae quisque novit, ex ipsorum tantum vi atque natura cognosci aestimat, quae sciuntur. Quod totum contra est; omne enim, quod cognoscitur, non secundum sui vim, sed secundum cognoscentium potius comprehenditur facultatem. Nam, ut hoc brevi liqueat exemplo, eandem corporis rotunditatem aliter visus, aliter tactus agnoscit; ille eminus manens totum simul iactis radiis intuetur, hic vero cohaerens orbi atque coniunctus circa ipsum motus ambitum rotunditatem partibus comprehendit.

Ipsum quoque hominem aliter sensus, aliter imaginatio, aliter ratio, aliter intellegentia contuetur. Sensus enim figuram in subiecta materia constitutam, imaginatio vero solam sine materia iudicat figuram. Ratio vero hanc quoque transcendit speciemque ipsam, quae singularibus inest, universali consideratione perpendit. Intellegentiae vero celsior oculus exsistit; supergressa namque universitatis ambitum ipsam illam simplicem formam pura mentis acie contuetur. In quo illud maxime considerandum est: nam superior comprehendendi vis amplectitur inferiorem, infe-

---

12 (cf. 118, 20) de Ammonio Iamblichum secuto (ἡ γνῶσις .. ἐνέργεια τοῦ γινώσκοντος) et Proclo (omne quod cognoscitur non secundum sui vim, sed secundum cognoscentium potius comprehenditur facultatem) v. Klingner 107

1 necessitas P 2 inquies Schepss 7 incerta PT¹ (s)in(t) certa Eng.² 7 sq. id esse e corr. T 23 (constitutam) iudicat P 25 intellegentia PT² 26 oculis T² existat P

rior vero ad superiorem nullo modo consurgit. Neque enim sensus aliquid extra materiam valet vel universales species imaginatio contuetur vel ratio capit simplicem formam, sed intellegentia quasi desuper spectans concepta forma, quae subsunt, etiam cuncta diiudicat, sed eo modo, quo formam ipsam, quae nulli alii nota esse poterat, comprehendit. Nam et rationis universum et imaginationis figuram et materiale sensibile cognoscit nec ratione utens nec imaginatione nec sensibus, sed illo uno ictu mentis formaliter, ut ita dicam, cuncta prospiciens. Ratio quoque, cum quid universale respicit, nec imaginatione nec sensibus utens imaginabilia vel sensibilia comprehendit. Haec est enim, quae conceptionis suae universale ita definit: homo est animal bipes rationale. Quae cum universalis notio sit, tum imaginabilem sensibilemque esse rem nullus ignorat, quod illa non imaginatione vel sensu, sed in rationali conceptione considerat. Imaginatio quoque, tametsi ex sensibus visendi formandique figuras sumpsit exordium, sensu tamen absente sensibilia quaeque collustrat non sensibili, sed imaginaria ratione iudicandi. Videsne igitur, ut in cognoscendo cuncta sua potius facultate quam eorum, quae cognoscuntur, utantur? Neque id iniuria; nam cum omne iudicium iudicantis actus exsistat, necesse est, ut suam quisque operam non ex aliena, sed ex propria potestate perficiat.

IV. Quondam Porticus attulit
obscuros nimium senes,
qui sensus et imagines
e corporibus extimis
(5) credant mentibus imprimi,
ut quondam celeri stilo
mos est aequore paginae,
quae nullas habeat notas,
pressas figere litteras.

---

13 definivit *TL* Peip. (διορισάμενος *Plan.*)   15 sq. (in) imaginatione *T²L*   19 inlustrat *P*   22 actu *Met² (Volkmann)*

Sed mens si propriis vigens (10)
nihil motibus explicat,
sed tantum patiens iacet
notis subdita corporum
cassasque in speculi vicem
rerum reddit imagines, (15)
unde haec sic animis viget
cernens omnia notio?
Quae vis singula perspicit
aut quae cognita dividit?
Quae divisa recolligit (20)
alternumque legens iter
nunc summis caput inserit,
nunc decedit in infima,
tum sese referens sibi
veris falsa redarguit? (25)
Haec est efficiens magis
longe causa potentior,
quam quae materiae modo
impressas patitur notas.
Praecedit tamen excitans (30)
ac vires animi movens
vivo in corpore passio,
cum vel lux oculos ferit
vel vox auribus instrepit.
Tum mentis vigor excitus, (35)
quas intus species tenet
ad motus similes vocans
notis applicat exteris
introrsumque reconditis
formis miscet imagines. (40)

---

23 *cf.* Prud. Apoth. 83: passio, quae corpus sibi vindicat

---

14 decidit PT^1K 15 tunc T^1E 26 exituss(ituss *in ras.*) P
exitus K 30 reconditus P^1K^1

5. Quodsi in corporibus sentiendis, quamvis afficiant instrumenta sensuum forinsecus obiectae qualitates animique agentis vigorem passio corporis antecedat, quae in se actum mentis provocet excitetque interim quiescentes intrinsecus formas, si in sentiendis, inquam, corporibus animus non passione insignitur, sed ex sua vi subiectam corpori iudicat passionem, quanto magis ea, quae cunctis corporum affectionibus absoluta sunt, in discernendo non obiecta extrinsecus sequuntur, sed actum suae mentis expediunt! Hac itaque ratione multiplices cognitiones diversis ac differentibus cessere substantiis. Sensus enim solus cunctis aliis cognitionibus destitutus immobilibus animantibus cessit, quales sunt conchae maris quaeque alia saxis haerentia nutriuntur; imaginatio vero mobilibus beluis, quibus iam inesse fugiendi appetendive aliquis videtur affectus. Ratio vero humani tantum generis est sicut intellegentia sola divini; quo fit, ut ea notitia ceteris praestet, quae suapte natura non modo proprium, sed ceterarum quoque notitiarum subiecta cognoscit.

Quid igitur, si ratiocinationi sensus imaginatioque refragentur nihil esse illud universale dicentes, quod sese intueri ratio putet? Quod enim sensibile vel imaginabile est, id universum esse non posse, aut igitur rationis verum esse iudicium nec quicquam esse sensibile aut, quoniam sibi notum sit plura sensibus et imaginationi esse subiecta, inanem conceptionem esse rationis, quae, quod sensibile sit ac singulare, quasi quiddam universale consideret. Ad haec, si ratio contra respondeat se quidem et quod sensibile et quod imaginabile sit in universitatis ratione conspicere, illa vero ad universitatis cognitionem aspirare non posse, quoniam eorum notio corporales figuras non posset excedere,

---

1 quam efficiant P 10 igitur PE cogitationes PK^1 12 cogitationibus P 13 cesset T^1D^1 15 fugiendi appetendive om. P 18 sua apte PK 20 imaginationique P^1 imaginatioqq L 20sq. refragetur PT^1 21sq. ratio intueri P 23 posse abrumpitur D igitur desinit E 28 si quidem PT^1VK sensibile abrumpitur P

de rerum vero cognitione firmiori potius perfectiorique
iudicio esse credendum, in huius modi igitur lite nos, quibus
tam ratiocinandi quam imaginandi etiam sentiendique vis
inest, nonne rationis potius causam probaremus? Simile
est, quod humana ratio divinam intellegentiam futura, nisi
ut ipsa cognoscit, non putat intueri. Nam ita disseris: Si
qua certos ac necessarios habere non videantur eventus, ea
certo eventura praesciri nequeunt. Harum igitur rerum
nulla est praescientia, quam si etiam in his esse credamus,
nihil erit, quod non ex necessitate proveniat. Si igitur, uti
rationis participes sumus, ita divinae iudicium mentis
habere possemus, sicut imaginationem sensumque rationi
cedere oportere iudicavimus, sic divinae sese menti humanam summittere rationem iustissimum censeremus. Quare
in illius summae intellegentiae cacumen, si possumus, erigamur; illic enim ratio videbit, quod in se non potest intueri,
id autem est, quonam modo etiam, quae certos exitus non
habent, certa tamen videat ac definita praenotio neque id
sit opinio, sed summae potius scientiae nullis terminis inclusa simplicitas.

V. Quam variis terras animalia permeant figuris!
Namque alia extento sunt corpore pulveremque verrunt
continuumque trahunt vi pectoris incitata sulcum;
sunt quibus alarum levitas vaga verberetque ventos
et liquido longi spatia aetheris enatet volatu;   (5)
haec pressisse solo vestigia gressibusque gaudent
vel virides campos transmittere vel subire silvas.
Quae variis videas licet omnia discrepare formis,
prona tamen facies hebetes valet ingravare sensus;
unica gens hominum celsum levat altius cacumen,   (10)
atque levis recto stat corpore despicitque terras.

---

30 *cf.* Cic. Leg. I 26. Ov. Met. I 85 sq. Sall. Cat. 1, 1. Prud.
Contra Symm. II 262

---

12 possimus T^1V^1K *Peip.* possemis L^1 13 credere V^1K^1
21 permanaent K^1, *ut vid.* T^1

Haec, nisi terrenus male desipis, ammonet figura:
Qui recto caelum vultu petis exserisque frontem,
in sublime feras animum quoque, ne gravata pessum
inferior sidat mens corpore celsius levato.

6. Quoniam igitur, uti paulo ante monstratum est, omne, quod scitur, non ex sua, sed ex comprehendentium natura cognoscitur, intueamur nunc, quantum fas est, quis sit divinae substantiae status, ut quaenam etiam scientia eius sit, possimus agnoscere. Deum igitur aeternum esse cunctorum ratione degentium commune iudicium est. Quid sit igitur aeternitas, consideremus; haec enim nobis naturam pariter divinam scientiamque patefacit. Aeternitas igitur est interminabilis vitae tota simul et perfecta possessio, quod ex collatione temporalium clarius liquet. Nam quicquid vivit in tempore, id praesens a praeteritis in futura procedit nihilque est in tempore constitutum, quod totum vitae suae spatium pariter possit amplecti, sed crastinum quidem nondum apprehendit, hesternum vero iam perdidit; in hodierna quoque vita non amplius vivitis quam in illo mobili transitorioque momento. Quod igitur temporis patitur condicionem, licet illud, sicuti de mundo censuit Aristoteles, nec coeperit umquam esse nec desinat vitaque eius cum temporis infinitate tendatur, nondum tamen tale est, ut aeternum esse iure credatur. Non enim totum simul infinitae licet vitae spatium comprehendit atque complectitur, sed futura nondum, transacta iam non habet. Quod igitur interminabilis vitae plenitudinem totam pariter comprehendit ac possidet, cui neque futuri quicquam absit nec praeteriti fluxerit, id aeternum esse iure perhibetur idque

---

5sq. *v.* 117, 12sqq. Augustin. De gen. ad litt. I 4, Civ. XII 12, Boeth. Trin. 158, 55—72, *cf.* Rand, Jahrb. Suppl. XXVI 427   21 Aristot. libro I De caelo; *cf.* II 1 (283b 26: οὐδὲ γέγονεν ὁ πᾶς οὐρανὸς οὔτ' ἐνδέχεται φθαρῆναι eqs.)

12 patefecit T^1 *Peip.* patefecerit T^2 21 licet...(mund)o c(ensuit) *e corr. T*   21sq. arestotelis T

necesse est et sui compos praesens sibi semper assistere et
infinitatem mobilis temporis habere praesentem. Unde non recte quidam, qui, cum audiunt visum Platoni mundum hunc nec habuisse initium temporis nec habiturum esse defectum, hoc modo conditori conditum mundum fieri coaeternum putant. Aliud est enim per interminabilem duci vitam, quod mundo Plato tribuit, aliud interminabilis vitae totam pariter complexum esse praesentiam, quod divinae mentis proprium esse manifestum est. Neque deus conditis rebus antiquior videri debet temporis quantitate, sed simplicis potius proprietate naturae. Hunc enim vitae immobilis praesentarium statum infinitus ille temporalium rerum motus imitatur, cumque eum effingere atque aequare non possit, ex immobilitate deficit in motum, ex simplicitate praesentiae decrescit in infinitam futuri ac praeteriti quantitatem et, cum totam pariter vitae suae plenitudinem nequeat possidere, hoc ipso, quod aliquo modo numquam esse desinit, illud, quod implere atque exprimere non potest, aliquatenus videtur aemulari alligans se ad qualemcumque praesentiam huius exigui volucrisque momenti, quae, quoniam manentis illius praesentiae quandam gestat imaginem, quibuscumque contigerit, id praestat, ut esse videantur. Quoniam vero manere non potuit, infinitum temporis iter arripuit eoque modo factum est, ut continuaret eundo vitam, cuius plenitudinem complecti non valuit permanendo. Itaque si digna rebus nomina velimus imponere, Platonem sequentes deum quidem aeternum, mundum vero dicamus esse perpetuum.

Quoniam igitur omne iudicium secundum sui naturam, quae sibi subiecta sunt, comprehendit, est autem deo semper aeternus ac praesentarius status, scientia quoque eius

---

3 sq. Plat. Tim. 28 sqq.; *cf.* Procl. in Tim. 75a; Augustin. Civ.
X 31. XI 4, 5   25 sq. Tim. 37 d sqq.

8 complexam T^1V *Peip.*   14 immotum T^1L^1V (et) ex T^1
15 futurum ac praeteritum T^1

Boethii Phil. cons.

omnem temporis supergressa motionem in suae manet simplicitate praesentiae infinitaque praeteriti ac futuri spatia complectens omnia, quasi iam gerantur, in sua simplici cognitione considerat. Itaque si praevidentiam pensare velis, qua cuncta dinoscit, non esse praescientiam quasi futuri, sed scientiam numquam deficientis instantiae rectius aestimabis. Unde non praevidentia, sed providentia potius dicitur, quod porro a rebus infimis constituta quasi ab excelso rerum cacumine cuncta prospiciat. Quid igitur postulas, ut necessaria fiant, quae divino lumine lustrentur, cum ne homines quidem necessaria faciant esse, quae videant? Num enim, quae praesentia cernis, aliquam eis necessitatem tuus addit intuitus? — Minime. — Atqui si est divini humanique praesentis digna collatio, uti vos vestro hoc temporario praesenti quaedam videtis, ita ille omnia suo cernit aeterno. Quare haec divina praenotio naturam rerum proprietatemque non mutat taliaque apud se praesentia spectat, qualia in tempore olim futura provenient. Nec rerum iudicia confundit unoque suae mentis intuitu tam necessarie quam non necessarie ventura dinoscit, sicuti vos, cum pariter ambulare in terra hominem et oriri in caelo solem videtis, quamquam simul utrumque conspectum tamen discernitis et hoc voluntarium, illud esse necessarium iudicatis. Ita igitur cuncta dispiciens divinus intuitus qualitatem rerum minime perturbat apud se quidem praesentium, ad condicionem vero temporis futurarum. Quo fit, ut hoc non sit opinio, sed veritate potius nixa cognitio, cum exstaturum quid esse cognoscit, quod idem exsistendi necessitate carere non nesciat.

Hic si dicas, quod eventurum deus videt, id non evenire non posse, quod autem non potest non evenire, id ex necessitate contingere, meque ad hoc nomen necessitatis adstrin-

---

4 praevidentiam V^1 praescientiam V^2 Laud (πρόγνωσιν Plan.) praesentiam rel. Peip.   pensare — (5) praescientiam om. K   8 ab L Aur.^{1} Laud^1 19 sq. necessariae bis $T^1 L^1 V^1$ 24 despiciens $T^2 L V^2$ 32 neque ut vid. $T^1 V^1$

gas, fatebor rem quidem solidissimae veritatis, sed cui vix
aliquis nisi divini speculator accesserit. Respondebo namque idem futurum, cum ad divinam notionem refertur, necessarium, cum vero in sua natura perpenditur, liberum prorsus atque absolutum videri. Duae sunt etenim necessitates,
simplex una, veluti quod necesse est omnes homines esse
mortales, altera condicionis, ut, si aliquem ambulare scias,
eum ambulare necesse est. Quod enim quisque novit, id
esse aliter, ac notum est, nequit, sed haec condicio minime
secum illam simplicem trahit. Hanc enim necessitatem non
propria facit natura, sed condicionis adiectio; nulla enim
necessitas cogit incedere voluntate gradientem, quamvis
eum tum, cum graditur, incedere necessarium sit. Eodem
igitur modo, si quid providentia praesens videt, id esse necesse est, tametsi nullam naturae habeat necessitatem.
Atqui deus ea futura, quae ex arbitrii libertate proveniunt,
praesentia contuetur; haec igitur ad intuitum relata divinum necessaria fiunt per condicionem divinae notionis, per
se vero considerata ab absoluta naturae suae libertate non
desinunt. Fient igitur procul dubio cuncta, quae futura
deus esse praenoscit, sed eorum quaedam de libero proficiscuntur arbitrio, quae quamvis eveniant, exsistendo tamen
naturam propriam non amittunt, qua, prius quam fierent,
etiam non evenire potuissent. Quid igitur refert non esse
necessaria, cum propter divinae scientiae condicionem modis omnibus necessitatis instar eveniet? Hoc scilicet, quod
ea, quae paulo ante proposui, sol oriens et gradiens homo,
quae dum fiunt, non fieri non possunt, eorum tamen unum
prius quoque, quam fieret, necesse erat exsistere, alterum
vero minime. Ita etiam, quae praesentia deus habet, dubio
procul exsistent, sed eorum hoc quidem de rerum necessitate

---

2 Ammon. p.135: καὶ ἔστι τὸ αὐτὸ τῇ μὲν φύσει τῇ ἑαυτοῦ ἐνδεχόμενον
τῇ δὲ γνώσει τῶν θεῶν οὐκέτι ἀόριστον, ἀλλ' ὡρισμένον   27 cf. 124, 21

5 enim sunt K 7 ⟨hominem⟩ aliquem K 13 cum om. T^1
16 dē in ras. quattuor fere litt. T^2 18 fiant $T^1 K^1$ Peip.   20 an
deficiunt?   23 quia $Aur.^2$ 26 eveniat L^2 31 existunt TL^1 Peip.

36 descendit, illud vero de potestate facientium. Haud igitur iniuria diximus haec, si ad divinam notitiam referantur, necessaria, si per se considerentur, necessitatis esse nexibus absoluta, sicuti omne, quod sensibus patet, si ad rationem referas, universale est, si ad se ipsa respicias, singulare.

37 Sed si in mea, inquies, potestate situm est mutare propositum, evacuabo providentiam, cum, quae illa praenoscit,
38 forte mutavero. Respondebo propositum te quidem tuum posse deflectere, sed quoniam et id te posse et, an facias quove convertas, praesens providentiae veritas intuetur, divinam te praescientiam non posse vitare, sicuti praesentis oculi effugere non possis intuitum, quamvis te in varias
39 actiones libera voluntate converteris. Quid igitur, inquies, ex meane dispositione scientia divina mutabitur, ut, cum ego nunc hoc, nunc illud velim, illa quoque noscendi vices
40 alternare videatur? — Minime. Omne namque futurum divinus praecurrit intuitus et ad praesentiam propriae cognitionis retorquet ac revocat nec alternat, ut aestimas, nunc hoc, nunc aliud praenoscendi vice, sed uno ictu muta-
41 tiones tuas manens praevenit atque complectitur. Quam comprehendendi omnia visendique praesentiam non ex futurarum proventu rerum, sed ex propria deus simplicitate
42 sortitus est. Ex quo illud quoque resolvitur, quod paulo ante posuisti, indignum esse, si scientiae dei causam futura
43 nostra praestare dicantur. Haec enim scientiae vis praesentaria notione cuncta complectens rebus modum omnibus
44 ipsa constituit, nihil vero posterioribus debet. Quae cum ita sint, manet intemerata mortalibus arbitrii libertas nec iniquae leges solutis omni necessitate voluntatibus prae-
45 mia poenasque proponunt. Manet etiam spectator desuper cunctorum praescius deus visionisque eius praesens semper

---

30 cf. Prud. Cath. II 105 sqq.: Speculator adstat desuper, | qui nos diebus omnibus | actusque nostros prospicit

---

2 iniuriam T^1VK 5 ipsum V^2, cf. Eng.   7 cumque T^1L^1V
8 tuum quidem ut vid. T^1 11 praesentiam T^1 19 illud T^1 Peip.

aeternitas cum nostrorum actuum futura qualitate concurrit
bonis praemia, malis supplicia dispensans. Nec frustra sunt
in deo positae spes precesque, quae cum rectae sunt, ineffi-
caces esse non possunt. Aversamini igitur vitia, colite virtutes, ad rectas spes animum sublevate, humiles preces in
excelsa porrigite. Magna vobis est, si dissimulare non
vultis, necessitas indicta probitatis, cum ante oculos agitis
iudicis cuncta cernentis.

---

8 Esth. 16, 4: Dei cuncta cernentis arbitrantur se posse fugere sententiam.

---

4 adversamini $T^1 Peip$.

ANICII MANLII SEVERINI BOECII $\overline{UC}$ ET $\overline{INL}$ EXCONSL
$\overline{ORD}$ EXMAG OFF ATQ PATRICIO PHILOSOPHIAE $\overline{C}$SOLA-
TIONIS LI$\overline{B}$ QVINT' FELICITER EXPLICIT · D$\overline{O}$ GRATIAS
AMHN K
    D$\overline{O}$ GRATIAS EXPLICIT FELICITER $TAur$.   EXPLICIT
LIBER QUINTUS FELICITER L EXPLICIT FELICITER V

Abbreviations

< = "from"

AG = Allen and Greenough's *New Latin Grammar* (Boston 1916: often reprinted)

Gruber = J. Gruber, *Kommentar zu Boethius De Consolatione Philosophiae* (Berlin 1979)

LHS = Leumann-Hofmann-Szantyr, *Lateinische Grammatik: Lateinische Syntax und Stilistik* (Munich 1972)

sc. = *scilicet*, 'supply'

Passages in the *Consolatio* are indicated thus:

    1M1.9 = Book One, Metrum One, Line 9.
    2P6.4 = Book Two, Prosa Six, Section 4.

Book One

Metrum 1: Boethius (hereinafter: B.), imprisoned and alone, bewails his condition.
Meter: Elegiac couplets. The first line is dactylic hexameter, the second (called the pentameter) contains two hemiepes. In the hexameter caesura is regular after the first syllable of the third foot. No substitutions are allowed in the second hemiepes of the pentameter.

- uu | - uu | - ^ uu | - uu | - u u | - -
- uu - uu - || - u u - u u -

1. **qui**: "(I) who ..."
   studio florente: ablative absolute; *studium* here, "eagerness, enthusiasm."
   peregi < *perago*, "accomplish, complete."
3. **lacerae**: "tattered, bedraggled."
   scribenda < *scribo*; neuter plural accusative, gerundive of necessity: "things that must be written."
   Camenae: the native Latin name for the Muses.
4. **elegi**: "elegiac verses."
   ora < *os, oris*: "mouth, face." Plural for singular is common in poetry.
5. **Has**: sc. *Camenas*.
   pervincere: "prevail upon," treated as a verb of hindering governing *ne*-clause in line 6 (*AG* 558b).
6. **comites**: predicative, "as companions."
7. **Gloria**: in apposition with the subject of *solantur* (i.e., *Camenae*).
   felicis: The final syllable is closed, and thus long, before the caesura.
8. **maesti**: modifies *senis* (genitive < *senex*).
9. **inopina**: "unexpectedly"; adjectives in agreement with the subject often have adverbial force.
10. **iussit**: governs accusative/infinitive.
    suam: the reflexive takes its antecedent from the subject of the sentence, hence *dolor*.
11. **intempestivi**: "out of season," because B. is too young for *cani* (sc. *capilli*), "grey hair."
14. **maestis**: sc. *annis* (line 13).
15. **quam**: exclamatory, to be taken closely with *surda ... aure*.
    avertitur: here used in an active sense (comparable to the Greek middle voice: other Hellenisms will occur in B.): "[death] turns away [the wretches]."

1M1 Boethius

16. saeva: with adverbial force: "cruelly."
17. Dum: In late Latin, dum with subjunctive is interchangeable with circumstantial *cum*.
levibus ... bonis: ablative, "with good things [that are] insubstantial."
male: "scarcely, not at all," a common way of negating an adjective (here: *fida*) in poetry.
18. merserat: pluperfect indicative (< *mergo*) instead of perfect, for an unreal statement (*paene* has the force of a negative); translate as simple past tense. Cf. LHS 328, Zusätze b, on the rhetorical pluperfect.
19. nubila: "cloudy, gloomy," modifies *fortuna* understood as the subject.
21. me felicem: sc. *esse;* accusative/infinitive with *iactastis* (= *iactavistis*).
amici: vocative.
22. stabili ... gradu: ablative of description. *Stabilis* appears often in the Consolatio, in emphatic positions, to hint at the alternative to the mutability of fortune's world (cf. e.g., 1M4.16, 2M8.1, 3M9.3).

Prosa 1: A mysterious figure, female but more than human, appears at B.'s side and puts to flight the poetic muses.

1. **stili officio:** "with the help of a pen."
   astitisse: perfect infinitive (< *a(d)sto)*: the woman was already there when B. noticed her.
   verticem < *vertex,* "topmost point," thus: "head."
   reverendi vultus: genitive of description.
   oculis ardentibus et ... perspicacibus: ablative of description.
   communem: take with hominum, "common to men."
   quamvis: "although," with subjunctive.
   foret = esset.
   ut ... crederetur: subjunctive of result.
   statura discretionis ambiguae: "with stature of uncertain measure."
2. **quidem ... vero:** "on the one hand ... but on the other," a common usage in B.
   summi verticis cacumine: "with the very top of her head."
   quae: connecting relative, i.e., relative pronoun in place of demonstrative + *et*: "and she."
   extulisset: subjunctive of repeated action, with *cum* ("whenever").
   intuitum: "gaze, view."
3. **filis:** ablative plural, "threads."
   uti = ut ("as").
   post: adverb.
   eadem prodente: ablative absolute (**eadem** = B.'s visitor).

Consolatio Philosophiae 1P1

fumosas imagines: The reference seems to be to the wax masks of deceased ancestors which hung in the atrium of a Roman house and gathered soot from the hearth fire between funeral processions, when they were worn by mourners in a masquerade of reincarnation.
solet: sc. *obducere*.
4. Π ... Θ: for πρᾶξις (practice) and θεωρία (theory). To the ancients "theory" (full contemplative understanding: what the woman now offers) both followed and surpassed "practice" (merely mechanical competence: concerns of the political domain in which B. was well-versed); thus Π appears at the lower hem of the garment, Θ at the neckline, with steps leading from the lower to the higher.
Graecum: modifies Π (taken as neuter).
supremo: sc. *margine*.
vero: always used post-positively in its clause; best translated "but."
elementum: here, "letter [of the alphabet]."
esset: subjunctive in relative clause of purpose.
5. **manus**: nominative plural.
8. **scenicas**: "of the stage," used pejoratively, as usual.
foverent ... alerent: subjunctive in relative clause of characteristic.
foverent: "take care of."
verum: the conjunction, "but."
9. **infructuosis affectuum spinis**: "with the sterile thorns of [that come from] the emotions."
fructibus: ablative with uberem: "rich in fruit."
assuefaciunt: "accustom" (transitive).
10. **si quem**: "if anyone"; the indefinite pronoun quis is commonly used after *si, nisi, ne,* or *num*.
vulgo: adverb.
solitum: sc. *est*.
vobis: i.e., *Camenis*.
ferendum: "to be borne, tolerated"; sc. *esse mihi*.
nihil: adverbial accusative, "not at all."
quippe: explanatory particle, "for, since."
eo: antecedent is *quem profanum*.
hunc vero ... innutritum: ellipsis of main verb effectively expresses indignation.
Eleaticis et Academicis studiis: the teachings of Parmenides of Elea (d. shortly after 450 BC), Plato (founder of the Academy at Athens; d. 347 BC) and their disciples.
11. **Sirenes**: in mythology, birds with the faces of beautiful girls singing sweetly to lure mariners to shore and death.
usque in exitium dulces: "pleasant to the point of destruction."
meisque ... Musis: dative of agent with *curandum* and *sanandum*.
12. **His ... increpitus**: "rebuked by these [words]."
humi: locative.

acies: "gaze, sight."
13. **caligaret ... possem**: subjunctives in relative causal clauses (not quite parallel).
dinoscere = dignoscere, "recognize, distinguish."
esset: subjunctive in indirect question.
visuque ... defixo: ablative absolute.
esset actura: imperfect subjunctive + future participle represents a future in an indirect question.
conquesta < *conqueror*, "bewail, lament bitterly."

Metrum 2: The visitor compares B.'s present enervated state to his former energy and vision.
Meter: Hemiepes + adonic with diaeresis.
   - uu - uu- || - u u - -

1. **praecipiti**: "steep, dangerous."
2. **relicta**: ablative.
4. **flatibus**: ablative of means < *flatus*, "wind."
   aucta < *augeo;* modifies *cura* (line 5).
   in immensum: "to immense (size)."
6. **Hic**: i.e., Boethius.
7. **in aetherios ire meatus**: "to follow the courses of heavenly bodies."
10. **recursus**: accusative plural, "returns, recurrent courses"; with *vagos*, which alludes to the Greek word for the planets, "wanderers."
12. **comprensam = comprehensam**, "grasped, understood"; sc. *stellam*. B. translated a Greek treatise by Ptolemy on astronomy and perhaps wrote one of his own in Latin, in which he would have explained how the movements of the planets could be reduced to mathematical calculations.
13-14. **unde ... sollicitent**: indirect question introduced by *causas* (13); similarly, *quis volvat* (15), *cur ... surgat* (16-17), *quid ... temperet* (18), and *quis dedit* (20).
15. **quis = qui**.
17. **casurum** < *cado*, "fall, set."
20. **dedit**: indicative in place of subjunctive, to fit the meter (cf. Gruber).
20-21. **ut ... uvis**: substantive result clause, after *dedit*.
   influat: "flow, abound with."
22. **rimari solitus**: sc. *est;* governs indirect questions of lines 13-21.
   latentis: genitive, modifies *naturae*.
23. **reddere**: here, "declare, report."
25. **pressus catenis colla**: "pressed around the neck with chains." *colla* is neuter plural accusative of respect with the participle *pressus;* this is a Greek construction.

Prosa 2: The visitor briefly diagnoses B.'s ailment and makes a first curative gesture.

1. **medicinae ... querelae**: datives of purpose with *tempus est.*
   quam = magis quam.
2. **totis ... luminibus**: i.e., with both eyes, undistractedly.
   Tune = tu + enclitic-*ne* (introducing a question).
   evaseras < *evado,* here, "emerged, came to."
3. **Atqui**: "and yet."
   abiecisses < *abicio,* "throw away, cast aside."
5. **Cumque**: "and when."
   prorsus: "absolutely."
   Nihil ... pericli (= *periculi*): "no danger"; *pericli* is partitive genitive.
   lethargum: a disease of drowsiness and forgetfulness.
   illusarum < *inludo,* "sport with, deceive."
6. **Sui**: "of himself," objective genitive with *oblitus* (< *obliviscor,* "forget, be unmindful").
   Sui paulisper oblitus est: an ill for which the proper cure is a form of Platonic recollection (anamnesis), in line with the precept, "Know thyself."
   recordabitur: future indicative in apodosis of a future-less-vivid condition (the protasis has *cognoverit,* perfect subjunctive). This mixed condition is a very common construction in the *Consolatio.*
   quod ut possit: quod is the connecting relative (= *et id*); supply *recordari,* or perhaps *facere,* to complement *possit*: "and so in order that he might [remember/do] this."
   tergamus: "let us cleanse," hortatory subjunctive.
7. **undantes**: "awash." **contracta ... veste**: ablative of means.

Metrum 3: Vision returns to B.'s eyes.
   Meter: Dactylic hexameter alternating with dactylic tetrameter. The last foot of the tetrameter is always a dactyl.
   - uu | - uu | - ^ uu | - uu | - u u | - -
   - uu | - uu | - u u | - u u

1. **discussa ... nocte**: ablative absolute.
3. **ut**: "just as," introduces a simile that fills the rest of the *metrum*: "just as, when ... (lines 3-6), if Boreas (lines 7-8) ..., [then] Phoebus flashes (lines 9-10)."
   glomerantur sidera: obscure; *sidera* may mean "bad weather," but some emend to *nubila.*
   Coro < *Corus,* the north-west wind.
   polus: "the arch of heaven."

1M3 Boethius

5. **caelo**: dative of place to which (a poetic usage).
   venientibus astris: ablative absolute.
7. **hanc**: sc. *noctem.*
   Threicio: "Thracian."
   Boreas: nominative, "the north wind."
8. **reseret** < *resero*, "unbar, unlock."
10. **ferit** < *ferio*, "strike, smite."

Prosa 3: B. recognizes Philosophia (hereinafter: P.); she explains why she has come.

1. **haud aliter**: "in no other way," i.e., "similarly"; suggests that the whole preceding metrum is a comparison to illustrate what now occurs.
   ad cognoscendam ... faciem: "to recognize the face"; gerundive of purpose.
2. **respicio**: historical present.
   cuius: with *laribus.*
   laribus < *lares*, "household gods" (by metonymy, "home").
   obversatus < *obversor*, "move about [in the presence of]."
   fueram: used with participle to create the pluperfect, as often in post-classical Latin.
3. **supero cardine**: "from the highest vault (of the sky)."
   delapsa: often used of the descent of a heavenly figure.
   an: sc. *venisti;* introducing a further question.
   ut: introduces purpose clause to suggest why she may have come to B.
   rea: nominative; "(as) a defendant."
4. **desererem ... partirer**: potential subjunctive, imperfect tense indicating past time.
   sarcinam: accusative singular, "burden."
   invidia: ablative of cause.
   sustulisti < *suffero*, "undergo, bear."
5. **relinquere**: governed by *fas erat*, a common construction in B.; for the idea, cf. 1M1.6.
   scilicet: ironical: "so doubtless I should fear ..." The idea is that P. is constantly a victim of such slanders.
6. **primum**: adverb, "for the first time."
   lacessitam < *lacesso*, "strike."
   Nonne: introduces question expecting affirmative answer (*Nonne ... certavimus*: "didn't we struggle ...?").
   Platonis aetatem: Plato lived c. 429-347 BC.
   eodem superstite: ablative absolute, "[although] the same [Plato] survived."
   Socrates: d. 399 BC.
7. **Epicureum ... Stoicum**: adjectives modifying *vulgus* ("rabble"). Stoicism and Epicureanism arose about a century after Socrates' lifetime.

raptum ire: supine of purpose, "to [make a movement to] snatch."
renitentem: "resisting, struggling."
velut in partem praedae: "as if to be part of their booty."
panniculis: "scraps of cloth."
totam me: literally, "all of me," hence with *cessisse*, "I had yielded totally."
abiere = **abierunt**, < *abeo*.

8. **rata** < *reor* ("think"), modifies *imprudentia* (subject of *pervertit*) and governs the indirect statement *meos esse familiares*.
pervertit: "ruined, destroyed."

9. **Quodsi**: "But if"; common in B.
Anaxagorae: genitive < *Anaxagoras*, an Ionian philosopher and friend of Pericles; he left Athens c. 432 BC (or c. 450?) after a charge of impiety was raised against him.
Zenonis tormenta: The steadfastness under torture of Zeno of Elea (born c. 490 BC, disciple of Parmenides; cf. 1P1.10) was proverbial, but different versions of the story gave different names for the torturer.
novisti < *nosco*, "learn." The perfect means "to know" (i.e., "to have learned").
at: "yet, on the other hand."
Canios: Canius was killed by the emperor Gaius (= Caligula, who reigned 37-41 AD); see 1.P4.27 for an anecdote on his fate. The plurals are used only to generalize the fate of philosophers.
Senecas: L. Annaeus Seneca ("the younger", d. 65 AD), once tutor to Nero, later driven to suicide by his pupil.
Soranos: Soranus, like Canius and Seneca, was a Stoic philosopher (it is only the *Stoicum vulgus* for which P. has just indicated a distaste); like Seneca, he was driven to suicide by Nero after false accusations.

11. **ammirere** = **admireris** (subjunctive in characterizing relative clause).
salo < *salum*, "the high sea."
quibus: "(we) to whom."
pessimis displicere: in apposition with *hoc*.

12. **spernendus**: "to be despised."
lymphante < *lympho*, "madden"; modifies *errore*.

13. **Qui**: sc. *exercitus*.
si quando: "if ever," followed by perfect subjunctive *incubuerit* (< *incumbo*, "throw oneself upon, oppress").
valentior: modifies the subject, with virtually adverbial force.
dux: here feminine (modified by *nostra*); perhaps Philosophy herself is meant, perhaps Sapientia (with an echo of a similar scene in Prudentius's allegorical battle of virtues and vices, the *Psychomachia* [lines 875ff.]). This army at least has a *dux*, while the other has none (*nullo duce regitur*).
illi: sc. *pessimi*.

diripiendas: gerundive for gerund, as usual; with *sarcinulas* (diminutive < *sarcina*, "pack").
occupantur: "are occupied, are busy."
14. **vilissima rerum quaeque**: "every thing of least value" (with comparative and superlative adjectives, *quisque* means "every"). The phrase is the object of *rapientes* ("[those] snatching"), a participle which is itself the object of *irridemus*.
securi: nominative, "free from care"; agrees with *nos* and governs the genitive phrase *totius furiosi tumultus*.
quo: "whither."
grassanti < *grassor*, "prowl, attack."
sit: subjunctive, characteristic relative clause.

Metrum 4: B.'s goal is indicated by a portrait of the truly wise man, serenely above all the hopes and fears of worldly life.

Meter: Phalaecean hendecasyllable (which is composed of glyconic - - - u u - x - + bacchiac u - -). Word end often occurs after the sixth syllable, but there are exceptions.
    - - - u u - x - u - -

1. **composito aevo**: "of a settled age" (ablative of description).
   serenus: cf. 3M9.26, where God is called serenity itself.
2. **fatum sub pedibus egit**: cf. 3M12.1-2; compare Vergil's famous lines:
   felix qui potuit rerum cognoscere causas
   atque metus omnis et inexorabile fatum
   subiecit pedibus ...   (*Georgics* 2.490-492)
   "Happy the man who can understand the causes of things and trample under foot all his fears, and fate deaf to prayer as well."
   pedibus: final syllable closed (hence long) before word end.
3. **fortunam ... utramque**: both good fortune and bad.
   rectus: "upright, erect," unlike B., whose head is bowed to gaze upon the ground.
6. **versum**: "turned over" (< *verto*), with the adverb *funditus* ("from the bottom, completely").
   exagitantis: modifies *ponti*.
   The line contains 12 syllables, with two short syllables in the seventh position.
7. **caminis**: "furnaces."
8. **Vesaevus**: i.e., Mt. Vesuvius.
9. **soliti**: modifies *fulminis* (line 10) and takes a complementary infinitive (*ferire*).
10. **via**: subject of *movebit*; *via fulminis*, "path of the lightning," i.e., "lightning bolt."

11. **tantum**: adverbial, "so much."
13. **Nec speres ... nec extimescas**: subjunctive of the negative command.
    Stronger punctuation (a colon) would be possible at the end of this line.
14. **exarmaveris**: future perfect, "you will have disarmed."
    impotentis: genitive, "not master of himself."
16. **quod**: "because."
    sui ... iuris: predicative genitive, "[subject to] his own law," i.e., "his own master."
    valeat: *valeo* in late Latin is almost interchangeable in meaning and syntax with *possum*.

Prosa 4: B. gathers his strength for a long outburst against the injustice of his condition, recounting the principal events of his public career.

1. **illabuntur**: "make their way into," with dative.
   ὄνοc λύραc: "the ass [hearing] the lyre," a proverbial expression for a person obtuse to higher things; the phrase was the title of a now lost Menippean satire of Varro (d. 27 BC), whose genre B. employs in the *Consolatio*.
   manas < *mano*, "flow, drip."
   'Εξαύδα. μὴ κεῦθε νόῳ: "Speak out, do not hide [it] in your mind." *Iliad* 1.363, spoken by Thetis, mother of Achilles, who has just asked him why he is weeping.
   oportet ... detegas: "it is necessary that you uncover."
2. **collecto in vires animo**: ablative absolute, "when I had gathered my mind for strength," i.e., "my mind's strength."
   Anne: introducing question: "really?"
   eget: "lack, need," governing the ablative (*ammonitione*).
3. **Haecine = Haece + ne**. *Hice, haece, hoce* is an emphatic form of *hic, haec, hoc*.
   laribus: see on 1P3.2.
   de humanarum ... scientia: Cicero, *De Officiis* 2.5: "Sapientia ... est, ut a veteribus philosophis definitum est, rerum divinarum et humanarum ... scientia": "Wisdom, as it was defined by the ancient philosophers, is knowledge of the affairs of gods and men."
4. **habitus**: "manner of dress."
   rimarer: cf. 1M2.22.
   radio < *radius*, a mathematician's instrument for measuring and drawing.
   referimus < *refero*, here, "bring back."
   obsequentes < *obsequor*, "comply with, yield to."
5. **sententiam Platonis**: Plato, *Republic* 5.473D, and elsewhere.
   fore = futuras esse.
   rectores: accusative subject of *studere*.

Boethius

studere ... contigisset: *contingo* ("come about") can take accusative/infinitive in late Latin.
6. **capessendae rei publicae:** "for entering upon public life."
    ne ... ferrent: purpose clause explaining *causam* in the preceding clause.
    relicta: participle modifying the nominative *gubernacula* and governing preceding datives.
7. **quod ... didiceram** (< *disco,* "*learn*"): object of *transferre*.
8. **Tu ... et deus conscii:** sc. *sunt*.
    nullum (sc. **studium**) ... **detulisse:** accusative/infinitive, governed by *conscii* [*sunt*] treated as a verb of knowing.
9. **Inde:** "from this," i.e., *studium*.
    discordiae: sc. *erant*.
    quod: in apposition with the phrase, "pro tuendo ... offensio."
    conscientiae: "conscience" (a new meaning in late Latin).
    pro tuendo iure: "for guarding the law" (*tuendo* is gerundive in place of gerund).
    spreta < *sperno,* "reject, scorn."
    potentiorum: comparative < *potens,* "powerful [person]."
10. **Conigastum:** a Goth, holding a public office of the highest rank. Though Goths and Romans coexisted peaceably in the Ostrogothic kingdom, there was some friction. No Goths appear in a good light in the *Consolatio,* for B. had given up currying favor by this time.
    imbecilli cuiusque: "of every weak [man]."
    Trigguillam: a Goth, in charge of the royal household and thereby able to exercise influence over many spheres of activity.
    regiae ... domus: genitive with *praepositum*.
    ab incepta ... iniuria: i.e., *ab incepta iniuria, ab iniuria iam prorsus perpetrata*.
    obiecta periculis auctoritate: ablative absolute, "by exposing my influence to danger."
11. **fortunas ... pessumdari:** accusative/infinitive governed by *indolui* (< *indolesco,* "grieve").
12. **indicta coemptio:** *coemptio* was a compulsory sale of produce to the state (at a price below market rate), imposed (*indicta*) on a province in time of special need.
    profligatura: "about to ruin."
    inopia: ablative of means.
    The date of this particular episode is not known; it is natural but not necessary to assume it happened while B. served as *magister officiorum*. Campania was the site of the country estates of many wealthy senators.
    praefectum praetorii: originally colonel-in-chief of the praetorian guard, later something like prime minister; he handled all but strictly

military affairs, especially matters of taxation and expenditure. He would have been a wealthy (native Roman) senator like Boethius.
  rege cognoscente: ablative absolute, "when the king was hearing the case."
  ne ... exigeretur: result clause after *evici* (*ne* often replaces *ut non* in later Latin).
13. **Paulinum**: consul in 498 (hence a *consularis*, "of consular rank"), who later opposed B.'s father-in-law in a lawsuit. The episode alluded to here is otherwise unknown.
  Palatinae: "of the palace."
  iam ... devorassent: past potential subjunctive: "had all but devoured [but didn't]."
  hiantium < *hio*: "gape, yawn" (adjective used as a substantive).
14. **Albinum**: consul in 493, whose troubles with the regime were the beginning of B.'s downfall.
  Cypriani: a Roman unusually close to the Gothic regime, one of few known to have served in a military capacity and to have had his sons learn Gothic.
  delatoris: "informer, denouncer" (< *defero, deferre*—cf. *deferentibus* three lines below).
15. B. thinks his refusal to ingratiate himself with corrupt courtiers should have won him friends away from court, but his accusers were members of his own senatorial class.
  qui: i.e., Boethius.
  aulicos: "people of the aula," i.e., courtiers.
  quo magis essem tutior: The antecedent of *quo* is *nihil;* "nothing by which I might be safer" (note redundant double comparative).
  deferentibus: See on *delatoris* (§14).
  perculsi < *percello*, "overthrow, ruin."
16. **Quorum**: sc. *delatorum*.
  Basilius: a senator, but not of the highest rank.
  alieni aeris: literally, "another's money," hence in the Latin of all periods, "debt."
17. **Opilionem atque Gaudentium ... ire in exilium**: accusative/infinitive, object of *decrevisset*. Opilio was brother of Cyprianus and son-in- law of Basilius. He and his brother remained fiercely loyal to whatever Gothic regime held power, and prospered after B.'s death. Gaudentius was another minor senatorial figure.
  sacrarum ... aedium: genitive with *defensione;* the expression is classical, but clearly a Christian church is implied. The etiquette of late Latin style encouraged writers like B. to avoid neologisms like *ecclesia*.
  compertumque ... foret: "and when the king found out about it"; *foret* = *esset*.
  uti ... pellerentur: indirect command, and hence subjunctive, after *edixit*.

notas insigniti frontibus: "marked on their foreheads with brands" (an old Roman punishment).
18. astrui: passive infinitive < *astruo*, "build on, add" (< *ad* + *struo*).
Atquin = atqui.
deferentibus eisdem: ablative absolute.
19. praemissa damnatio: "prearranged condemnation"; the idea is that B. has been framed and the accusers play only a secondary role.
puduit < *the* impersonal verb *pudet*, "put x [accusative of person] to shame for y [genitive of cause of shame]";
vilitas: it is better to read *vilitatis* (cf. Gruber ad loc.) as a genitive of the cause of shame with *puduit*, to parallel *innocentiae*.
20. Construe: *At quaeres summam criminis cuius arguimur?*
criminis < *crimen*, means either "crime" (here) or "accusation" (§22 infra).
21. ne ... deferret: clause of hindering with *impedisse*.
quibus ... faceret: relative clause of purpose.
maiestatis reum: "guilty of treason."
22. volui: sc. *senatum salvum esse*.
23. Sed ... cessavit: "But the attempt to hinder the *delator* has ended [in failure]."
illius ordinis: i.e., of the Senate.
suis ... decretis: otherwise unrecorded senate resolutions supporting the king against B.
uti ... esset: clause of result after *effecerat*.
24. sibi semper mentiens: "always lying to itself"; (*mentiens* < *mentior*, "lie").
rerum merita: "the merits of the case, the facts of the matter"; *merita* is accusative plural.
fas ... mendacium: almost a translation of Socrates' words in Plato's *Theaetetus* 151D.
25. quoquo modo sit: indirect question after *aestimandum* ("to be evaluated").
tuo sapientiumque iudicio: "by your judgment and [that] of wise [people generally]."
latere: here takes direct object, *posteros*: "to escape the attention of posterity."
stilo ... mandavi: could be taken to mean that B. had earlier written a fuller, more detailed statement in his own defense.
26. falso: "falsely."
libertatem ... Romanam: an old label habitually and meaninglessly used by Roman senators to describe any regime or policy that seemed preferable to the status quo, to which they continued to give supine acquiescence.
quid attinet: "what does it accomplish?"

27. **quod**: antecedent is *ipsorum confessione delatorum uti*.
    uti: infinitive < *utor* (+ ablative).
    utinam posset: the imperfect subjunctive shows the wish is incapable of fulfilment.
    Canii ... Gaio Caesare: cf. 1P3.9. Germanicus was the father of Caligula.
    se: antecedent is *Gaio*.
28. **hebetavit**: "dulled, blunted."
    scelerata: "criminal deeds"; accusative.
    molitos: sc. *esse*.
    effecisse: the subject is *impios*, while the object is the relative clause *quae speraverint* (subjunctive in relative clause in indirect discourse).
29. **deteriora velle**: "to want [to do] worse things."
    fuerit: hortatory subjunctive to express concession: "[Suppose/grant] it was."
    nostri ... defectus: "a mark of our [common human] weakness," genitive of characteristic.
    posse: sc. *deteriora;* "[but] to be able [to do worse things]"; the phrase is the subject of *est*.
    inspectante deo: ablative absolute.
    monstri: genitive with *simile; monstrum* is literally a portentous event contrary to nature.
30. **iniuria**: ablative (with adverbial force, "unjustly").
    quidam: The source of the quotation is doubtful, but may be a fifth century (AD) commentary by Proclus on the *Parmenides* of Plato.
31. **fas fuerit**: "[Granted] it was right"; governing accusative/infinitive; this sentence establishes a concession to which the following sentence ("Sed num ...?") responds.
    perditum ire: "to aim at destroying," supine of purpose (cf. note on 1P3.7); with *voluisse,* the force is almost the same as *perdere*.
32. **num**: interrogative particle expecting a negative answer.
    me dicturum quid facturumve: "me [when I was] about to say or do anything."
    Veronae: locative; the Ostrogothic kings held court at several cities in northern Italy, principally Verona, Pavia, and Ravenna.
    avidus: "greedy for" + genitive.
    Albinum: see on 1P4.14.
    delatae: transferred epithet, i.e., applies more precisely to *crimen* than to *maiestatis*.
    quanta ... defenderim: indirect question governed by *meministi*.
    securitate: stronger than English 'security'; here, "heedlessness, confident disregard."
33. **haec**: the contents of this prosa.
    et ... et: "both ... and," connecting *proferre* and *iactasse*.

mei: objective genitive with *laude*: "praise of myself."
minuit: intransitive, "grows smaller."
se: object of *probantis*.
secretum: "separateness, autonomy," with an overtone of integrity.
quis: indefinite, "someone, anyone."
factum: accusative object of *ostentando*.
34. **subimus** < *subeo*, here "undergo."
35. **Eccuius** < *ecquis*, "any," always interrogative.
summitteret: here, "placate, soften."
36. **ugulare**: literally, "to slit the throat."
bonis omnibus: dative of reference; here, as often, it can be translated almost like a genitive.
struxisse < *struo*, "prepare, contrive."
praesentem: sc. *me*.
sententia: abstract subject of *punisset*.
quingentis ... milibus: ablative, to express distance, with *procul*, adverb, "at a distance [of]."
The location of B.'s imprisonment is not certain, but was probably in or near Ticinum (mod. Pavia), about 20 m. south of Milan. Distance must be calculated by tracing the standard Roman roads through the Apennines, not by air mileage or modern highways, and by using the Roman mile (approx. 95 yards shorter than the English).
propensius: comparative of < *propensus*, "well-disposed"; here, "too well-disposed"; modifies *studium*.
morti: this is the only explicit indication in the *Consolatio* that B. foresaw his own imminent death.
meritos: sc. *senatores* (accusative of exclamation). The senate no longer deserves another such protector.
neminem posse convinci: accusative/infinitive governed by *meritos*.
37. **dignitatem reatus**: a conscious oxymoron; *reatus* ("status as defendant in a criminal case") is genitive, modified by the connecting relative *cuius*.
quam: sc. *dignitatem*.
fuscarent: "blacken, stain."
ob ambitum dignitatis: "for the sake of achieving [by questionable means] public office."
sacrilegio: cf. 41 below. B.'s arcane scientific and philosophical studies may have been the pretext of a charge of black magic (two senators had been tried and executed on a similar charge in 510, while B. was serving as consul).
me conscientiam polluisse: accusative/infinitive after *mentiti sunt*.
38. **insita**: "innate" (< *insero*), nominative singular feminine, agreeing with *tu*.

ἕπου θεῷ: "follow God," a common philosophic slogan, here attributed to Pythagoras (fl. c. 525 BC).
39. **conveniebat**: "was it appropriate" with accusative/infinitive.
vilissimorum ... spirituum: i.e., demons, believed by Christian antiquity to be the agents of magic and witchcraft.
quem: antecedent is me.
ut ... faceres: purpose clause.
40. **penetral**: "inner chamber, sanctuary"; nominative singular neuter.
socer: "father-in-law," i.e., Symmachus, consul in 485, a learned Roman grandee, not often in public office but influential nonetheless. (See *Introduction*.)
aeque ac tu ipsa reverendus: "just as worthy of deep respect as you yourself."
41. **illi**: B.'s accusers.
maleficio: literally "evil-doing," often used specifically of magic and witchcraft (cf. *sacrilegio*: §37).
hoc ipso: correlative with quod, "for this reason ... because."
nihil: adverbial, "not at all."
42. **tuam ... reverentiam**: B.'s devotion to P.; *tuam* here = *tui* (objective genitive).
mea ... offensione: *mea* here = *mei* (objective genitive); "by the injury directed against me."
lacereris: present subjunctive in mixed condition.
43. **accedit**: "is added to" with dative.
rerum merita: See on 1P4.24.
tantum: "only."
provisa: providence is prominent in Books 4-5; here it is first glimpsed in a mistaken notion held by the doubtful populace.
quo fit ut: "whereby it happens that" (common expression in B.).
prima: has adverbial force.
44. **Qui ... rumores, quam ... sententiae**: sc. *fuerint;* indirect questions governed by *reminisci.*
hoc tantum dixerim: "I would say only this." *hoc* is in apposition with the indirect statement *sarcinam esse.*
45. **exutus**: "stripped" (< *exuo*), with ablative
46. **officinas**: "workshops, factories," with a sneer.
B.'s vision includes: the guilty rejoicing, others threatening new accusations, the good laid low by fear, the criminal egged on to dare and to accomplish evil by the prospect of reward, the innocent bereft of confidence and protection.
novis fraudibus: instrumental ablative.
impunitate: "without [fear of] punishment."

1M5 Boethius

Metrum 5: If the world at large is so harmoniously governed, B. complains (lines 1- 24), why are human affairs alone the toy and sport of arbitrary Fortune (lines 25-48)?
Meter: Anapaestic dimeter, with diaeresis between the metra. Dactyls may replace anapaests except that there are no dactyls in the last foot and dactyls and anapaests may not appear in the same metron. A spondee may appear in any foot, but there may be no more than three spondees in a line.
uu uu | uu uu ‖ uu uu | uu-

1. **conditor**: in later Latin usually "creator."
2. **perpetuo ... solio**: "an enduring throne."
   nixus < *nitor*, "rest upon."
5. **ut**: governs through line 12.
   pleno ... cornu: a way of saying that the moon is full.
   lucida: modifies *luna* (line 7).
6. **fratris**: i.e., Phoebus (the sun); final syllable closed before diaeresis.
   obvia: "opposite" (with dative), modifies *luna* (line 7).
7. **condat**: "dims."
9. **Phoebo propior**: "closer to Phoebus" i.e., as day nears.
10-13. Hesperos (evening star) and Lucifer (morning star) are the names given to whatever planet (usually Venus or Jupiter) shines brightest at dawn and at dusk. B.'s point in these lines is that the same planet can be evening star now, and morning star a few weeks from now.
11. **algentes ... ortus**: "chilly risings."
    Hesperos: Greek nominative form, "[as] the evening star."
    Lucifer: "[as] the morning star."
14-18. **Winter and summer.**
14. **rondifluae**: "leaf-flowing"; a word not otherwise attested in surviving Latin authors, perhaps coined (on Greek models) by Boethius himself.
17. **agiles**: since in ancient time-reckoning there were twelve hours of daylight and twelve hours of darkness every day, in every season, then in summer the night hours would seem unusually swift.
    nocti: dative of reference (with force of a genitive: see on 1P4.36).
19-20. **Fall and spring.**
20. **Zephyrus**: "the west wind."
21. **Arcturus**: "Bear-watcher" (hence the aptness of *vidit*), prominent in the evening sky in early spring.
22. **Sirius**: the "dog-star"; it rises just before dawn in the hottest part of summer, whence we speak of the "dog days."
    segetes < *seges*, "cornfield."
24. **stationis**: "post," a military term.
26. **respuis**: "you refuse," takes complementary infinitive (*cohibere*).
30. **debita**: nominative singular, modifies *poena* and takes a dative.
33. **nocentes**: nominative.
36. **crimen iniqui**: a monometer (one metron).

37. ipsis: sc. *nocentibus.*
41. gaudet: The subject is effectively *fortuna* (29), but a better reading (cf. Gruber) is *gaudent;* subject is then drawn from *ipsis* (37).
45. homines: in apposition with *pars.*
fortunae salo: this second metron consists of a spondee plus a cretic (- - - u -).
47. quo: the antecedent is *foedere* (48).
48. firma: imperative < *firmo.*

Prosa 5: P. reacts to B.'s complaint calmly and indicates his illness is so serious that his cure will require two kinds of remedy.

1. **delatravi:** "barked."
   nihil: adverbial.
   ilico: "instantly."
2. Take *id* with *exsilium; longinquum* is predicate nominative.
3. **quam procul a patria:** almost an exclamation.
   aberrasti = aberravisti, "strayed."
   id: antecedent vague; must be drawn from whole preceding clause.
4. **oriundo:** gerund < *orior,* "arise, originate"; here therefore, "by origin." Not to be confused with the classical adjective, *oriundus.*
   cuius ... patriae: predicate genitive in an indirect question.
   reminiscare = reminiscaris.
   uti Atheniensium quondam: sc. *patria,* subject of *regitur.*
   εἶς κοίρανός ἐστιν, εἶς βασιλεύς: *Iliad* 2.204: "There is one lord, one king."
   laetetur: characteristic subjunctive.
   iustitiae: dative after *obtemperare.*
5. **sanctum est** < *sancio,* "ordain, decree."
   ei ... exsulare (< *ex(s)ulo,* "live as an exile"): "for him [*quisquis* ... *maluerit*] to live as an exile."
   qui = ei qui, where *ei* is dative with *nullus metus est.*
   ne ... mereatur: clause of fearing.
   desierit < *desino,* "cease."
6. **loci huius:** sc. *facies.*
   N.B. *tam ... quam,* then *potius ... quam* in separate clauses.
   id: followed by a relative clause (*quod ... facit*) and a phrase in apposition (*librorum ... sententias*).
7. **obiectorum** (< *obicio*) **tibi:** "things that have been charged against you," i.e., "the charges you face."
8. **nota:** object of *memorasti.*
   strictim: "superficially, cursorily"; adverb with gerundive *attingendum* [sc. *esse*].

ea: i.e., *scelera fraudesque.*
recognoscentis ... ore: "on the lips of the common people, who find out about everything."
10. conquestusque: the participle governs the accusative/infinitive *non aequa praemia pensari.*
in extremo Musae saevientis: "at the end of your raging Muse," i.e., in the last lines of 1M5.
uti ... regeret: substantive purpose clause, defining his *vota;* "that the peace which rules heaven may rule earth as well."
11. mentis: genitive of reference [LHS 74ff.]; translate, "in your present state of mind."

Metrum 6: Success attends those who adapt their actions to the pattern of nature. (Thus, we deduce, it makes sense for P. to proceed cautiously with milder remedies at the outset.)
Meter: Glyconic.
- - - u u - u -

2. Cancri sidus: Cancer is burned by the sun's rays from 20 June to 20 July.
3-4. negantibus sulcis: i.e., at that season the furrows refuse to nurture seeds planted too late.
credidit < *credo,* here "entrust."
5. Cereris: objective genitive, "the faith placed in Ceres"; Ceres was the goddess of harvest and grain.
6. quernas ... arbores: "oak trees"; acorns were traditionally the food of prehistoric times, when agricultural arts were unknown; the phrase "nuts and berries" has the same force in English.
8. lecturus < *lego,* "gather"; the future participle has some of the force of a purpose construction, here "to pick."
9-10. cum ... inhorruit: indicative temporal clause; Aquilo (the north wind) blows in winter.
11. quaeras: subjunctive in a future-less-vivid condition (cf. *libeat* [13]), governing *stringere* ("prune, trim").
12. palmites: "vine-shoots."
13. frui: "to enjoy" with ablative.
15. Bacchus: god of wine, hence of the grape-harvest.
contulit: perfect tense < *confero.*
17. aptans: sc. *tempora* from line 16.
19. vices: "alternations"; here, "seasons."
20. quod = id quod.

Prosa 6: P. questions B. closely to determine the exact nature of his philosophic ailment and to plan the course of her own argument for the rest of the dialogue. Note the sequence of questions and answers:

1. Q. Is the world governed by chance or reason?
   A. By the rational power of God (§§3-4).
      [Boethius is correct, and this is *maximum tuae fomitem salutis* (§20).]
2. Q. By what instruments is the world governed?
   A. B. barely understands the question, cannot answer (§§7-8).
3. Q. What is the goal or purpose of all things?
   A. B. has heard the answer but forgotten it (§10).
4. Q. What is a human being?
   A. *Rationale animal atque mortale* (§15).
      [This is an answer, but an unsatisfactory one. B. does not in fact know what he himself is. Specifically, he has forgotten the immortality of the soul.]

P. summarizes B.'s answers in §§18-19, then plots her cure in 20-21.

1. **paterisne**: future, "will you allow?"
   pauculis: diminutives and superlatives are so common in later Latin that they lose much of their force.
   attingere: "touch," a verb used elsewhere of a physician feeling for a pulse.
   qui modus sit: indirect question.
2. **ut responsurum**: sc. *me*, "as one who will answer."
   rogato: future imperative < *rogo*.
3. **Huncine**: see on 1P4.3.
   ei: dative.
4. **ut ... moveantur**: indirect statement; see 1P4.17.
   certa: nominative plural neuter.
   verum: "but."
   operi suo: dative with the compound verb *praesidere* ("to preside over").
   fuerit: future perfect, "nor will there ever have been a day."
   depellat: subjunctive of characteristic.
5. **paulo ante**: "a little earlier [in this work]," cf. 1M5.25f.; used often to refer to earlier parts of the dialogue.
   cecinisti < *cano*, "sing."
   tantum: adverb, "only."
   ceteris: sc. *rebus*, i.e., other than *homines*.
   quin ... regerentur: *quin* introduces the subjunctive after a negative with a verb of doubting, which is the force here of *nihil movebare,* but the subject of *regerentur* is supplied from *ceteris*. Translate, "You are not at all troubled about the others, but that they should be ruled by reason," i.e., you have no trouble believing that non-human affairs are ruled by reason.

1P6 Boethius

movebare = movebaris.
6. **Papae**: exclamation of surprise or wonder.
   aegrotes: "be ill."
   nescio quid: "something"; literally, "I know not what."
   coniecto: first person singular, "infer, guess."
7. **deo**: dative of reference (with a passive verb, indicating agent).
8. **gubernaculis**: "rudders," often metaphorical.
   sententiam: here, "meaning."
   nedum: "much less."
9. **efellit** < *fallo,* "deceive," but in the impersonal as here, "I am mistaken, I am deceived."
   hianti (< *hio,* "gape, yawn") **valli robore**: ablative absolute; for the idea, cf. 1P3.13-14.
10. **quove**: "or whither?"
11. **novi**: "I know"; see on 1P3.9.
12. **qui**: adv., "how."
    principio cognito: ablative absolute.
13. **valentia**: "strength."
    quidem ... autem: "on one hand ... on the other."
    sibique totum exstirpare: "to uproot [him] entirely from himself."
15. **Quidni**: "why not?"
    Hocine: "Is it this?"
    an ... sciam: "whether I know"; indirect question.
    rationale animal atque mortale: a commonplace philosophical definition in late antiquity; e.g., Epictetus, 2.9.2; Augustine, *De Ordine* 2.11.31, etc.
17. **vel maximam**: "the very greatest."
    quid ... nosse desisti: cf. 1P2.6, *sui paulisper oblitus est; oblivione tui* (§18 here).
    nosse = **novisse** < *nosco.*
18-19. Note three *quoniam* sentences, each corresponding to one of the ill-answered questions above.
19. **nequam**: indeclinable adjective, "wicked."
    potentes felicesque: predicative, sc. *esse.*
    non ... modo, verum ... quoque: "not only, but also."
    causae: sc. *sunt.*
    grates: feminine plural nominative, "thanks," sc. *sint,* with dative, *auctori.*
20. **fomitem** < *fomes,* literally, "tinder, kindling," in a world where fire meant light: enlightenment is P.'s gift.
    veram ... sententiam: i.e., §4 above.
    eam: antecedent is *gubernationem.*
    iam: "soon."
    illuxerit < *illucesco,* "blaze."
21. **veras**: sc. *opiniones.*

ex quibus: i.e., *opinionibus*.
hanc: sc. *caliginem*.
fomentis: "poultices."
dimotis ... tenebris: ablative absolute.

Metrum 7: P. recapitulates the first book's imagery (clouds fly away to restore the light) and doctrine (cf. 1M4.13ff.: banish hope and fear).
Meter: Adonic with diaeresis after the dactyl in most lines.
- u u ‖ - -

6. **Auster**: south wind.
8. **dudum**: "a short time before."
9. **par**: adjective, "like, similar to," with dative.
11. **resoluto**: "stirred-up."
13. **visibus**: "sight, vision," dative after *obstat*, "impedes."
17. **resistit**: "stops still."
18-19. "With the barrier (*obice*) of a rock (*saxi*) loosed (*soluti*) from a cliff (*rupe*)."
27. **fugato**: future imperative < *fugo,-are*, "put to flight."
30. **vincta** < *vincio*, "bind."

Book Two

Prosa 1: P. argues it is foolish to complain of adverse fortune, for B. should have known that fortune is always arbitrary and unjust.

1. **obticuit** < *obticesco*, "be struck dumb."
   exorsa < *exordior*, "begin."
2. **penitus**: "deeply, thoroughly."
   tantum animi tui: "so much of your soul" (but not all: cf. 1P6).
   sicuti tu tibi fingis: to be taken closely with *mutata;* cf. §9 of this prosa.
3. **illius prodigii**: i.e., Fortuna.
   fucos: literally, "dyes, rouges," here, "false appearances, deceptions."
   eo usque: "up to this point" (a point specified by the *dum* [= "until"] clause).
4. **si ... reminiscare ... cognosces ... laboraverim**: mixed future condition with subjunctive in protasis, indicative (future, then future perfect) in apodosis; cf. on 1P2.6.
5. **solebas ... insectabare**: the continuative force of the imperfect is strong in both verbs: "you used to ... (regularly)."
   praesentem ... blandientemque: sc. *fortunam.*
   prolatis ... sententiis: ablative absolute, "rendering your judgment."
6. **contingit**: "happens, occurs."
   desciscores: "digress, deviate"; subjunctive in result clause.
7. **transmissum**: "passed along"; modifies *quod.*
8. **rhetoricae suadela dulcedinis**: rhetoric is what is employed in the prosae, music (cf. *hac musica laris nostri vernacula*) in the metra.
   cumque hac: "and with this [i.e., rhetoric]"; the two main verbs of the sentence are the jussive subjunctives *adsit* and *succinat.* The construction would be clearer with a comma after *deserit.*
10. **sui**: i.e., "of fortune"—objective genitive, not possessive.
    blandiebatur ... alluderet: this vacillation of verb mood has no effect on meaning.
11. **innotuit** < *innotesco*, "become known."
12. **Si ... queraris**: "If you approve (of her), use (i.e., take advantage of) her ways of behaving, don't complain."
    utere: imperative.
    ne queraris: subjunctive with ne in a prohibition.
    perniciosa ludentem: "[someone (i.e., Fortuna)] making a game of ruination."
    esse: sc. *causa.*

debuisset: past potential subjunctive.
quam: sc. *ea* as antecedent.
non relicturam: sc. *esse;* indirect discourse governed by *poterit esse securus* (taken as verb of thinking/feeling).
13. **abituram**: translate, "that is going to pass away."
    manendi fida: literally, "faithful in remaining," here "that may be relied on to remain."
    allatura: future active participle < *adfero*, "bring"; translate, "that is going to bring."
14. **ex arbitrio**: "at (your) choice."
    calamitosos: predicative, sc. *homines*.
    fugax: "transient, fleeting"; though this word is in all the manuscripts, it may be an interpolation—cf. Gruber.
15. **suffecerit**: future perfect.
    exitus: accusative plural.
    prudentia: nominative; cf. *imprudentia*, 1P3.8.
    in alterutro: i.e., in good fortune and in bad.
    formidandas ... exoptandas: future passive participles (gerundives) of necessity: "that are to be feared ... to be desired."
16. **oportet**: "it is necessary" + subjunctive.
    intra fortunae aream: "on fortune's turf." Fortune is like a cruel and arbitrary empress presiding in the amphitheater.
17. **iniurius**: "wrongful, unjust."
    fueris ... exacerbes: the variation between perfect and present subjunctive is without significance for the meaning.
18. **quo ... quo**: "whither."
    promoveres: intransitive, "move forward."
    inter se: here, "with each other."
19. **volventis rotae**: From as early as the fifth century BC Fortune is depicted as the mistress of a wheel whose revolutions govern the fates of men; largely through Boethius the image impressed itself vividly on the Middle Ages. In the commonest form of illustration, four figures appear at the cardinal points of the wheel (cf. 2P2.9): at the top, a king wearing a crown (labeled: *regno*); at the right, a falling man, losing a crown (*regnabam*); at the bottom a figure prostrate with no crown (*sine regno*); and at the left, an ascending figure reaching for a crown (*regnabo*).
    incipit: sc. *Fortuna*.
    fors: predicative.

Metrum 1: P. continues to describe Fortuna.
    Meter: Scazons ("limping" iambic trimeter). The limping effect is produced because the last foot is always a spondee.
    u̲u̲ - u u̲u̲ | - - u - | x - - -

1. **Haec**: sc. *Fortuna*.
2. **et aestuantis**: this is the reading of the manuscripts, but it creates a cum-clause with two verbs in different moods (*verterit ... fertur*). The emendation *exaestuantis* has proven attractive; on that reading, line 1 is the *cum*-clause.
   Euripi: The narrow churning strait separating the island of Euboea from the Greek mainland.
3. **dudum**: "just now"; adverb with *tremendos*.
6. **ultroque = ultro** ("moreover, furthermore") + *-que*.
8. **su<ae v>is**: "of her power," genitive with *ostentum*. The letters in brackets are an emendation designed to heal the meter; the manuscripts read simply *suis* ("to her [followers]"), but the line then has one syllable too few. Other possible emendations include *su<bit>is* ("by sudden [occurrences]") and *<de>monstrat;* but cf. Gruber: "The suggested emendations are not satisfactory."
9. **stratus** < *sterno*, "lay low."

Prosa 2: P. speaks as if she were Fortuna stating her case. This second powerful female figure is quoted but does not actually appear; hence she remains a creature of P. and is seen through P.'s eyes, not as she might appear if B. encountered her directly. For this reason, we are meant to infer, the portrait is accurate.

1. **postulet**: subjunctive of an indirect question.
2. **Quid ... quam ... quae**: introducing three separate questions.
   ream: "defendant."
3. **quovis iudice**: "with any judge you like."
   cuiusquam mortalium proprium: "belonging to anyone of mortals," i.e., "the property of any mortal"; predicative.
   quid horum: "any of these."
   tua: accusative plural neuter, antecedent of the following *quae*.
   sponte: adverb, "voluntarily, freely."
4. **te**: object of all the verbs in this sentence.
   opibus < *ops;* in plural, "wealth."
   quod ... facit: almost parenthetical, "[a thing] which makes ..."
   nostri: objective genitive.
   prona: nominative singular, "well-disposed."
   mei iuris: "in my power."
5. **habes gratiam**: "you have thanks [which you owe]."
   usus: past participle < *utor*.
   alienis: "[goods] belonging to someone else"; ablative.
   prorsus: "entirely."
   tua: accusative plural neuter.
6. **talium**: "of such things [like *opes* and *honores*]."

7. **si ... forent** (= *essent*) **... perdidisses**: mixed condition contrary to fact.
8. **Licet ... proferre**: *licet* with a dative and infinitive often has virtually the force of the concessive subjunctive: "[Although] it is permitted for the sky to bring forth ..."
   redimire: "to crown, encircle."
   frigoribus < *frigus*, "chill, cold weather."
   ius est mari: continues the construction with *licet* above; "[though] it is lawful for the sea ..."
   strato: see on 2M1.9; here, "smooth."
9. **rotam**: cf. note on 2P1.19.
   volubili orbe: "in a whirling circular course."
10. **ea lege, ne, uti cum ...**: "with this provision: that you not think it unjust to descend, when the pattern of my game demands." Either *uti* or *cum* is strictly superfluous (some scholars follow a tenth century manuscript and delete *cum*) but some doubling of conjunctions with *cum* is possible in late Latin (LHS, 620).
11. **Croesum**: cf. Herodotus 1.86ff.; in 1.207.2, Croesus tells Cyrus, "But if you recognize that even you are a man and that you rule over others like yourself, learn this lesson first, that there is a wheel in human affairs and that as it goes around it does not allow the same men always to be fortunate."
    formidabilem ... miserandum ... traditum ... defensum: modify *Croesum* in two pairs, while specifying *three* stages in his career (*miserandum* and *traditum* speak to the same moment).
12. **Paulum**: L. Aemilius Paulus (consul in 170 BC) defeated the last king of Macedonia, Perseus (genitive: *Persi*); Livy and others told of Paulus's sober reflections on the instability of mortal prosperity.
    se: Paulus; where the subject is impersonal, the reference of the reflexive pronoun is directed by common sense.
    Quid ... vertentem?: A ninth-century commentator, Remigius of Auxerre, attributes this definition of tragedy to the early Roman tragic poet Pacuvius; the words *indiscreto ... vertentem* may indeed be such a citation, but Pacuvius's works are lost. The definition was much quoted and discussed in the Middle Ages.
    indiscreto: "indiscriminate."
13. **δύο πίθους, τὸν μὲν ἕνα κακῶν, τὸν δὲ ἕτερον ἐάων**: *Iliad* 24.527f., where Achilles consoles Priam on the death of Hector: "Two jars, the one [full] of evil things, the other of good things." The line is quoted by many philosophers, from Plato in his *Republic* to various Neoplatonic authors B. might have known.
    iacere: subject is πίθους, "jars."
14. **mei**: objective genitive.

tamen ne: Read as *tamenne* (i.e., *tamen* + interrogative *ne)*, "do you still [in spite of all this] ...?" (Cf. Gruber)
proprio ... iure: "as [your] own master."

Metrum 2: Mankind is reproached (still in Fortune's words) for a greed insatiable by any riches.
Meter: Asclepiad (glyconic internally compounded with a choriamb [- u u -]) alternating with pherecratic:
   - - - u u - ‖ - u u - u -
   uu - u u - -

1. **Si**: take with *fundat ... nec retrahat ... Copia* (lines 5-6).
1-3. **quantas ... quot**: correlative with *tantas* (l. 5).
6. **Copia**: "Plenty"; the image of the cornucopia goes back to earliest Latin literature.
7. **ideo**: "for that reason."
8. **cesset flere querelas**: "would cease to weep out its laments."
10. **prodigus**: "lavish," governs genitive.
12. **nil iam parta** (< *pario*) **videntur**: "Things that have already been gained seem as nothing."
13. **quaesita**: accusative plural neuter, "that which is sought-for."
16. **retentent**: "hold fast, keep back"; potential subjunctive.
17. **cum potius**: "when instead [of the restraints mentioned in line 15]."
18. **sitis**: "thirst."
19. **dives agit**: "is rich"; *ago* here = *sum* or *vivo*.

Prosa 3: P. recalls the happiness B. enjoyed during the years fortune smiled upon him.

1. **His**: sc. *verbis*.
   quid ... non haberes: "you would not have anything to blurt out in return"; *hisceres* < *hisco*, "open the mouth"; subjunctive in indirect question.
   iure: "justifiably."
2. **oblita** < *oblino*, "smear, daub."
   rhetoricae et musicae: cf. 2.P1.8.
   tum ... oblectant: almost parenthetical; should not obscure the contrast: "Speciosa ... sunt ... sed miseris ...."
3. **contumacis**: modified by the adverb *adhuc*, and governs *adversum curationem*.
4. **ammovebo**: "I will apply."
   ne ... velis: *ne* with subjunctive for prohibition.
5. **Taceo, quod**: "I say nothing [concerning the fact] that"; cf. §7, *praetereo*. This stylized mention-by-not-mentioning (*praeteritio*) was a recognized rhetorical ploy.

summorum ... virorum: Symmachus and his friends.
delectus: "chosen, taken up."
quod ... genus est: parenthetical, antecedent is the clause to follow.
6. **cum ... cum ... tum**: "both ... and ... and."
coniugis: Rusticiana, daughter of Symmachus.
masculae ... prolis: B. had two sons, Boethius and Symmachus.
7. **sumptas ... dignitates**: "offices assumed"; *dignitas* throughout the *Consolatio* is the specific term for "public office." *Adulescentia* (the stage between *pueritia* and *iuventus*) could extend as far as age 30 or so. Born c. 480 or shortly after, B. was consul in 510.
8. **lucis**: here = "day."
quantalibet ... mole: "however great a mass."
ingruentium < *ingruo*, "assail, fall upon."
duos pariter consules liberos tuos: in 522, just before B.'s rise to the post of *magister officiorum*. For two westerners to hold the consulship together was unusual at this time; two from the same family had not done so since 395 AD This is a sign that B. had friends in high places at Constantinople, where final decisions about the consulship were taken.
alacritate: "exuberant enthusiasm."
curules: sc. *sellas*, the official consular chairs; object of *insidentibus*.
regiae laudis: The biographical note about B. in the *Ordo Generis Cassiodororum* fragment specifies that this speech was in honor of Theoderic (who did not come closer to Rome than Ravenna after one ceremonial visit in 500) rather than the emperor Justin.
in circo: the circus at Rome, as at Constantinople, was still the site of the games and shows that the consuls (or their wealthy and doting fathers) were expected to stage.
duorum medius consulum: "in the middle [between] two consuls."
triumphali: i.e., on a scale worthy of an imperator's triumph.
9. **Dedisti ... verba**: "you deceived, you hoodwinked." The idiom *dare verba* is classical.
dum ... demulcet, dum ... fovet: the historical present is common with *dum* meaning "while."
nulli: dative.
abstulisti: "carried off."
calculum ponere: "put the stone [on the counting-board]," i.e., "settle accounts," "come to a reckoning."
10. **liventi**: "envying."
praestrinxit: "touched" (post-classical meaning).
laetorum tristiumve: sc. *hominum*.
11. **idcirco ... quoniam**: correlative: "for this reason ... since."
non est, quod: "there is no reason why."
12. **reris** < *reor*, "think."
fortuitis: "things that come by chance."

2P3   Boethius

    manendi fides: see on 2P1.13.
13. **mors quaedam**: "a kind of death."
    etiam manentis: "that lasts even so long."
14. **referre**: "be important, matter."
    -ne ... an: "whether ... or."

Metrum 3: Vacillation between peace and turmoil is common and characteristic of all the world of nature.
Meter: Sapphic hendecasyllable alternating with glyconic. The sapphic consists of a cretic (- u -) + a headless hipponactean, i.e., a hipponactean that has been shortened by one element at the beginning (x - u u - u - -). It has a caesura after the fifth syllable.
    - u - - - ^ u u - u - -
      x - - u u - u -

3. **albentes ... vultus**: accusative of respect, governed by *hebetata* (< *hebeto*, "make dull, blunt").
7. **spiret**: sc. *si*.
    insanum: adverb, "madly," a colloquialism.
9. **radiat**: "shines."
    sereno: noun, "clear, bright sky."
13. **sua**: i.e., *mundi*.
15-16. **crede**: with dative, "trust in." Ironic.
17. **lege est**: elides.
17-18. **constat ... constet**: to capture the pun, try "it is certain ... nothing ... is certain."
18. **genitum nihil**: "nothing that is begotten."

Prosa 4: P. complements the last section's summary of past happiness with a positive view of B.'s present condition.

2. **fuisse felicem**: "to have been happy."
3. **quod ... luas**: in apposition with *id*, "the fact that you are paying the penalty."
    mecum reputes licet: "please consider with me ...," governing the indirect question *quam ... abundes*.
4. **quod ... possidebas**: antecedent is *id*.
    divinitus: "by divine influence."
    meliora quaeque: "all the better things"; see note on 1P3.14.
    de infortunio ... causari: "to complain about misfortune"; *iure* is adverbial (see on 2P3.1).
5. **quod**: antecedent is to be inferred from following main clause (*vir ... iniuriis*).
    emeres < *emo*, "buy."

securus suarum (sc. *iniuriarum*): "without fear of injuries of his own."
6. **pudicitia pudore**: both ablatives governed by *praecellens;* the two terms are very close in meaning, but are used together without a connective (cf. Sallust, *Catilina* 12.2).
dotes < *dos,* literally, "dowry," figuratively, "gifts"; B. plays on both meanings here.
tibique tantum: "for you alone."
vitae huius exosa spiritum servat: "(although) detesting this life, (yet) keeps breath [in her body]"; *vitae huius* is a very rare use of the objective genitive (see Gruber).
quoque uno: "and in which thing alone"; the antecedent is the whole clause *tui desiderio ... tabescit*: enclitic-*que* correlates with *tibique* in the preceding line.
vel ipsa: "even I."
tui desiderio: "with longing for you."
7. **quorum**: the clause is marked by anacoluthon, a shift in grammatical structure in midstream; it would be easier to translate if quorum were *in quibus.*
id aetatis: "at that age." (*AG* 397a).
8. **o te ... felicem**: accusative of exclamation, "O happy you!"
suppetunt: "are available."
vita: ablative of comparison with *cariora.*
9. **nondum ... fortuna**: literally, "Fortune has not yet hated all, to [the last] one." *Omnes* must be Boethius's loved ones.
11. **aliquantum**: adverb, "somewhat."
nondum: "not yet."
piget: constructed with accusative of the person affected and genitive of the source of the emotion: "you are not yet vexed with your lot as a whole."
delicias: if applied to inanimate objects, "triflings, whimsicalities"; metaphor for self-indulgence.
qui ... conquereris: subjunctive in a causal relative clause (*qui = cum tu*).
12. **et quae**: "and one which."
13. **census**: literally, "register of property," hence the property itself; here, "wealth."
pudori: dative of purpose; "a source of shame," i.e., "an embarrassment."
rei familiaris: "property, wealth."
14. **utroque**: "with both," i.e., wealth and nobility.
orbus: "bereft of," with ablative.
15. **inest ... exhorreat** = **inest singulis [rebus aliquid] quod inexpertus ignoret [et quod] expertus exhorreat.** (*expertus*:

"one who has experienced [it].") Roughly, "Every silver lining has a cloud."
16. **delicatissimus**: "most fastidious."
    ad nutum: "according to his whim."
    insolens: "unaccustomed to"; with genitive.
    minimis quibusque: "every least thing."
    fortunatissimis: dative of separation.
17. **Hic ipse locus**: see on 1P4.36.
18. **omnis tolerantis**: possessive genitive: "of every (person) enduring..."
19. **dederit impatientiae manus**: dare manus + dative = "to yield to, to give in to."
20. **respersa** < *respergo*, "besprinkle, splash."
    quominus ... abeat: clause of prevention after *retineri;* the subject of the verb is *dulcedo*.
21. **liquet**: "it is clear"; with indirect question, *quam sit misera ...* ("how wretched is ...").
22. **Construe**: *Quid* ("Why") *petitis extra [vos] felicitatem positam intra vos?*
23. **cardinem**: literally, "hinge, axis"; here, "crucial element."
    inquies: "you will say."
    tui compos: "in control of yourself."
25. **naturae ... ratione degentis**: "of a nature living by reason" (*degentis* < *dego*, "live").
    manifestum est, quin: "it is clear that"; *quin* after a positive statement is rare, even in later Latin, but *manifestum est* has the force of *non est dubium* (*AG* 558a); cf. *dubitari nequit ... quin* in §28 below.
26. **Ad haec**: "moreover."
    vel si amiserit: "if he does in fact lose [it]."
27. **perexile**: literally, "very thin, meagre."
28. **nequit**: "cannot."
    haec: sc. *fortuita felicitas*.
    quin: cf. on §25 above.
    in miseriam ... labatur: "slides toward wretchedness."
    mortis fine: "at the end, which is death"; *mortis* is epexegetic (i.e., explanatory) genitive.
29. **multos**: e.g., Zeno (1P3.9); it is not necessary to see here an allusion to Christian martyrdom (though medieval readers would have).
    praesens: sc. *felicitas fortuita*.

Metrum 4: The wise man lives quietly in humble circumstances.
Meter: Iambic dimeter catalectic (i.e., lacking final syllable) alternating with pherecratics.
  u̲u̲ - u - | u - -
  u̲u̲ - u u - -

1. **volet**: future instead of the present *vult* (cf. line 6, *curat*) for sake of meter.
3. **stabilis**: nominative singular masculine.
4. **Euri**: the east wind.
8. **vitet**: hortatory subjunctive in main clause.
9. **illud**: sc. *cacumen*.
11. **hae**: sc. *harenae*.
    pendulum: "pulled downward by gravity"; modifies *pondus*.
15. **memento**: imperative < *memini*, "remember."
19. **quieti**: ablative of place where with *conditus*.
20. **valli**: genitive < *vallum*, "rampart."

Prosa 5: Wealth cannot truly be owned and is of no value: not money (4ff.), not precious stones (8ff.), not land (11ff.), not fine clothes (17), not a crowd of slaves (18ff.).

1. **paulo ... puto**: "I think somewhat stronger [remedies] must be used."
   paulo: ablative of measure of difference with *validioribus*.
   utendum (sc. *esse*): "one must use"; the impersonal passive must be used for the passive of intransitive verbs (i.e., verbs that do not govern an accusative object).
2. **Age**: imperative < *ago;* here colloquially, "go on."
   caduca et momentaria: predicate nominative.
3. **vestrae**: predicative, in the question ("are riches yours?").
4. **effundendo ... coacervando**: gerunds, hence active; "in the pouring out ... in the heaping up"; but a passive sense is required in translating: "by being poured out ... by being heaped up."
5. **potest**: subject is the implied antecedent of *quod*.
   largiendi usu: "by the act of being given away." For voice, see on §4 above.
6. **At eadem ... congeratur**: construe: *At si eadem [pecunia] (quanta est ubique gentium) apud unum [hominem] congeratur.*
   sui: objective genitive with *inopes*.
   fecerit: subject is *eadem* (sc. *pecunia*).
   comminutae < *comminuo*, "break into pieces."
   faciant ... relinquunt: subject is *divitiae*.
7. **o ... divitias**: see on 2P4.8.
   pluribus: dative of reference with *licet*.
   veniunt: sc. *quae* as subject.
8. **praecipui**: partitive genitive with *quid*.
9. **motu atque compage**: ablatives after *carens*.
   compage: "structure."
   animatae rationabilique naturae: dative with *videatur*.

opera: ablative.
10. **suique**: "and of [the gems] themselves."
    distinctione: literally, "differentiation"; here effectively approaches English "distinction"; cf. *distingueris* (§13 below).
    postremae: "final, lasting, ultimate," modifies *pulchritudinis*.
    mereantur: subjunctive in apodosis of a mixed condition; but *merebantur* (the reading of the manuscripts) is equally possible. If *merebantur*, the reference would be to B.'s earlier life; if *mereantur*, to his present plight.
12. **attingit**: "touch, concern."
    audes < *audeo, audere*.
13. **tua**: word position emphasizes the absurdity.
14. **raperis** < *rapio*.
    tua ... aliena: "yours ... not-yours"; both predicative (accusative plural neuter), contrasted with each other.
15. **animantium**: "animate beings"; take closely with alimentis.
    procul dubio: "doubtless."
    quod naturae satis est: the antecedent is the clause *replere ... velis*.
16. **quod infuderis**: "what you shall have sent flooding in."
    fiet: future < *fio*, "become."
17. **intuitu**: "to look at," ablative supine with *grata*.
    artificis < *artifex*, "craftsman, maker."
18. **famulorum** < *famulus*, "servant, attendant."
    domus: genitive.
    ipsi: dative.
    sin: "but if."
19. **liquido**: adverb, "clearly."
    Quibus: dative of possession; "if these have ..."
    amissis ... retentis: ablative absolutes, "[when they] have been lost ... [when they] have been kept."
    laeteris < *laetor*, "rejoice, be glad."
20. **natura**: ablative.
    quid ... refert: "what has it to do with you?" (*tua*: ablative, sc. *re*).
    placuissent: pluperfect subjunctive in an implied past contrary to fact condition (the protasis is inferred from a *tuis quoque opibus sequestrata* = *si sequestrata essent*).
21. **idcirco ... quod**: correlative, "for this reason ... because."
    venere = **venerunt**.
22. **fortunae**: objective genitive.
23. **cedit**: here, "goes"; cf. *incedo, accedo*, etc.
    amminiculis: "props, supports."
    opus est: "there is need of," + ablative.
    supellectilis < *supellex*, "furniture, apparatus."

permultis ... possideant: proverb, phrased in indirect statement after *verum ... est; permultis* is ablative after *indigere.*
minimum: sc. *eos [qui ... metiantur] indigere,* in a continuation of the proverb with a change from ablative to accusative after *indigere.*

24. **vobis**: dative of possession.
25. **versa**: "turned upside-down."
    merito: ablative of cause with *divinum.*
26. **alia**: sc. *animalia.*
    deo mente consimiles: cf. *divinum merito rationis animal* in the preceding sentence.
    captatis < *capto,* "hunt, try to get."
27. **praestare**: "to stand out among, to be superior to," with dative.
28. **si omne cuiusque bonum ... pretiosius**: "if it is clear that the good of anything is more valuable than the thing to which it belongs."
    vilissima rerum: "the cheapest of things."
    vosmet: intensive for *vos.*
    summittitis < *summitto,* "place one thing [accusative] below another [dative]."
    cadit: "happens, falls out."
    ceteris rebus: dative after *excellat.*
29. **cum se cognoscit**: cf. the Socratic command, "Know thyself."
    nosse = novisse, "to know." (On tense, see note on 1P3.9.)
    naturae: genitive of characteristic.
    hominibus vitio venit: supply a "but" in translating. There is no explicit connective with previous clause ("adversative asyndeton").
    vitio: dative of purpose, "as a vice."
30. **qui**: antecedent is *vos,* inferred from *vester.*
31. **appositis**: "things set beside [itself]."
    nihilo minus: "nonetheless"; *nihilo* is ablative of measure of difference.
    foeditate < *foeditas,* "foulness."
32. **habenti**: dative after *noceat* (< *noceo,* "harm").
33. **eoque**: "and for that reason" (i.e., because he is *pessimus).*
    se solum ... putat: "thinks himself alone most worthy to have it."
34. **contum**: "pole, club."
    vacuus: here, "empty of pocket."
    intrasses = intravisses.
    coram: "in the presence of," with ablative.
    Cf. Juvenal 10.20-22:
        nocte iter ingressus gladium contumque timebis ...
        cantabit vacuus coram latrone viator.
    "Going on a journey by night, you will fear the sword and club ...; the traveler with empty pockets will sing in the robber's face."
    adeptus < *adipiscor,* "attain, acquire."

Metrum 5: The Golden Age found happiness without riches. (The ideas and images of this poem are part of a long, rich tradition of poetic depictions of an idyllic past.)
  Meter: Anapaestic dimeter catalectic. Diaeresis between the metra occurs only in lines 1 and 27.
  uu - | uu - | u u - | -

4. **facili**: "ready-to-hand, easy-to-find," picked up randomly from the earth where they lay abundantly. Cf. 1M6.6, where acorns are a less attractive food.
  sera: "tardy," modifying *ieiunia;* people in olden days were less hastily attentive to their hunger.
  glande: "acorn, nut."
6. **Bacchica**: "Bacchic"; see on 1M6.15.
  norant = noverant; here, "knew [how to]."
7. **melle** < *mel*, "honey"; honey wine or mead (*mulsum*) was a luxury at Rome.
8. **lucida vellera Serum** (< *Seres*, "the Chinese"): "gleaming fleeces of the Chinese," i.e., silk from China (not long after B.'s death the emperor Justinian sought to import silkworms to the empire to satisfy demand for the fabric).
  Tyrio ... veneno: "Tyrian dye," extracted from shellfish and exported from Tyre in Phoenicia to adorn the richest garments. (*Venenum* is ordinarily "venom," but with proper adjectives is regularly used for "dye" as well.)
10. **herba**: "grass."
13. **secabat** < *seco*, "cut, cleave"; subject is *hospes* (line 15).
14. **mercibus undique lectis**: "having gathered merchandise from all over."
16. **classica** < *classicum*, "battle signal, trumpet."
21. **viderent**: effectively "foresaw" for *providerent;* the shorter form is metrically convenient.
23. **Utinam ... redirent ... tempora**: "If only our times might return"; imperfect subjunctive in a present wish incapable of fulfillment.
25. **Aetnae**: the volcano in Sicily.
26. **amor ardet habendi**: cf. 2M2.18, *sitis ardescit habendi.*
29. **latere volentes**: "preferring to remain hidden."
30. **fodit**: "dug [up]," less precise than *effodit*, but metrically easier.

Prosa 6: Worldly offices and power bring a happiness no more certain than what is brought by wealth.

1. **dignitatibus**: see on 2P3.7.
   qua: sc. *potentia*, ablative of means, with *vos* as object of *exaequatis*. Some editors read *quas* (i.e., *dignitates potentiamque*), making it the object of *exaequatis*. Cf. Gruber.
   quae ... Aetnae ... quod diluvium: "what Aetnas [i.e., volcanoes] ... what deluge?"
2. **uti**: "as."
   consulare: adjective, "of the consuls." The allusion is to the rise of the tribunes of the people as a balance to oligarchic power, itself the result of revolt against the kings.
   veteres: here, "ancestors."
3. **deferantur**: "are conferred upon," with dative; sc. *dignitates* as subject.
4. **expetibilis**: "desirable."
   Nonne ... quibus qui ... videamini: "Do you not, mere earthly animals, consider over what creatures you who [seem to rule] seem to rule?"
   mures < *mus*, "mouse."
   cachinno < *cachinnus*, "derisive laughter."
5. **imbecillius** < *imbecillus*, "weak."
   quos: sc. *homines*.
   muscularum < *muscula*, "little fly" (diminutive of *musca*).
   reptantium: "of [creatures] creeping."
   in secreta quaeque: see on 1P3.14.
6. **Quo**: "How, in what way?"
   quempiam: "anyone [else]," masculine or feminine accusative singular of *quispiam*.
   exserere < *exsero*, here "exert."
   imperabis < *impero* ("command, give orders") is constructed with accusative of the command and dative of the one commanded.
   sibi: with *cohaerentem;* where the subject of the sentence is in the second person, the reflexive points to the nearest noun.
8. **adacturum** (sc. *esse*) < *adigo*, "compel" governs *ut*-clause to follow. The "free man" was Zeno of Elea (see on 1P3.9).
   adversum se: i.e., *adversum tyrannum*.
   proderet < *prodo*, "betray."
   momordit < *mordeo*, "bite."
   cruciatus: "tortures," accusative plural.
   virtutis: sc. *materiam*.
9. **possit ... possit**: Bear in mind that *possum* has the same root as *potentia* and *potestas*.
   sustinere: here, "suffer."

10. Busiridem < *Busiris,* king of Egypt; his story was told in Herodotus 2.45 and often elsewhere.
solitum < *soleo,* "be accustomed"; since *soleo* is semi-deponent, the perfect participle is active in meaning.
11. Regulus: Roman hero of the first Punic war (264-241 BC); captured by the Carthaginians, he was released to report (ignominious) peace terms back to Rome, under oath to return if his mission failed. At Rome, he argued eloquently against the proposed treaty and when it was rejected returned honorably to Carthage, where he was put to (gruesome) death.
plures: literally "more," but here there is no comparative force: "many."
victorum < *victor.*
12. potest: sc. *facere.*
ne ... valeat: substantive clause of result after *efficere* ("to bring it about").
13. Ad haec: see on 2P4.26.
pessimis: dative with *provenirent,* "come to."
adversa: "opposites" (subject of *solent*).
sociari, natura: connective omitted (asyndeton); English punctuation would replace the comma with a semicolon.
contraria quaeque: "any opposites whatever."
14. pessimos ... fungi: accusative/infinitive after *dubium non sit.*
natura sui = natura sua (ablative); antecedent of *sui* is *bona.*
15. dignius: adverbial < *dignus;* modifies *existimari.*
16. nemo ... cui: "no one doubts that [that person] is brave, in whom."
17. effectibus: "things brought about, effects."
18. fecerit: future perfect.
collata < *confero,* "confer upon," with dative.
non modo ... sed ... potius: "not only ... but rather [i.e., instead]."
19. provenit: "happen."
Gaudetis: ironic address: "You [mortals] take pleasure ..."
res ... habentes: "things that regard themselves otherwise," object of *compellare* ("to call").
quae: sc. *nomina.*
redarguuntur: "are contradicted."
divitiae ... potentia ... dignitas: each is predicative.
20. idem ... concludere: "to conclude the same thing," i.e., to draw the same conclusion.

Metrum 6: A famous example of wickedness unimproved by attaining supreme power.
Meter: Sapphic hendecasyllable (cretic + headless hipponactean).

- u - - - ^ u u - u - -

1-2. The great fire at Rome of AD 64; rumors of an imperial arsonist were spread by well-placed citizens.
quantas dederit ruinas: indirect question; the subject is the relative clause (lines 3-7).
2. urbe ... caesis: ablative absolute.
patribus: "senators."
3. fratre interempto: Tiberius Claudius Caesar, son of Claudius, murdered by his adoptive brother in AD 55.
4. matris effuso ... cruore: ablative of means with *maduit*. Refers to the murder of Agrippina in 59 AD: the rumor that the murderous son cast a coolly appraising eye over his mother's corpse is repeated by Tacitus (*Ann.* 14.3ff.), but neither endorsed nor scotched by him.
5. visu < *visus*, "sight, vision."
7. censor: here, "evaluator, judge."
9-13. Rome's sway reaches from west to east and from north to south.
11. septem ... triones: literally, "the seven plough-oxen," i.e., the seven stars constituting the constellation known variously as the Wain, Ursa Maior, the Big Dipper).
12. Notus: south wind.
15. vertere: last syllable is closed (thus long) before *pr-*.
Neronis: the name is postponed as long as possible; the identity was clear to B.'s readers as early as line 3.
16. gravem sortem: accusative of exclamation.

Prosa 7: Worldly fame is weak in true consolations.

1. minimum: adverb, with *nobis*.
dominatam < *dominor*, "rule over," here as often in later Latin, with dative (of the object of rule).
quo ne = ne (or *quominus*).
2. nondum ... perductas: take the whole phrase together to modify *mentes*.
ad extremam manum: "to the finishing touches."
gloriae scilicet cupido: in apposition with *hoc unum*. Cf. Milton's *Lycidas*: "Fame ... that last infirmity of a noble mind."
3. ambitum: "encirclement, encompassing."
astrologicis: "of the science of the stars"; there was not in B.'s time any hard and fast distinction between astronomy and astrology; here we would think of astronomy.
ad: "[compared] to."
puncti ... rationem: "the ratio of a point"; *ratio* was already used in later Latin in the modern arithmetical sense.
id est, ut: introducing the result of the comparison just made.

4. The "known world" was believed to fill only one-fourth of the globe, from Europe to Asia, bounded by the arctic, by the oceans, and by uninhabitable burning desert to the south. (*Ptolomaeo*: see on 1M2.12.)
   nobis: dative depending on *cognitis*.
5. Even in the inhabited portion of the globe, there is so little habitable land that the arena for human activity is as small compared to the whole planet as the planet is small compared to the cosmos.
   Huic quartae: dative with verb of taking away.
   quantum ... quantumque: relatives corresponding to an implicit *tantum* (object of *subtraxeris*). The first *quantum* is accusative; the second is adverbial.
6. **quodam**: here, "as it were, so to speak."
   artata < *arto,* "compress."
7. **habitaculi**: "dwelling-place."
   saeptum: used of any small penned-in area.
   insolentia: "un-accustomedness, infrequency."
   non modo: for *non modo non.*
   urbium: sc. *fama.*
8. **M. Tulli**: Marcus Tullius Cicero (106- 43 BC), the orator.
   quodam loco: Cicero, *De Republica* 6.22, recounting the famous dream of Scipio (*Somnium Scipionis*) on which Macrobius wrote a commentary in the fifth century. B.'s father-in-law Symmachus had arranged for the Macrobius work to be copied under his aegis.
   Caucasus: Cicero and B. seem to have used this name for *different mountains*: Cicero the Himalayas, B. the modern Caucasus between the Black and Caspian Seas.
   adulta: sc. *res publica.*
   Parthis ... ceterisque ... gentibus: datives with *formidolosa.*
   id locorum: see on 2P4.7.
9. **quam³**: relative pronoun, antecedent *gloria.*
   dilatare: "to broaden, expand."
   ubi: here virtually of place "to which," for *quo.*
10. **Quid quod**: "What of the fact that ...?"
11. **conducat**: here impersonal: "it is advantageous, profitable," with dative.
12. **pervagata** ("far-wandering") ... **gloria**: ablative.
13. **scriptorum inops ... oblivio**: literally, "forgetfulness, poor in writers"; i.e., a lack of writers of history leaves many great men to be forgotten.
    proficiant: "avail, profit."
15. **pertractes**: "consider, handle"; object is *famam* understood.
    ad: "[in comparison] to."
    quid habes, quod ... laeteris: i.e., "what reason do you have to rejoice?"

16. The argument used above to show the spatial insignificance of human deeds (3f.) recurs to prove temporal insignificance.
utrumque: "each."
minimam licet: sc. *esse portionem.*
eiusque quamlibet multiplex: sc. *numerus,* "and however great a multiple of that one [it may be]."
17. "There could be some [comparison] to each other in turn for finite [i.e., measurable] things, but of infinite and finite there could never be any comparison."
18. **Ita fit, ut**: "so it happens that."
quamlibet: take with *prolixi,* "long."
19. **ad**: here, "in the face of."
facere nescitis: "you don't know how to act."
relicta ... praestantia: ablative absolute.
20. **festive**: "wittily."
adortus esset < *adorior,* "attack, assail."
sciturum: sc. *esse.*
velut insultans: "as if to taunt [him]."
intellexeram: In a contrary to fact condition, the indicative may be used to express what was likely, intended, or already begun (*AG* 517b).
21. **post resolutum ... corpus**: "after dissolution of the body."
attineat: "pertains, belongs."
22. **nostrae ... vetant**: cf. 2P4.28.
toti: "as a whole, completely."
23. This ascent to heaven and disdain for the cares of this world is the subject of the *Somnium Scipionis* and the commentary by Macrobius.
quae: sc. *mens.*
se ... exemptam: sc. *esse;* accusative/infinitive after *gaudet.*

Metrum 7: The arguments of prosa 7 (on *gloria*) are restated with little variation.
Meter: Iambic trimeter alternating with iambic dimeter. In the trimeter, the anceps (x) of the first and third metra may be either u or - or uu; caesura always occurs after the first element of the second metron.
    x - u uu | x ^ uu u uu | x - u-
    x - u - | x - u -

2. **summum**: sc. *bonum esse.*
3. **cernat**: jussive subjunctive: "let him perceive."
4. **artum**: "narrow, hemmed-in."
5. **replere non valentis**: "not able to fill."
6. **pudebit**: sc. *eum.* For the construction, see on 1P4.19.
8. **levare**: "lighten, ease."

gestiunt: translate as second person plural after the vocative *o superbi;* B. seems here to have erred. (For an attempt to defend B., see Gruber ad loc.)
10. **explicet**: "loosen."
11. **titulis**: "titles, inscriptions."
14. **aequat summis infima**: cf. 2P2.9.
15. **Fabricii**: Fabricius, the hero of the war with Pyrrhus (c. 280 BC), renowned for an austere and virtuous way of life.
16. **quid**: "[to] what [purpose]?"
There is no need to decide which Brutus (the expeller of kings or the assassin of Caesar) and which Cato (the consul of 195 and later censor renowned for strict morals and hostility to Carthage or the contemporary and opponent of Caesar) B. has in mind; all were proverbial heroes.
17. **superstes**: nominative, modifies *fama*.
19. **quod**: "because."
    vocabula: i.e., "names."
21. **iacetis**: sc. *superbi* (line 7).
24. **aura**: ablative.
25. **hoc**: i.e., the "immortality" of fame.

Prosa 8: P. concedes that 'Fortune' has its uses.

1. **est aliquando**: "There is a time when"; use of the adverb virtually as a noun is not classical.
   nihil: accusative of respect with *fallax*: "not at all false"; adverbial in effect.
   mereatur: here, "behaves," with *de hominibus*, "towards men"; subjunctive in circumstantial *cum*-clause.
   tum scilicet, cum: "namely then, when"; the *cum*-clauses to follow are temporal (specifying a time) hence the verbs are indicative.
3. *Fortuna* is now distinguished as *prospera* and *adversa*. Good fortune falsely seems desirable, but bad is always sincerely hostile. The vivid personification with which this book began can now be dispensed with.
4. **illa** = *prospera fortuna*.
   haec = *adversa fortuna*.
   mendacium: genitive plural < *mendax*, "false, untruthful"; with *bonorum*.
   fruentium: sc. *se* (ablative object).
   absolvit: "frees," sc. *mentes fruentium se*.
   fluentem ... succinctam: "ungirdled ... belted."
   suique ... ignaram: "and ignorant of herself."
   exercitatione: "training, testing."
5. **devios**: "off the path"; predicative.
   reduces: accusative plural < *redux*, "led back."
6. **tibi**: with *detexit*.

secrevit: "set apart, distinguished."
7. **Quanti**: genitive of price.
   hoc: i.e., this separation of faithful and faithless friends.
   integer: "unimpaired, intact," i.e., before his fall from power.
   querere: imperative, ironic (cf. similar expression at 2M3.15-16).
   quod ... genus est: see on 2P3.5.
   Cf. Cicero, *de amicitia* 6.20: *Est enim amicitia nihil aliud nisi omnium divinarum humanarumque rerum cum benevolentia et caritate consensio; qua quidem haud scio an excepta sapientia nihil melius homini sit a dis immortalibus datum. Divitias alii praeponunt, bonam alii valetudinem, alii potentiam, alii honores, multi etiam voluptates.*
   "For friendship is nothing less than the harmony of divine and human affairs through generosity and esteem. I know no better gift granted to men by the immortal gods than friendship, except wisdom. Some prefer riches, some good health, some power, some high office—many even prefer pleasure."

Metrum 8: The world is governed by love.
Meter: Glyconic.
   - - - u u - u -

1-6. Each couplet is a self-contained noun clause, (*quod* = "that") in apposition with *hanc rerum seriem* (line 13).
2. concordes < *concors*, "of one heart, at one, harmonious."
7-12. Each couplet is a purpose clause after *ligat* (line 13).
7. Hesperos: see on 1M5.11.
8. Phoebe: the moon, sister of Phoebus, the sun.
9. fluctus: last syllable long, therefore accusative plural.
15. imperitans < *imperito*, frequentative < *impero*, with dative.
   amor: the thematic word appears at the center of the poem.
16. Hic: sc. *amor,* as again in 22, 24, 26.
17. invicem: "reciprocally, in return."
19. quam: sc. *machinam* (line 21).
20. incitant: subject is unclear, probably still to be inferred from *quicquid* (line 17).
22-27. These lines summarize the theme of Book 2; cf. 2P3-4, 2P8.6-7.

Book Three

This book is preceded by one poem about love (2M8) and ends with another (3M12). P. now sets out to answer the second outstanding question from 1P6 (*quis sit finis rerum*), exploring the nature of true happiness: what it is not (3P1-3M8) and what it is (3P9-3M12). At the center of the book, and of the entire work, is the solemn and difficult 3M9, subject of many medieval commentaries.

Prosa 1: P. promises to lead B., highly encouraged by the progress of his cure in Book 2, towards the goal of true happiness.

1. The pluperfect (*finiverat ... defixerat* [< *defigo*, "fix firmly"]) and *paulo post* indicate that a few moments have elapsed between books (cf. on 2P1.1).
   mulcedo: "agreeableness."
2. **quam**: exclamatory.
   refovisti < *refoveo*, "refresh, revive."
   adeo: adverb of degree introducing *ut*-clause of result.
   perhorresco ... efflagito: "shrink from violently ... demand urgently"; both intensive (compare *horresco* and *flagito*).
3. **quippe**: "for in fact ..."
   interius: adverb, taken closely with *recepta*.
4. **quonam**: "to what place/thing."
   aggrediamur < *adgredior*, "approach, undertake," governs the complementary infinitive, *ducere*.
5. **somniat** < *somnio*, "dream about."
   occupato ad imagines visu: ablative absolute; an allusion to Plato's cave-dwellers (*Rep.* 7.515A), who sat chained in darkness watching shadows cast on the wall by a source of light they could not see; seeing nothing save shadows, they took them for reality.
   potest: sc. *animus*.
7. **tui causa**: "for your sake"; *tui* is objective genitive.
   quae: sc. *felicitas*, as outlined in 3P1-8.
   causa[2]: delete this word; to retain it requires us to see a subtle, and not very successful, play on words between its use here and in the preceding sentence. The most recent editors all delete.
   notior: comparative adjective < *notus*.
   eam: sc. *felicitatem*.
   in contrariam partem: cf. 3.P9-12.

Consolatio Philosophiae 3M1

Metrum 1: In nature, beautiful things are easier to appreciate against a background of adversity. (Thus, we infer, true happiness will be more clearly seen after its opposite has been delineated in 3P1-3P8.)
Meter: Meiuric ("mouse-tailed") dactylic tetrameter. The term "mouse-tailed" characterizes the substitution of u - for - - at the verse's end.
- u u | - u u | - u u | u -

1. **ingenuum ... agrum**: in its context, the phrase suggests a field not recently cultivated and hence fruitful; *ingenuus* can mean "freeborn," and the expression perhaps parallels English "virgin soil," suggesting land that has not previously fallen under the sway of a master.
   fruticibus < *frutex*, "bush, shrub."
3. **rubos** < *rubus*, "bramble bush."
   filicemque < *filix*, "fern."
4. **nova**: final syllable short, hence nominative.
5. **Dulcior ... mage**: double comparatives are not uncommon in later Latin.
   apium ... labor: literally, "the labor of bees," i.e., "honey."
9. **ut**: "when."
11. **prius**: adverb modifying *incipe*.
12. **colla iugo**: cf. 2M7.7.
13. **vera**: sc. *bona*.
    subierint < *subeo*, "come in secretly, steal in"; future perfect.

Prosa 2: P. defines true happiness in abstract terms before considering afresh the claims of worldly wealth and success to be the means to that happiness (in 3P3-3P8).

1. A solemn new beginning; cf. 3M9.22.
   recepta: "withdrawn."
   quo ... adepto: ablative absolute; translate, "when that good has been acquired ..." Note that *adepto* is passive in meaning, although *adipiscor* is deponent; so also *adeptis* (§5 infra).
   quis = aliquis.
3. **Quod = Et id.**
   cui:antecedent is *quod*.
   aforet = abesset.
   congregatione: "gathering together, assembling."
5-7. This list of sought-after goods provides the framework for the rest of Book 3; the five (*divitiae- dignitates- regna- gloria- voluptates*) constantly recur in the same order.
5. **Quorum**: sc. *hominum*.
   summum bonum esse nihilo indigere: accusative/infinitive following **credentes**: "the highest good is to lack for nothing."

43

veneratione: ablative with *dignissimum* (delete comma between the two words).
reverendi: nominative plural, "to be revered."
civibus suis: dative of agent with *reverendi*.
6. **regnantibus**: dative with compound verb *adhaerere*, "to cling to."
7. **diffluere**: "to be dissolved in, abandoned to."
8. **alterutro**: "with each other" (they confuse cause and effect).
ut: "such as, like."
causa: "for the sake of"; takes two genitives, *pecuniae* and *proferendi nominis*.
veluti: "such as, for example," introducing examples to define in *his ... ceterisque talibus*.
9. **gratia**: "for the sake of," with genitive.
amicorum: sc. *genus* (attracted into the relative clause that follows); cf. 2P8.
reliquum: sc. *genus*.
10. **promptum est**: "it is obvious," with *ut* + subjunctive (instead of accusative/infinitive).
11. **prae ceteris**: "ahead of [all] other things."
definivimus: in §3 of this prosa.
12. **Epicurus**: Greek philosopher (341- 270 BC); this familiar oversimplification of his views was already common in late antiquity, when there was little accurate knowledge of or living devotion to his teachings.
quod: "because," followed by the subjunctive when (as here) the reason given is not that of the writer but that of another person whose views are being represented.
13. **caligante memoria**: ablative absolute (*caligante*: "fading, growing dim"). Platonic dependence on memory is especially important in Book 3.
domum: accusative of place to which governed by *revertatur;* the preposition is regularly to be omitted with *domus*.
14-18. All five bona are sought for the reputed ability to bring some abstract good: *sufficientia - reverentia - potentia - claritudo - laetitia*: cf. 19 infra).
quod: relative pronoun.
15. **cultu**: "worshipful attention," with epexegetic genitive (*reverentiae*).
16. **Quid igitur**: "What then," introducing the question that follows.
17. **nihili**: genitive of value.
sequestrari < *sequestro*, "remove, take away."
quin: same construction as a clause of prevention.
18. **esse ... subiectam**: indirect statement, depends on *dicere*.
attinet: "matter, be of importance."

quod: object of both *habere* and *frui* (though if the latter verb were alone it would take an ablative).

20. **cum**: "since"; the use with the indicative is irregular in classical Latin, but common later.
    licet: "although" (taken only with *variae dissidentesque*).

Metrum 2: All things return in the end to their source. (Cf. 1P6.10-12 for an early hint of this doctrine.)
Meter: Anapaestic dimeter, with diaeresis between the metra.
uu uu | uu uu ‖ uu uu | uu -

1-2. Quantas ... quibus: introducing indirect questions (through *nexu*, line 5) governed by *promere* (line 6).
3. **provida**: "foresightful," sc. *natura*.
4. **stringat**: here, "draws together."
   ligans: sc. *natura* (takes as object *singula*).
5. **arguto**: "melodious."
6. **fidibus lentis**: "slow lyres," i.e., lyres being played slowly.
7-16. Lions were kept for the bloody shows of the amphitheater.
10. **soliti**: sc. *leones*.
    magistrum: here translate as "tamer."
12. **resides** (< *reses*, "calm") **olim**: "once calm [but no longer]."
13. **meminere sui**: "they remember themselves," i.e., come to their senses.
15-16. The tamer is the first victim, *lacer dente cruento* ("torn by a bloody tooth").
17. **garrula**: "chattering, twittering."
18. **caveae ... antro**: "in the recess of a cage."
19. **inlita** < *illino*, "smear over, bedaub"; *inlita pocula* is one object of *ministret*.
22. **arto ... texto**: "from the tight web," i.e., from the cage.
24. **sparsas** < *spargo*, "scatter, disperse."
    proterit < *protero*, "trample on."
25. **tantum**: "only," to be taken closely with *silvas*.
    maesta: sc. *ales* (line 18).
26. **susurrat**: "murmurs, whispers."
27-30. A tree-limb (*virga*: "twig, branch") can be bent and bowed but once freed resumes its posture.
34. **recursus**: "returns, reversions."
36. **ulli**: dative, "anything."
37. **quod**: antecedent is *ulli*.
38. **orbem**: an abstract symbol of completed symmetry; B. may have used *orbem* here to echo *ordo* and *ortum* in lines 36-37.

Prosa 3: Wealth cannot bring *sufficientia*.

1. Cf. 1P6.10-12.
   tenui licet imagine: "though by a faint image."
   licet minime ... cogitatione: take whole phrase together, paralleling *tenui licet imagine*.
   eoque: "and for that reason."
3. **tale quid ... cui**: "some such thing."
6. **libero ... animo**: ablative of description.
   quin = qui non, introducing a relative clause of result; "so that [I was] not."
   aliquid: accusative of respect governed by *angerer*, < *ango*, "trouble, distress."
7. **velles ... noluisses**: At the time of which P. speaks, B. desired the presence of what was in fact missing; at the same time some things were present which B. had not wanted (at a prior time). Hence the sequence of tenses.
9. **usquequaque**: "everywhere, in every way."
   Minime: "not at all," agrees with P.'s statement.
10. **Quidni?**: "How not?"
12. **suapte natura**: "by its very nature"; ablative of manner; the suffix-*pte* intensifies.
    ut ... auferri (< *aufero*, "take away"): a loosely connected result clause.
13. **forenses**: literally, "of the forum," here, "legal, of the courtroom."
14. **extrinsecus**: adverb modifying *petito*.
16. **In contrarium ... res est**: "the argument has fallen back on the other side," i.e., turned out differently from expectation.
    Num ... num ... num: introduce ironic rhetorical questions.
18. **opulentis** < *opulentus*, "rich"; possessive dative.
    quo: antecedent is understood subject of *adest*.
    haec: sc. *indigentia*.
19. **taceo**: "I am silent, I omit"; see on 2P3.5.
    quod ... est: indirect statement (*quod* = "that").
    ipsae suam faciunt: sc. *ipsae [opes] [indigentiam] suam faciunt*.
    quid est quod: "why is it that?"

Metrum 3: The rich are plagued by cares.
   Meter: Iambic trimeter alternating with elegiac pentameter (= 2 hemiepes). In the trimeter there is a caesura after the fifth element; no substitutions are allowed in the second hemiepes of the pentameter.

   x - u - | x ^ - u - | x - u -
   - uu - uu - ‖ - u u - u u -

2. **non expleturas**: "not about to fulfill," i.e., "that will not fulfill/satisfy."
3. **bacis** < *baca*, literally, "berry"; by extension, "pearl."
   rubri litoris: i.e., from the shore of the "Red Sea," which for ancients could be either the Persian Gulf, the Indian Ocean, or what we call the Red Sea itself.
4. **centeno ... bove**: "with a hundred oxen" (collective singular common in poetry).
5. **superstitem**: "surviving," i.e., "while he lives," to contrast with *defunctum* in next line.
6. **leves**: here, "fickle."

Prosa 4: Public offices do not bring *reverentia*.

1. P. first sets out the common view she is about to refute.
   mentibus: dative with *inserant*.
2. **solent**: sc. *dignitates*.
   quo fit, ut indignemur: "by which it comes about that we become indignant," followed by an accusative/infinitive setting out the source of the indignation.
   Catullus: See his poem 52.2: *sella in curuli struma Nonius sedet*. We do not know why Catullus thought Nonius was a boil (*struma*) on the face of the body politic when he held office as aedile.
   licet: "although"; take closely with *sedentem*.
3. **malis**: sc. *hominibus*.
4. **tot periculis**: ablative of means.
   ut ... putares: "that you should deem [it right]."
   Decorato: a lawyer who served as quaestor of the palace for Theoderic at some time in the 510's or early 520's (he died before Boethius). We do not know why B. thought him a dandy (*scurra*) and an informer (*delator*).
6. **praeditum**: "endowed with," with ablative.
7. **propria = sua**.
   transfundit: subject is *virtus*.
8. **Quod**: antecedent is the whole preceding sentence; accusative object of *facere* (here: "do").
   populares honores: *popularis* always has a negative connotation in the *Consolatio*.
9. **si eo abiectior ... quo magis ... comtemnitur**: "if the more a man is despised ... the baser he is." *eo ... quo* are ablatives of degree of difference and are used correlatively (*AG* 414a).
   magis ... pluribus: double comparative; see on 3M1.5
   nequeat ... ostentat ... facit: *dignitas* is the subject.
   despectiores: "more despised"; predicative.

11. The argument of this part of the attack on *dignitates* is essentially the same as that used in 2P7.3f. to attack *gloria* (which is not discussed in Book 3 until 3P6).
    umbratiles: literally, "in the shadows," thus, "private, out of public sight"; to a tradition-minded Roman, the phrase *umbratiles dignitates* would thus seem an oxymoron at best. To a philosophic observer even public office is a petty matter of parochial concern.
    functus < *fungor,* "perform, discharge [office]"; with ablative.
12. **quoquo gentium ... ubique terrarum**: "anywhere ... everywhere."
13. **id**: sc. *munus;* accusative
    vanescunt: "disappear, pass away."
14. **Sed hoc**: sc. *verum est.*
    ortae (< *orior,* "arise") **sunt**: sc. *dignitates.*
15. The praetorship (*praetura*) had been an important judicial office in classical Rome, but in the late empire it had become an onerous glory and was regarded as a virtual tax by the great families.
    curasset ... habebatur: mixed past conditional, with a hypothetical protasis, but a real apodosis.
    magnus: wordplay, alluding to Pompey (106-48 BC), who was called Magnus and who had distinguished himself in looking after the grain supply (*annona*); in later times the prefect of the *annona* had a thankless task, trying to keep an adequate supply coming from Africa and Sicily and performing related chores; in times of short supply, the office could be a dangerous one if the mob rioted.
    quod: "[the thing] which."
17. **ultro**: "in addition."
    expetendae pulchritudinis: partitive genitive with *quod.*
    nedum: "much less."

Metrum 4: Worldly offices do not convey true honor.
    Meter: Phalaecean hendecasyllable (glyconic + bacchiac) alternating with Alcaic decasyllable (hemiepes + bacchiac).
    x - - u u - u - u - -
    - u u - u u - u - -

1. Another reference to the royal purple: cf. 2M5.9.
2. **comeret** < *como,* "dress, adorn."
    lapillis: "stones, gems."
4. **Nero**: cf. 2M6 (scan the name with both syllables short).
    luxuriae ... saevientis: genitive of description.
6. **indecores**: predicative; they were unseemly because they came from Nero.
    curules: sc. *sedes,* ceremonial chairs of office.
7. **beatos**: modifies *honores* (line 8).

Consolatio Philosophiae 3M4

8. For consistency, *Quos* here should be lower case.
   miseri: nominative plural masculine.

Prosa 5: Thrones are not true sources of *potentia*.

1. **regumque familiaritas**: B. was no king, but he had hobnobbed with a king; the phrase points the moral.
2. **qui reges ... mutaverint**: *reges* has been attracted into the relative clause; translate, "[examples of] kings who ..."
3. **qua parte**: "in some part," i.e., "somewhere."
4. **quibus**: dative with *imperet*.
5. **Qua ... parte**: "where."
   beatos faciens: almost the equivalent of a relative clause modifying *potestas*.
   hac: "there," correlated with *qua ... parte* above.
   subintrat: "enters secretly."
6. **Expertus**: "having experienced, known"; governs genitive (*periculorum*).
   metus: accusative plural.
   The "sword of Damocles" (hung by the tyrant Dionysius of Syracuse [405-367 BC]) was already proverbial.
7. **aculeos**: "stings, barbs."
   vellent vixisse: "they would have liked to have lived ..." Subject must be supplied from the *exempla* of §2, hence the past potential subjunctive and perfect infinitive.
8. **qui satellite latus ambit**: "who surrounds [his] flank (*latus*) with a bodyguard."
9. **imbecillitatis**: "weakness, helplessness."
   incolumis: "unharmed"; nominative.
10. **adeligendae mortis ... arbitrium**: "to the choice of opting for death," i.e., to suicide.
    Papinianum: a famous Roman jurist, executed in 212 AD by the emperor Antoninus Caracalla.
    aulicos: "courtiers."
    gladiis: dative with *obiecit* ("handed over to the sword").
11. **uterque**: "both"; often, as here, with plural verb.
    potentiae: dative with *renuntiare*, "renounce."
    otium: here, "retirement."
    dum: "since"; see on 1P1.1.
    ruituros < *ruo*, "fall headlong."
    moles ipsa: sc. *regnorum magnorum*.
13. **praesidio**: dative of purpose.
    infortunium faciet inimicum: cf. 2P8.6.

3M5 Boethius

Metrum 5: True power lies within the person.
Meter: Anapaestic dimeter catalectic. No dactyls appear, and there is no diaeresis between metra.
uu - | uu - | uu - | -

2. **domet**: jussive subjunctive (like *summittat*).
3. **victa**: accusative with *colla*.
5-7. **Indica ... tellus ... ultima Thyle**: the limits of human habitation known to Romans; B. would not know the precise location of either.
10. **non posse**: "not to be able," i.e., "inability"; to be taken as subject of *est*.

Prosa 6: Worldly glory does not bring true *claritudo*.

1. Euripides, *Andromache* 319-320:
   "O glory, glory, for thousands of mortals,
   nothing-at-alls, you heaped up a great living"
   —i.e., have made them seem greater than they are.
2. **falsis ... opinionibus**: ablative of origin, here without preposition.
   quo quid turpius: "than which what more shameful thing ...?"
   praedicantur: "are praised, glorified."
3. **Quae**: sc. *laudes*.
   sapientis: genitive with *conscientiae* (and antecedent of *qui*).
4. **Construe**: *Quodsi hoc ipsum ([i.e.,] propagasse nomen) videtur pulchrum.*
   non extendisse: sc. *nomen;* subject of *iudicetur*.
5. **paulo ante**: 2P7.7, 3P5.4.
   fit, ut ... videatur: (cf. 3P4.11); "it happens that he seems"; later Latin was fond of this kind of redundant construction.
6. **popularem gratiam**: "the approval/favor of the *populus*," here contrasted with *nobilitatis nomen* (see on 3P4.8).
   iudicio: ablative of instrument.
7. **refertur**: "is compared"; a later Latin meaning of *refero*.
   quaedam: modifies *laus*.
8. **praedicatio**: "praise"; cf. on §2 supra.
   tuam: sc. *claritudinem*.
9. **id**: i.e., the good, explained by the *ut*-clause to follow.
   ut imposita nobilibus necessitudo videatur = ut nobilibus necesse sit.
   ne ... degeneret: the implied subject is *nobilitas;* some emend to *degenerent* and take the subject from *nobilibus* (see Gruber).

Metrum 6: All people are equally noble.
Meter: Dactylic tetrameter catalectic + ionic dimeter. The two units are separated by diaeresis.
- uu | - uu | - uu | - || uu - - | uu - -

4. **ut**: sc. *dedit;* "just as he gave ..."
5. **animos celsa sede petitos**: implies a pre-existence of the soul in some form.
6. **germen**: here, "origin, seed."
7. **strepitis**: here transitive: "why do you bleat on about family and forefathers?"
8. **degener**: literally, "unlike its own *genus*," hence "base, degenerate."
9. **vitiis**: ablative of means.

Prosa 7: Pleasure brings no true *laetitia*.

1. **loquar**: deliberative subjunctive.
   appetentia: "craving," with objective genitive.
2. **illae**: i.e., *voluptates*.
   nequitiae: governed by *fructum*.
   fruentium: governed by *corporibus*.
3. **tristes ... esse ... exitus**: accusative/infinitive.
   libidinum suarum: genitive with *reminisci* ("to remember").
4. **explicare**: approximately the same meaning here as *efficere*.
   nihil causae est quin: "there is no reason why not"; takes subjunctive.
   lacunam: "emptiness, lack."
5. **dictum est**: the source for this aphorism is unknown.
   nescio quem < *nescio quis*, "someone, a man."
   tortores: predicative. "One man found his sons to be his torturers." (Many manuscripts read *tortorem;* in that case the aphorism would run, "it was some torturer who invented children." Cf. Gruber.)
   neque alias ...: "it is not necessary to remind you, [who have] both experienced [the truth of the saying] at other times, and [are] now anxious." Cf. Chaucer's version: "it nedeth nat to tellen it the that hast er this tyme assayed it, and art yit now angwysshous."
6. **Euripidis**: *Andromache* 418ff. (a hundred lines after the passage quoted at the beginning of 3P6).

Metrum 7: Pleasure is sweet for the moment but leaves a bitter taste.
Meter: Anaclastic ionic dimeter (i.e., ionic dimeter with fourth and fifth elements reversed). Also known as anacreontic meter.
u u - u | - u - -

3M7   Boethius

1. **voluptas**: subject of all the verbs in this poem; here, final syllable short.
3. **par = similis**, with genitive.
5. **nimis tenaci**: with *morsu*.

Prosa 8: The last five sections (3P3-7) are summarized briefly.

1. **Nihil ... dubium est quin**: "It is not at all doubtful that," with subjunctive.
   hae ... viae: riches, high office, thrones, glory, pleasure.
   eo ... ad quod: "to that point ... to which."
3. **habenti**: dative of separation (with verb of taking away).
   Danti < *do*, dare; present participle; dative with *supplicabis*, "you will entreat, pray to."
   vilesces: "will grow cheap," i.e., "will cheapen yourself."
4. **insidiis**: dative governed by *obnoxius* ("exposed, vulnerable").
   periculis: dative with *subiacebis*.
6. **corporis**: in apposition with *rei*.
7. **prae se ... ferunt**: "esteem ... more than themselves."
   nituntur: "rely."
8. **desinite** < *desino*, "cease."
   his: i.e., *spatium, firmitudo, celeritas;* ablative of cause.
   qua regitur: cf. 2M8.30.
9. **nitor**: "elegance, beauty."
   ut: "How ... !" (exclamatory).
10. **ut Aristoteles ait**: in his (now lost) *Protreptic* (fragment B 105 D). Lynceus was one of the Argonauts, famed for his keen sight.
    obstantia < *obsto*, "obstruct."
    introspectis visceribus: ablative absolute.
    Alcibiades: brilliant younger Athenian contemporary of Socrates (see Plato's *Symposium)*, proverbially handsome and corrupt.
    superficie: ablative of respect.
    reddit: "renders, makes," with accusative/infinitive (*te pulchrum videri).*
11. **quam vultis nimio**: "as excessively as you wish."
    dum: "provided that," with subjunctive.
    triduanae: "lasting three days."
    igniculo: diminutive < *ignis*, "fire."
12. **illud**: anticipates the *quod* (= "that") clause.
    redigere in summam: "to sum up, to gather together in a whole."
    haec: i.e., wealth, office, power, glory, pleasure.
    quae: antecedent is *bona.*
    ea: echoes the demonstrative pronoun (*haec)* for emphasis.
    quasi quidam: "as, so to speak ..."

calles: "paths"; cf. *devia* (3P8.1).

Metrum 8: To find true goodness, accurate knowledge is required.
Meter: Asclepiad (glyconic compouded with choriamb) alternating with iambic dimeter.
```
- - - u u - || - u u - u -
x - u - | - - u -
```

3-8. The sequence of absurdities points up the folly of looking for happiness in the wrong place.
4. **vite** < *vitis*, "vine."
5. **abditis** < *abdo*, "hide away"; present tense.
6. **ditetis** < *dito*, "enrich."
8. **Tyrrhena**: "Etruscan." The Tyrrhenian Sea lies between Italy and the islands of Corsica and Sardinia.
9. **quin**: "but rather."
10. **norunt = noverunt** (< *nosco*): understand as subject those who pursue these things skillfully.
11. **quae**: with *unda*.
    feracior < *ferax*, "fertile, fruitful," modifies *unda*, takes ablative *gemmis* and genitive *purpurae*.
13. **nec non**: "and also."
14. **echinis** < *echinus*, "shell-fish."
17. **quod**: antecedent is *bonum*.
    transabiit < *transabeo*, "pierce."
    polum: here, as often, "the sky."
19. **quid ... imprecer?**: "what curse should I utter?" Deliberative subjunctive.
20. **opes honores = opes et honores**; asyndeton.
    ambiant: "solicit, seek, strive for"; subjunctive in a clause of wish (i.e., the curse implied in 19).
21. **falsa**: sc. *bona*.
    gravi mole: "with great effort/travail."

Prosa 9: True happiness is a whole indivisible into parts. Note that in this section P. still follows the list of kinds of happiness given in 3P3: *sufficientia, reverentia, potentia, claritudo, laetitia.*

1. **Hactenus**: "to this extent, up to this point."
   mendacis < *mendax*, "lying, untruthful."
   ordo: "the order [of the argument]."
   deinceps: adverb, "next."
   vera: sc. *felicitas*.
2. **contingere**: "befall, come about (for)," with ablatives.

3. **tenui** < *tenuis*, "slender"; with *rimula*: "chink, crack."
   malim < *malo*.
4. **promptissima**: "very ready at hand."
   Quod: relative, corresponds to *id* in following clause.
   natura: ablative.
   traducit: "transforms."
   egere: infinitive of *egeo*.
5. **imbecillioris valentiae**: predicative genitive of description.
   hac: antecedent is *re*.
   praesidio ... alieno: "protection from outside."
7. **contra**: adverb, "on the contrary."
8. **addamus**: "let us add," hortatory subjunctive.
   haec tria unum esse: "[that] these three [things] are [really] one [thing]."
9. **Quid vero**: "What then?" Cf. 3P8.2.
   celebritate: "fame, high reputation."
10. **Considera**: "take care, watch out."
    ne ... egere ... atque ... videatur (sc. *esse*) **abiectius**: negative purpose clause after a verb of avoidance. (Gruber reads *egeat* for *egere*, to simplify the construction.)
11. **Non possum**: "I am helpless, unable to act"; with the same force as "I am prevented," thus taking *quin* and subjunctive.
    superioribus: "former."
    nihil: adverbial accusative, "in no way."
13. **egeat**: here governs the genitive.
    quod ... possit: sc. *facere*.
14. **superiora**: sc. *argumenta*. As logician B. specifies that his assent is dependent on the earlier discussion.
15. **per eadem**: sc. *argumenta superiora*.
16. **dispertit**: "breaks up into portions."
    ipsam: sc. *rem*, "the thing itself," as a whole.
    affectat: "aims at, desires."
17. **fuga**: ablative.
18. **valentia**: "bodily strength, vigor" (< *valeo*, like *potentia* < *possum*).
19. **posse**: treat as a verbal noun ("power") object of *desiderat*.
    potentia: ablative with *carentem*.
    nihili: genitive of value.
20. **hunc**: object of *deficiant;* antecedent is *Qui* in preceding sentence.
    quam multa: "how many things."
    id: in apposition with *potens esse*.
21. **ratiocinari** < *ratiocinor*, "argue, infer."
    quod cetera: "which the others [are]," i.e., "as the others."
    sit: the subject is *unumquodque*.

Consolatio Philosophiae 3P9

22. **si ... cupiat ... velit**: future-less-vivid condition; B. poses the condition as a question and P. states the conclusion as her answer.
23. **singula quaedam expetendorum**: "certain single things [e.g., *sufficientia* or *claritudo*] of the [whole group of] things to be sought [the five components of true happiness]."
    vestiganda: gerundive of necessity < *vestigo*, "search for, track, trace."
    hoc: ablative of comparison.
24. **Habes ... causas**: set out in 3P2-9.
    in adversum: "in the other direction."
    veram: sc. *felicitatem*, subject of the discussion from here till the end of Book 3.
25. **vel caeco**: "even to a blind man."
    conaris: The present tense is hard to construe and must be a slip; various medieval scribes substituted the imperfect indicative or subjunctive (*conabaris* or *conareris*) to save the syntax.
26. B.'s cure has progressed far enough that he gives the definition here, rightly.
    perficiat: "makes"; but the prefix *per-* implies bringing to completion, to perfection. The accusative adjectives (*sufficientem ... clarumque*) represent states of fulfillment that will result from perfect *felicitas*.
27. **me interius animadvertisse**: "[that] I have understood more deeply."
    quoniam ... sunt: "since they are all the same thing."
28. **te ... felicem**: accusative of exclamation.
29. **ostensum est** < *ostendo*, "show, demonstrate."
30. **Haec**: sc. *res mortales caducaeque*.
    imagines: for Platonic overtones, see on 3P1.5.
31. **quae**[1]: sc. *felicitas*.
    quae[2]: e.g., *res mortales caducaeque*.
    mentiantur: "feign, claim (falsely) to present."
    superest: "it remains [for my argument]."
    iam dudum: "for a long time"; here, as usual, followed by a present tense, which should be translated by an English present perfect.
32. **Timaeo**: Plato, *Timaeus* 27C; this dialogue on cosmology and creation was known in B.'s time in partial Latin translation and had been commented on in Greek by the Neoplatonist Proclus (5th century AD).
    Platoni: dative after *placet*.
    invocandum: sc. *esse censeo*.
33. **quo praetermisso**: ablative absolute.
    exordium: technical term for a formal rhetorical beginning. The following solemn poem opens the second, positive half of the *Consolatio*, now that the negative argument of the first half is complete.
    modulata est < *modulor*, "perform musically"; here, "sing."

Boethius

Metrum 9: A formal prayer for help to the creator and father of all things.
Meter: Dactylic hexameter (caesura usually after first syllable of third foot).

- uu | - uu | - ^ uu | - uu | - uu | - -

2. **sator**: "he who sows the seed," hence, "father."
2-3. **qui tempus ab aevo ire iubes**: "[you] who order time to go [forward] from eternity." Cf. *Tim.* 37D-E. All the creator's deeds are described in the present tense to suggest the eternal present in which he dwells. Some of what follows lies in the past, from the human point of view, some lies in the future.
3. **stabilisque manens**: *Tim.* 38A.
   das cuncta moveri: "you give [cause] all things to be moved," *almost* = "you give movement to all things." *Do* with an infinitive is rare, but cf. line 22 below.
4. **quem**: sc. *creatorem*.
   pepulerunt < *pello*, "force, compel," governs accusative/infinitive (*Tim.* 30A).
5. **materiae fluitantis**: genitive of description: creation is an *opus* made from instable and mutable matter.
   verum: "but" (last syllable elides), introducing the true power behind creation, the *insita summi forma boni*.
   insita < *insero*, "graft, implant."
6. **livore** ("envy, malice") **carens**: *Tim.* 29E.
6-7. **superno ... ab exemplo**: "from a heavenly model" (recalling the Platonic doctrine of Ideas). Cf. *pulchrum ... gerens* (7-8).
8. **simili imagine**: the created world is created "in an image resembling" the *supernum exemplum* in the divine mind.
9. **perfectasque ... partes**: "ordering perfect [i.e., complete in every way] parts to constitute a perfect [world]."
10. **numeris**: "with numbers," i.e., in mathematically harmonious proportions; examples follow.
11. **conveniant**: "correspond to."
    purior ignis: fire was the lightest and most rarefied (*purior*) of the traditional four elements (earth-water-air-fire).
12. **mersas**: "plunged, submerged"; proleptic adjective—i.e., it anticipates what would happen (but does not) if gravity were to pull the land beneath the waters.
13-21. A description of creation is given following the specifically Neoplatonic interpretation of the *Timaeus*.
13-14. **triplicis ... naturae**: Nature is comprised of *mens, anima,* and *materia,* of which *anima* is the middle element, distributed among and giving motion to all things, binding them together.

14. per consona membra resolvis: "you distribute [anima] through harmonious [i.e., fitting and appropriate] limbs."

15-16. *Anima* is divided in two parts, whose motions take the form of twin circles, which each returns eventually to its origin.
  glomeravit: "gathered"; in a temporal *cum*-clause.
  semet: the intensifying ending may be only for metrical reasons.
  meat < *meo*, "go, pass."

16-17. *Anima* encircles *mens* at the inner heart of being, and sets heaven moving in a similar circle (hence the observable motion of the skies).

18. causis ... paribus: "by like causes."
  animas: here indicates human souls, to contrast with *vita* s *minores*, lower life-forms.
  provehis: "bring forward, cause to advance."

19. The higher (*sublimes*) spirits are assigned to less burdensome bodies on the journey of life.

20. seris < *sero*, "plant."
  quas: antecedent is *animas*.

21. reduci < *redux* (here, "which brings back"), ablative of means with *igne*.
  facis ... reverti: "you cause to return."

22-28. A formal prayer closes the hymn.

22. augustam ... sedem: cf. 3P2.1. The mind seeks to ascend to the heavenly father, by a *recursus* that brings the movement of creation full circle (cf. lines 15-17).

23. lustrare: here, "to contemplate."

24. conspicuos ... visus: almost redundant, i.e. "a vision that sees [clearly]."

25. Dissice: imperative < *dis(s)icio*, "scatter."
  terrenae ... molis: cf. *materiae fluitantis*: matter weighs down the soul.

26. mica: imperative < *mico*, "flash, flicker."
  Tu: sc. *es*.
  serenum: in neuter, an abstract noun: "serenity [itself]."

27. te cernere: To see the creator is the *finis rerum* (cf. 1P6).

28. The creator is our *principium* (cf. 1P6), *vector*, etc.; the nouns are best taken as vocatives.

Prosa 10: P. discusses the equation of true happiness with true goodness.

1. demonstrandum: sc. *esse*.

2. in quo: an antecedent like *argumentum* must be supplied.
  paulo ante: 3P9.26.
  in rerum natura: i.e., in the world of sense and matter.
  ne ... decipiat: purpose clause following *inquirendum*.

praeter rei subiectae veritatem: "apart from [i.e., void of] the truth of the matter under discussion."
cassa: "empty of," with genitive.
3. **id**: antecedent is *omne*.
imminutione: "reduction, diminution."
perhibetur < *perhibeo*, "call, describe."
4. **in quolibet genere**: "in any way, manner."
sit: subjunctive in result clause after *fit* (at the beginning of the sentence).
sublata < *tollo*, "remove, take away."
unde ... exstiterit: indirect question.
fingi < *fingo*, "imagine [contrary to fact]."
5. **inconsummatis**: "uncompleted, imperfect things," contrasted with *absolutis* in the next clause.
haec extrema atque effeta: the material world of our experience (*effeta*: "exhausted of fertility").
7. **Quo ... habitet**: "where [true happiness] dwells."
Deum ... bonum esse: indirect statement; *bonum* is predicative.
melius[1]: neuter, agrees with *nihil* and takes *deo* as ablative of comparison.
quo: "than which"; ablative of comparison.
8. **convincat**: "proves, demonstrates."
9. **eo**: i.e., *deo*.
perfectum ... bonum: object of *possidens*.
quod: antecedent is *aliquid*.
hoc: i.e., *deo;* ablative.
minus: take closely with *integris*.
claruerunt: "have become obvious," i.e., "it has become clear (in the earlier argument) that ..."
10. **ne ... prodeat** (< *prodeo*, "go on, advance").
constituimus: in 3P2.11.
quod: "[anything] which."
11. **quam**: "how," taken with *sancte atque inviolabiliter* ("invulnerably").
id ... quod ... diximus: object of *probes*.
summum deum esse plenissimum: accusative/infinitive after *diximus*.
12. **naturaliter**: "by nature."
habentis dei habitaeque beatitudinis: "of God who has [happiness] and of the happiness that is had [by God]."
13. **acceptum**: sc. *bonum*.
praestantius ... existimare possis: apodosis of the condition.
ab eo quod acceperit: "than that which accepted"; *ab* with ablative for the ablative of comparison is late Latin.
14. **Quod**: connecting relative; antecedent is *bonum*.

ratione: here, "faculty of reason."
fingat qui potest: "let him who can imagine."
diversa: i.e., God and happiness.
15. **quod[1]:** antecedent is *id.*
quod[3]: antecedent is the phrase *id summum bonum non est;* object of *cogitare:* "which it is *nefas* to think about that one."
quo: antecedent is *eo.*
16. **concluserim:** potential subjunctive: "I would conclude."
17. **refragari:** "to oppose," takes the dative.
illis hoc inlatum consequens: "[that] this conclusion/inference (< *infero)* is the consequence of [i.e., follows from] these [things]."
18. **hinc quoque:** "hence also."
idem: "the same thing."
esse: "to exist."
19. **quae discrepant bona = bonorum quae discrepant:** *bona* has been attracted into the relative clause.
alterum ... alterum: "the one ... the other."
neutrum: "neither."
alterutri < *alteruter,* "the other one"; dative with *deest.*
21. **reapse = re-apse** (*-apse* is an emphasizing suffix).
nec ... nec ... nec: the negative force of the conjunctions may be ignored in translation; it only repeats that of *nihil.*
22. **veluti[1]:** "just as," introducing a comparison answered by *ita.*
geometrae: "those skilled in geometry."
quae: antecedent must be taken as *aliquid,* whose indefinite force allows it to be construed here with the plural relative.
porismata: Greek plural πορίσματα; technical term borrowed from Greek for logical conclusions, especially those discovered as a by-product of another demonstration.
veluti[2]: "a sort of," "so to speak"; used to soften force of the metaphor *corollarium.*
corollarium: originally "a trifling gift" (usually a crown of flowers, hence a diminutive of *corolla);* Boethius uses it to capture the serendipitous quality of this conclusion: something unlooked-for but welcome. Cf. also 3P12.32 *(munusculum).*
23. **adeptione:** "by acquisition ..."
24. **uti:** "just as."
sapientiae: sc. *adeptione.*
divinitatem adeptos: "[those men] having acquired divinity."
25. **Omnis ... unus:** "Every happy man [is] a god, but by nature there is one [God]."
quam plurimos: "as many [as you like]."
27. **hoc:** ablative, refers to the argument to follow in 28.

his adnectendum esse: "must be connected to these [earlier conclusions]."
28. **multa**: accusative plural neuter.
utrumne ... an: introducing an alternative question: whether happiness is the sum of its parts or whether a single quality embodies happiness, from which the other qualities arise. The question is restated in section 31 of the next paragraph. In classical Latin, the verbs would have been in the indicative.
veluti corpus: see on 22.
30-43. The five main constituent parts of happiness (*sufficientia*, etc., from 3P2-8) are now considered again in light of B.'s fuller understanding of true happiness.
30. **Addas**: subjunctive with *licet;* "you may add."
eadem ... eadem ... beatitudo: subject of all the verbs.
31. **verticem**: "highest point."
33. **discretionem**: "distinction, separation," applied to the components of the logical problem.
discreparent: "would differ."
34. **alioquin**: "otherwise."
quod fieri nequit: because *coniuncta* implies a joining together of more than one thing.
36. **palam est**: "it is clear that"; governing accusative/infinitive.
idem: object of *coniectare*.
37. **expeti**: present passive infinitive < *expeto*.
38. **tamen si**: "if still."
esse videantur: sc. *bona*.
summa, cardo atque causa: subject of *esse videatur*.
bonitas: predicate nominative.
39. **cuius ... causa quid expetitur, id**: "that for the sake of which something is sought."
veluti: "as for example."
equitare: "to ride horseback."
41. **sic quoque**: "in this way also," i.e., by this argument also.
43. **securo**: "surely," adverb.
usquam alio: "anywhere in another place," i.e., "anywhere else."

Metrum 10: True happiness bestows a light brighter than the sun.
Meter: Phalaecean hendecasyllable alternating with sapphic hendecasyllable, except that line 2 is phalaecean where one would expect sapphic if the alternation were regular. In the sapphics there is a caesura after the fifth syllable.

    - - - u u - u - u - -
    - u - - - ^ u u - u - -

1. **Huc**: "here, hither."

pariter: take with *venite*.
6. **asylum**: "place of refuge."
7-9. **Tagus ... Hermus ... Indus**: rivers of Spain, Asia Minor, and India, respectively; take *donat* with each.
7. **aureis harenis**: "golden (gold-bearing) sands."
8. **rutilante**: "reddish," from the color of the silt.
9. **calido ... orbi**: i.e., the equatorial regions.
10. **candidis**: sc. *lapillis,* pearls.
    virides lapillos: emeralds.
11-12. **inlustrent ... condunt**: (1) plural subject to be taken from the gifts of the three rivers; (2) *inlustrent* is potential subjunctive (goes with *non* in line 7: its object is *aciem*: "sight") (3) *magisque*: "and instead" (lit.: "more").
12. **suas**: antecedent in the subject of the verb; these bright things have a darkness of their own.
13. **Hoc**: object of *aluit* (< *alo,* "raise, nourish") and antecedent of *quicquid.*
15. **quo regitur ... caelum**: cf. 2M8.30, 1M5.47.
17. **hanc lucem**: i.e., *splendor* (line 15).
18. **candidos**: sc. *esse.*

Prosa 11: The Good and the One are the same.

1. **nexa** < *necto,* "fasten, weave."
2. **Quanti**: genitive of value.
   agnoveris < *agnosco,* "recognize, understand"; future perfect.
3. **Infinito**: ablative of price.
   pariter ... quoque: emphatically repetitive.
4. **modo**: "provided that," with subjunctive *(maneant).*
   paulo ante: 3P10.31ff.
5. **ea**: subject of four infinitives—*esse, posse, fieri, habere*—in indirect discourse after *monstravimus.*
   idcirco: explained by the *quoniam* clause.
   invicem: take with a *se*: "from one another."
   cumque: introduces a causal clause depending on *[ea] ... non posse.*
   alteri: dative with *abesset.*
   cum ... colliguntur: circumstantial clause, depending on *[ea] ... fieri.*
   efficientiam: "efficacy, capacity for acting."
   ut ... iucunditas: result clause.
   nisi ... sint: protasis for a future-less-vivid condition, whose apodosis is furnished by *[ea] ... habere.*
   quo ... numerentur: causal relative clause.
6. **Demonstratum**: sc. *est.* Answers the question, *nonne monstravimus?*

7. **Quae ... fiunt**: compound relative clause defining *haec* later in the sentence.
   haec ut bona sint: result clause after a verb of making (*fieri* ["to come to be, to be made"] ... *contingit*).
8. **an minime**: "or not?"
9. **unum atque bonum**: "The One and the Good."
10. **Nostine = novistine**.
    pariter atque: "as soon as, at the same time as."
11. **in unum coeunt**: "come together as a single entity or unit."
    utriusque: "of each, of both (body and soul)."
12. **visitur**: "is looked at, strikes the eye."
    humana species: "outward appearance of a human being."
13. **percurrenti cetera**: "to one going over the rest of the argument."
    aliud: "anything else"; take closely with *minime*.
14. **quod**: "[anything] which."
    relicta ... appetentia: ablative absolute.
15. **considerem**: subjunctive in protasis of mixed condition; cf. *invenio* in the apodosis.
    nihil: "no [animal]."
    nullis ... cogentibus: ablative absolute.
    extra: "from without."
    abiciant ... festinent: plural because of *animalia* (*AG* 317d).
18. **non est = nihil est**.
    quod: object of *ambigere*, antecedent assumed from *non est*.
    primum: "first of all," in a sequence that continues through §29.
    innasci: "to be born in."
    ubi ... possint: purpose clause.
    exarescere: "to dry up."
19. **aliae**: sc. *herbae atque arbores*.
    quas: relative (antecedent: *aliarum*) takes its case as object of *transferre*, but has also attracted the subject of *arescant*.
20. **elaborat**: "works for, takes pains"; governing the purpose clause, *ne ... intereant*.
21. **Quid quod**: "What of the fact that ..."
    omnes: still of plants/trees.
    ore demerso: ablative absolute.
    alimenta: "nourishment."
    per medullas ... corticemque (< *cortex*): "through pith and bark."
    robur: object of *diffundunt*.
22. Three layers are imagined: *interiore ... sede, extra* ("outside [the inner layer]"), *ultimus ... cortex*.
    quadam ligni firmitate: sc. *reconditur*.
    mali: objective genitive with *defensor*.

24. ad tempus manendi: "of lasting for a time"; *manendi* is genitive governed by *machinas*.
generatim: "after their kind."
25. Construe: *nonne quaeque desiderant quod suum est? Quaeque* echoes the demonstrative pronoun (*ea*) for emphasis.
26. nisi quod: "if not because."
singulis: "to each."
27. Porro autem: "but moreover"; introduces a further point.
consentaneum: "fitting, appropriate, suited."
sicuti: "in the same way."
28-29. Each of the traditional four elements (earth, water, air, fire) resists disunifying division in a characteristic way, thus revealing the importance of unity in the natural order.
29. liquentia: indicates transparency as well as fluidity and hence describes both air and water.
30. Conscious and unconscious volition are to be distinguished.
sicuti est quod: "such as [the fact] that."
acceptas: perfect passive participle, modifying *escas*.
transigimus: "we make to pass through."
spiritum ducimus: "we draw breath."
32. quam: sc. *mortem*.
contraque: "and on the contrary."
gignendi opus: "act of procreation."
33. sui caritas: "love of self." (This is the only occurrence of *caritas* in the *Consolatio*.)
animali: "of the animating spirit"; adjective.
quoad possunt: "insofar as they can."
35. indubitato: adverb.
36. hoc: i.e., *unum esse*. Without *unum esse* (*hoc enim sublato*: ablative absolute) there can be no esse at all.
37. unum: "The One, Oneness."
quod bonum: sc. *sit*.
38. ita describas licet: "you may describe thus"; with indirect statement.
39. nihil unum: "no Oneness."
uno veluti vertice destituta: "devoid of Oneness as if [devoid] of its crowning point."
40. mediae veritatis notam: the phrase resists translation, but clearly indicates that the truth grasped is at the center of all philosophy.

Metrum 11: The truth lies within us already, to be discovered by exercise of memory.
Meter: Scazons ("limping" iambic trimeter). See on 2M1. In line 5 the first anceps (x) and the second long (-) are replaced by u u.
  x - u - | x ^ - u - | x - - -

2. **deviis**: cf. 3P8.1.
3. **revolvat**: jussive subjunctive.
   visus: genitive.
4. **longos ... motus**: movements of the rational soul. (For the underlying idea, cf. Gruber.)
5-6. **doceat**: governs indirect discourse; construe: *animum possidere (quicquid extra [animus] molitur) retrusum.*
   extra molitur: "work upon outside [itself]."
6. **retrusum** < *retrudo,* "push back, hide away."
7. **dudum**: adverb with *texit.*
   nubes: "cloud," nominative singular.
10. **obliviosam**: "bearing forgetfulness," with *molem.*
11. **introrsum**: "within," adverb.
12. **ventilante**: "fanning, stirring up," in ablative absolute, with *doctrina.*
13. **rogati**: nominative plural masculine; "when asked."
    recta: accusative plural neuter.
14. **fomes**: "tinder, kindling."
15. **personat**: "makes resound, cries out."
16. **immemor recordatur**: "remembers forgetfully"; we might say, "unconsciously." Plato had taught that all knowledge comes by a process of recollection, or anamnesis; cf. Plato's *Meno* 82Cff. for a convenient summary.

Prosa 12: God's goodness rules the world.

1. **secundo**: adverb, "a second time."
   commemoras: "remind" someone (accusative) about something (genitive).
   primum quod: "first because"; P. reminded B. of the doctrine first in his youth because, like all people, he had forgotten it when his soul entered the body (cf. 3M11); and second here in the *Consolatio* because he had lost sight of truth under a burden of sorrow.
2. **priora ... concessa**: "the principles agreed to earlier [in the *Consolatio*]."
   illud: anticipates the substance of the following *quin*-clause.
3. **Quibus ... gubernaculis mundus regatur**: 1P6.7.
   fuisse confessum = confessum esse < *confiteor,* "acknowledge, confess."
4. **regi**: passive infinitive < *rego.*
   paulo ante: cf. 1P6.4-7.
   quibusque ... accedam: "the arguments to which I accede in this [matter]"; indirect question.
5. **esset**: the protasis is present contrary to fact (because this being continues to exist), even though the apodosis is past contrary to fact.
6. **Coniuncta**: accusative plural.

invicem: "from one another."
7. **tam dispositos motus:** "such orderly movements."
   locis ... qualitatibus: ablatives of respect with *explicarent;* these five terms are a virtual inventory of the ancient philosophical terms for all possible forms of motion; cf. Gruber.
   explicarent: "deploy, arrange"; sc., e.g., *diversae partes.*
8. **usitato:** "regularly used."
9. **sospes:** "safe and sound."
11. **amminiculis:** "means of support."
14. **clavus atque gubernaculum:** "rudder and helm."
    mundana: "of the world."
15. **te ... dicturam:** indirect statement with *prospexi.*
16. **quod dicam:** "what I am about to say"; the subject of *patet.*
17. **bonitatis clavo:** "with the rudder of [i.e., that is] goodness"; epexegetic genitive.
    sicuti docui: 3P11.
    voluntaria: "beings possessed of conscious will."
    rectori: dative of agent with passive participle.
18. **detrectantium iugum:** "a yoke [upon the neck] for people who shrank [from it]."
    obtemperantium salus: "safety and well-being for those who obey."
19. **deo contra ire:** "to go against God"; treat *contra ire* as a compound verb taking the dative.
20. **quicquam:** subject of *proficiet.*
    beatitudinis: objective genitive with *potentissimum.*
22. **regit cuncta fortiter suaviterque disponit:** these words are thought by some to be a clear echo of Wisdom 8.1, *attingit [sapientia] ... fortiter et disponit omnia suaviter,* a contention perhaps fortified by B.'s ensuing statement that the choice of words delights him more than the principle expressed. This is the clearest echo of any Christian scripture to be found in the *Consolatio.*
23. **Quam ... delectant:** "How much ... [they] delight!"
    verum multo magis: "but much more[so]."
    tandem aliquando: "at long last."
    magna lacerantem: "tearing [down] great things"; the habitual action of *stultitia.* For *stultitia,* cf. 1P3.6ff.
    sui: "of itself," genitive with *pudeat.*
24. **lacessentes:** "challenging, provoking."
    Gigantas: The war of the giants against the gods (they were defeated with the aid of Hercules) made them proverbial figures for resistance to divine order.
    uti condignum fuit: "as was most fitting."
25. **visne ... collidamus:** "do you wish that we should bring into conflict ...?" (Literally, "strike together": P. takes her image from the practice of striking stones together to make sparks.

Boethius

dissiliat: "fly out"; potential subjunctive after *forsitan*.

26. **omnium potentem = omnipotentem.**
    dubitaverit: past potential subjunctive.
    mente consistat: "is unshaken in his mind."

27. **Qui**: antecedent is *ille*.

29. **qui nihil non potest**: "who is unable [to do] nothing," i.e., "who can do everything."
    P.'s argument is coy, but the principle that evil does not really exist and is only the absence of existence was common among Platonists and Christians in this period.

30. **Ludisne ... me**: "Do you make fun of me?"
    quae: sc. *Philosophia* (subject of *introeas*).
    qua: sc. *via*.
    quae ... egrediare: causal relative clause.
    egrediaris ... egrediare < *egredior;* both present subjunctive second person singular.
    introieris < *introeo*, "enter"; perfect subjunctive.
    simplicitatis ... complicas: the two words from the same root but with opposed meanings emphasize the paradox of divine order: innately simple but complex from the point of view of human understanding. B. will continue to play with words containing the root *-plic-* through the rest of the *Consolatio*.

31. **paulo ante**: 3P10.17.
    beatitudine: ablative of origin.

32. **ex quo ... dabas**: "from which [argument] ... you gave"; introduces indirect statement.
    quasi munusculum: "as a sort of little gift"; cf. 3P10.22, *veluti corollarium*.

34. **bonitatis gubernaculis**: cf. 3P12.17, *bonitatis clavo*.

35. **nullis extrinsecus sumptis**: ablative absolute: "with no [premises] imported from outside"; taken by some to be a way of saying that no reference is made here to Christian revelation.
    ex altero <altero> fidem trahente: "with the one taking its credibility from the other." The angle brackets indicate that the manuscript authority for the second *altero* is very weak, but editors agree that the word is necessary.

36. **quem dudum deprecabamur**: cf. 3P9.32-33 and 3M9.
    exegimus: "accomplished."

37. **dilabatur**: "slips away, disperses."
    Parmenides: cf. Diels, *Fragmente der Vorsokratiker* (28B 8, 43); the line is quoted by Plato (*Sophist* 244E) and many Neoplatonists. Here again is evidence of B.'s 'Eleatic' loyalty (cf. 1P1.10).
    πάντοθεν εὐκύκλου σφαίρης ἐναλίγκιον ὄγκῳ: "like the body of a sphere, well rounded on all sides."

38. nihil est, quod ammirere: "there is no reason that you should wonder."
  Platone sanciente: ablative absolute; a reference to *Timaeus* 29B (the same part of the work which provided the content for 3M9).
  didiceris < *disco;* perfect subjunctive, governs *oportere*.
  cognatos ... rebus ... esse sermones: "for words to be related to the things ..."

Metrum 12: We lose sight of what is above us when we pay too much heed to things that are below us.
Meter: Glyconic.
- - - u u - u -

1. Echoes Vergil, *Georgics* 2.490ff. (itself probably in praise of Lucretius), quoted above in note on 1M4.2.
2. Cf. 3M9.23.
  visere: not merely "to see" (*videre*) but "to look at fixedly."
6. **vates Threicius**: i.e., Orpheus, the legendary poet and husband of Eurydice; invoked through antiquity for a variety of religious and philosophical doctrines. His song had magical power over nature and the animal kingdom. This poem is strongly indebted to Seneca, *Hercules Furens,* 569-589.
7. **flebilibus modis**: cf. 1M1.1-2.
10. **latus**: neuter accusative singular: *iungere latus,* "to stand side by side."
12. **visum**: modifies *canem.*
  lepus: "hare."
13. **iam cantu placidum**: "already calm by virtue of [Orpheus's] song."
14-15. **intima ... pectoris**: "inmost [depths] of [his] heart."
16. **qui**: sc. *modi* (line 17).
18. **immites** (sc. *esse*) **superos**: indirect statement governed by *querens* (< *queror,* "complain").
19. **infernas ... domos**: i.e., the underworld.
22-25. **quidquid ... quod ... quod**: objects of *deflet* (line 26).
22-23. **deae matris**: the muse Calliope.
25. **luctum**: object of *geminans.*
26. **Taenara**: object of *commovens.* Taenarum (in the southern Peloponnesus of Greece) was one of the legendary entrances to Hades. In the plural it stood for the underworld in general (as early as Seneca).
28. **rogat**: takes two objects (*veniam* and *dominos).*
29-39. Hell takes a holiday, music by Orpheus.
29. **stupet**: scan first syllable short, second long.
29-30. **tergeminus ... ianitor**: Cerberus, the three-headed hound of hell.
31. **quae**: antecedent is *deae*: the Furies.

sontes: "the guilty ones," accusative plural.
34-35. Ixion was tortured endlessly on the wheel, for assaulting Juno.
36. longa: ablative with *site* (< *sitis*, "thirst").
36-37. Tantalus was punished by being placed in water which fell away whenever he tried to stoop and drink.
38-39. Tityus was chained down while vultures gnawed his liver.
40-41. arbiter umbrarum: probably Minos, legendary king of Crete and judge in the underworld.
42. comitem viro: "as companion to the husband."
44. coherceat: jussive subjunctive, placing a condition on the gift.
45. dum: "until."
liquerit: perfect subjunctive.
46. lumina flectere: i.e., look backward toward hell.
47. det: potential subjunctive: "Who could give ...?"
50. Eurydicen: Greek accusative.
51. occidit: middle syllable short, "died"; to read the middle syllable long (i.e., "he killed [her]") would be unmetrical and redundant after *perdidit*.
56. lumina flexerit: cf. line 46.
57. trahit: "carries, bears."
58. dum videt: "when he sees."

Book Four

Prosa 1: B. laments the presence of unpunished evil in the realm of a good God. P. denies the charge and sets to demonstrate divine justice.

1. **Haec:** accusative plural; refers to contents of the preceding metrum.
   dignitate ... servata: ablative absolute.
   cecinisset < *cano,* "sing."
   nondum penitus: adverbial phrase with *oblitus.*
   intentionem ... parantis: "the concentration ... of a person making ready."
   abrupi < *abrumpo,* "break off."
2. **praevia:** "forerunner"; vocative.
   quae: accusative plural, object of *fudit* (< *fundo*); antecedent is the understood subject of *patuerunt.*
   cum ... tum: correlatives; "both ... and."
   sui speculatione divina: "divine in their contemplation," i.e., when one looks at them.
   eaque: object of *dixisti.*
   etsi oblita: "although forgotten"; sometimes, as here, the past participle of *obliviscor* is passive.
3. **vel maxima:** "the very greatest"; *vel* with superlatives emphasizes the very highest degree.
   cum: "although."
   omnino: "at all."
   praetereant: "pass by," i.e., escape.
4. **in locum facinorum:** "in the place of crimes [which deserve to be punished]."
5. **Quae fieri:** accusative/infinitive governed by *nec ammirari nec conqueri.*
   scientis ... potentis ... volentis: genitive participles modifying *dei.*
   potentis omnia: "capable of all things"; in this passage B. frequently uses *posse* with a direct object meaning "to be able to do [something]."
   nec ... nec: "either ... or" (in translation the negative force is supplied from *nemo).*
6. **infiniti stuporis:** "a [source of] boundless amazement."
   patris familias: "father of the household"; genitive singular.
   dispositissima: "very well-ordered"; modifying *domo.*
7. **ipso ... auctore:** ablative absolute, to be taken with *cognosces;* i.e., God will be the source of B.'s next advance in knowledge.
   id genus: "of this kind"; adverbial accusative.

4P1 Boethius

8. quoniam ... vidisti ... agnovisti: "since you have seen [and] you know." Note asyndeton and translation of *agnovisti* (< *agnosco*).
   me dudum monstrante: i.e., in 3P10.
   decursis omnibus: "having run over all the things."
9. ductu ... semita ... vehiculis: cf. 3M9.28.

Metrum 1: The mind has powers to ascend to its true homeland.
Meter: Dactylic tetrameter alternating with iambic dimeter. The tetrameter ends with the cadence u x.
   - uu | - uu | - uu | - u x
   x - u - | x - u -

1. mihi: dative of the possessor.
   conscendant: subjunctive of purpose.
4. perosa despicit: "detesting, it looks down on."
6. postergum = post tergum.
7. quique = qui + -que; antecedent is *ignis verticem* in line 8.
   The movement of the 'ether' (above the atmosphere) was the source of such signs of fire as comets, meteors, and the Milky Way (so said Aristotle). In late antiquity the Milky Way was regarded as the pathway of souls on the way to highest heaven. (See Gruber.)
9. astriferas domos: "star-bearing houses," the zodiac signs.
11. gelidi senis: i.e., Saturn.
12. miles corusci sideris: subject of *surgat, coniungat,* and *comitetur;* perhaps an allusion to Mars.
13. pingitur: "is decorated."
14. recurrat: "follows again" (i.e., the mind in its ascent follows the course of a star).
15. exhausti ... satis: "enough of fatigue"; subject of *fuerit*.
16. polum ... extimum: "outermost sky," cf. *stabilem ... orbem* in 1M2.15.
17-18. The mind reaches the other side of the fast-moving ether *(dorsa velocis aetheris)* itself and so attains the domain of true, venerable *(verendi)* light.
19. Hic: "here."
   regum < *rex*, "king."
23. Huc: "to this spot."
24. quam: sc. *patriam* (see following line).
   immemor: cf. 3M11.
25. dices: parenthetical.
26. sistam < *sisto*, "cause to stand still, bring to a halt."
27-28. See on 2P7.23

Prosa 2: P. explains how the virtuous are really powerful, the wicked impotent.

1. **Papae**: see on 1P6.6.
   modo: "just, only"; take with *ne moreris* (negative command).
   moreris: here, "put off, delay."
2. **adesse potentiam, malos ... esse desertos**: accusative/infinitive.
   licebit: sc. *tibi*, "you may," governs *agnoscas*.
   alterum ... ex altero: "the one [proposition: e.g., *potentiam semper adesse bonis*] ... from the other."
3. **bonum malumque**: take throughout this section as abstract substantives (Good and Evil).
   esse constiterit = sit. Literally, "shall be established to be"; this pleonasm probably comes from habitual preference for ending sentences and clauses with particular rhythms.
4. **alterutro**: "by each [in turn]."
5. **omnis ... constat effectus**: "every accomplishment consists."
   explicari: as often in B., "be accomplished, completed" (e.g., 3P7.4).
6. **Deficiente ... voluntate**: ablative absolute; the equivalent of a conditional clause (*si deficit voluntas*).
   aggreditur: "approaches," hence, "begins, undertakes."
7. **huic**: antecedent is *quem;* dative with *defuisse*.
   obtinendi: gerund, objective genitive with *valentiam*.
8. **Quem**: accusative subject of *effecisse*.
9. **Quod ... potest**: see on 4Pl.5.
   in eo ... in hoc: each pronoun is antecedent for the preceding relative clause.
   censendus: "must be thought."
10. **superioribus rationibus**: cf. 3P2.
11. **Num recordaris**: cf. 3P10.
12. **indiscreta intentione**: "with intentions that are not distinguished [from each other]."
13. **certum**: sc. *est*.
17. **duo**: sc. *homines*.
    idem: "the same thing."
    quam naturae convenit: "than accords with nature."
    implentem: "the one who does fulfill [his intention]."
20. **eiusque rei**: i.e., *ambulandi*.
    pedum: predicative.
    Ne hoc quidem: sc. *dubito*.
21. **manibus nitens**: "relying on his hands."
22. **potens**: "[the one] in control of," with genitive.
    eo: ablative of comparison.
23. **boni**: nominative plural, "good people."

adipiscendi boni: "of attaining the good."
idem ipsum: "one and the same thing."
27. **praeeuntis naturae**: "of Nature going on before."
28. **in eo ... quod solum ... moliuntur**: "in that ... which alone ... they strive for."
29. **Sicut**: begins a simile picked up by *ita* three lines below.
quo nihil ulterius pervium iaceret incessui: "where nothing further passable should lie open to [one's] approach"; i.e., "where you can go no further."
expetendorum: "of seeking after things."
quo nihil ultra est: "beyond which there is nothing else."
iudices < *iudico*, subjunctive after *necesse est*.
30. **quod huic obiacet**: "what lies over against this," i.e., the converse.
31. **inscitiane = inscitia + ne**, ablative of cause; sc. *est;* correlated with *an sectanda noverunt*.
sectanda: "the things to be pursued."
transversos: "sideways," i.e., off the right path.
intemperantia: sc. *praecipitat*.
32. **omnino esse**: "to exist at all." Compare the argument from 3P12.24-29, on the non-being of evil.
33. **cuipiam** < *quispiam*, "someone, something."
34. **eos malos esse**: "that they are evil"; here *esse* is merely a copulative.
eosdem esse: "that they [the same people] exist."
35. **uti**: "just as," introducing a simile.
malos: predicative.
36. **Est enim, quod**: "For that thing exists which ..."
ordinem retinet: "preserves the order [innate in things]."
esse: "(its) existence"; accusative verbal noun.
38. **quae minime valerent**: "which they would be unable [to do] at all."
39. **possibilitas**: abstract quality < *posse* (but not identical with *potentia* or *potestas*); P. is being deliberately ironic.
40. **idem**: i.e., the *summum bonum*.
41. **homines**: accusative subject of *posse*.
idem: i.e., *homines*.
42. **bonorum tantummodo potens**: "capable only of good actions."
queant: takes accusative object (*omnia*) by analogy with *posse*.
43. **Huc accedit quod**: "there is added to this the fact that"; in a word: "moreover."
omnem potentiam ... numerandam: sc. *esse*.
44. **patrandi** < *patro*, "accomplish, achieve"; here, of a *scelus*, it has the sense of "commit."
45. **minime dubitabilis**: "indubitable."
Platonis ... sententiam: *Gorgias* 466DE.

The distinction made between *quod desiderent* ("what they [really] want") and *quod libeat* ("what pleases/seems good") reflects a like subtlety in Plato. All men naturally desire the good (cf. 3P11), so a different expression must be found to describe the yearning of wicked men for evil.

46. **probra**: "disgraceful acts."

Metrum 2: Those who appear to exercise great power in this world are in truth impotent.
Meter: Trochaic dimeter plus ionic dimeter with a diaeresis.

- u - x | - u - x ‖ <u>uu</u> - - | u u - -

1. **Quos**: antecedent is *superbis* (line 4).
4. **cultus**: "attire, trappings," genitive singular.
5. **intus**: "within"; metaphorically: "in reality, in spirit."
6. **hinc**: "hence".
   versat < *verso*, "keep turning," hence, "upset, disturb."
7. **fluctus**: accusative plural, object of *tollens*.
8. **captus** < *captus*, "mental acuity"; accusative plural. Some manuscripts read *captos*, sc. *dominos*.
9. **tot**: modifies *tyrannos;* the irony is that the tyrant is tyrannized by his own passions.

Prosa 3: Good men are like gods, while bad men are merely beasts.

1. **caeno**: "mud, filth."
   probra: see on 4P2.46.
   quo: antecedent is the situation summarized by the preceding sentence.
2. **Rerum ... quae geruntur**: a mild anacoluthon (lack of grammatical consistency) with the rest of the sentence. The sense could be rendered more grammatically with a phrase like: *In rebus gerendis.*
   currendi in stadio: "of running in the arena," depends on *praemium* in following line.
   iacet: "lies ready at hand"; copulative joining a subject and predicate nominative.
3. **est ... propositum**: perfect passive < *propono.*
4. **bonis**: "good people."
   ultra: "any longer."
   probos < *probus*, "honest, upright."
5. **Quantumlibet**: adverb.
   saeviant: concessive subjunctive.
   decidet < *decido*, "fall down, die"; often used of leaves in autumn (compare *arescet*, < *aresco*, "dry up, wither").
6. **extrinsecus**: adverb, modifying *accepto.*

accepto: sc. *decore.*
laetaretur: the subject is the *sapiens* of the previous sentence; note that the condition is contrary to fact, but with indicative in the apodosis, as often with *possum.*
hoc: sc. *decus.*
alius quispiam: "someone else," i.e., other than the giver (*ipse ... qui contulisset*).
desierit < *desino,* "cease"; future perfect.
7. **compotem**: see on 2P4.23.
expertem < *expers,* "having no part in, without," with genitive.
8. **cuius praemii**: sc. *expertem.*
corollarii illius: cf. 3P10.22ff.
9. **eo ipso**: "by the very fact."
10. **convenit**: "it is appropriate/fitting."
est: note asyndeton.
deterat < *detero,* "wear away, diminish."
fuscet < *fusco,* "blacken."
deos fieri: predicative after *est ... praemium.*
11. **Quae cum ita sint**: "And since these things are so ..."
nequeat: potential subjunctive.
poenae: nominative plural.
adversa fronte: ablative absolute: "turned face-to-face."
quae ... videmus accedere: "which ... we see to happen."
contraria parte: "on the opposite side."
13. **omnium malorum extremum**: parenthetical exclamatory comment. The manuscripts all read *extrema,* implying that *nequitia* is the worst of evils; some editors print the emendation *extremo,* ablative of means with *affecit.*
affecit ... infecit: *affecit* refers to external contact, *infecit* to internal penetration and permeation.
14. **ex adversa parte bonorum**: "on the other side [from that] of good people."
quae: interrogative adjective, modifying *poena.*
paulo ante: cf. 3P10.40; 3P12.33.
id: i.e., *omne quod sit.*
15. **quod fuerant**: "what they had been."
ipsa ... reliqua species: "that ... lingering appearance."
humanam: modifies *naturam.*
amisere = *amiserunt* < *amitto.*
16. **ultra homines**: "beyond [his fellow] men."
meritum: object of preposition *infra;* but the correct reading may be *merito* (adverb, "deservedly"); *hominis* then is accusative plural, thus creating a clearer contrast with *ultra homines.*
deiecit ... detrudat: subject of both is *improbitas.*

hominem aestimare: "judge [to be] a man."
17. **Avaritia**: ablative, governing objective genitive.
    ereptor: "robber."
    similem: "like," with dative.
18. **inquies**: "restless"; nominative singular.
19. **subripuisse** < *subripio*, "steal, take by stealth."
    vulpeculis: "to little foxes," dative.
20. **Irae**: objective genitive with *intemperans*: "failing to hold rage in check."
    gestare: "carry around," i.e., "sport."
21. **metuenda**: "things one should fear."
22. **asinum vivit**: "he lives [the life of] an ass."
23. **avibus**: ablative with *differt*.
24. **suis** < *sus*, "female pig, sow"; genitive singular.
25. **beluam**: "beast."

Metrum 3: The story of Odysseus's men turned into wild beasts by Circe illustrates the claims made in the preceding prosa.
Meter: Glyconic.
    - u - u u - u -

1. **Neritii ducis**: Odysseus. Neritos is both a mountain on Ithaca (Odysseus' home) and a smaller island nearby.
2. **pelago**: "the sea"; ablative of place where, with *vagas*.
3. **appulit** < *appello,-ere*, "bring to land."
4. **dea**: i.e., Circe, daughter of the sun.
5. **edita**: nominative singular.
7. **carmine**: "by an incantation."
8. **Quos**: sc. *hospites* (line 6).
    ut: "when."
    modos: "forms, shapes."
9. **herbipotens**: "skilled with herbs"; apparently a Boethian coinage.
10. **apri** < *aper*, "wild boar."
11. **Marmaricus**: "African"; Marmarica was a part of what is now Libya.
14. Human intent (*flere dum parat*) produces only a bestial result (*ululat*).
15. **Indica**: modifies *tigris*, nominative singular feminine.
16. **tecta**: "house, dwelling."
17. **variis malis**: ablative with *obsitum* (< *obsideo*, "surround, beset"), line 19.
18. **Arcadis alitis**: "of the winged Arcadian," i.e., Hermes/Mercury.
    ducem: with *obsitum;* object of both *miserans* and *solverit*.
20. **hospitis**: here, "of the host." *Hospes* refers to both host and guest in Latin, and in this poem (cf. line 6, "guests").
21. **mala**: modifies *pocula*.

4M3   Boethius

 remiges: "oarsmen," i.e., Odysseus's crew.
2 2. traxerant: "had drawn off, drained."
23-24. "Already swine, they had exchanged Ceres' foods [products of grain] for the acorn [and similar pig food]."
2 6. perditis: dative with *manet*.
27-28. The crew know the indignities they suffer.
2 7. super: adverb with *stabilis*, "above."
2 8. monstra: "portentous, misshapen things."
29-30. manum ... gramina (< *gramen*, "herb"): accusatives of exclamation.
3 1. quae valeant: supply *vertere* from line 32.
35-39. P. contrasts the poisons that affected the bodies of Odysseus's crew with those (e.g., *avaritia, ira*: cf. 4P3.17f.) that make the inner man bestial.
3 7. dira: modifies *venena*.
 penitus: "all the way in."
3 9. mentis: scan both syllables long.

Prosa 4: The misery of the wicked.

1. **quorum**: antecedent is *eis* in following clause.
 id ipsum: i.e., *bonorum pernicie saevire*.
2. **convenienti loco**: 4P6.
 magna ex parte: "to a great extent."
3. **cupita** < *cupio*.
4. **potuisse**: *prava* is still the object.
 quo: antecedent is *potuisse*.
 voluntatis: genitive with *effectus*, "the will's effectiveness," i.e., its power to influence action. Cf. 4P2.5 on *potestas* and *voluntas*.
5. **singulis**: "each," i.e., the three stages of crime (*velle, posse, perficere*) listed below; dative of possession.
6. **cito**: adverb, "quickly, soon."
 patrandi sceleris possibilitate: cf. 4P2.44.
7. **ocius**: "more swiftly."
 carituros (sc. *esse*) < *careo*, "be lacking."
 metis < *meta*, "boundary, limit."
 serum < *serus*, "late, long-delayed."
 quod: relative (antecedent: *aliquid*) introducing result clause.
 quod exspectare: "to await which."
 longum: sc. *esse*, in indirect discourse governed by *putet*.
8. **Quorum**: antecedent is the *mali* of sections 3ff.
 machina: "machine," but particularly of military siege-works.
 quod: antecedent is the preceding clause.

miserior ... nequam: "it is necessary for the one (who is) wicked longer to be more wretched."
9. **extrema:** an adjective with force of an adverb, "at last."
   infinitam ... aeternam: wretchedness that is unlimited must be eternal.
10. **concessu:** ablative supine (< *concedo*), with *difficilis*.
    inlatio: "inference."
11. **aequum est:** ("it is equitable/fair") governs the subjunctive clauses (*demonstret ... ostendat*)—compare *necesse est*.
    efficacem: "productive of," with objective genitive (a later Latin construction).
    nihil ... causetur (< *causor*, "plead, quibble"): "there is nothing which can be cavilled at concerning the conclusion," i.e., "there can be no quibble about ..."
13. **Feliciores ... esse:** sc. *dico* or a similar verb of speaking.
14. **veniat:** potential subjunctive.
    rectum: "[what is] right."
    deduci < *deduco*.
    ceteris ... exemplum esse: "and that others have an example."
    culpanda: object of *fugiendi*.
    ratio ... respectus: almost interchangeable in meaning here; "account ... attention," perhaps catch the idiom best.
15. **quis:** interrogative adjective, modifying *modus*.
    praeter: "in addition to."
16. **eo:** sc. *viro;* ablative of comparison.
17. **multo:** "much, by far," ablative of the measure of difference.
    eo: see on 16.
18-21. The manuscripts (and most editors) give these sections in the following order: 20-21-18-19. See Gruber.
18. **boni:** partitive genitive with *aliquid*.
    idemque: antecedent is *improbi*.
    impunitas: in apposition with *aliqud²*.
    iniquitatis merito: "by reason of inequity"; the construction of merito with the genitive in late Latin is similar to that of *causa* and *gratia* with the genitive in classical Latin.
20. **puniri ... elabi:** infinitives in indirect statement (after *iustum [esse]* and *iniquum esse* respectively, which depend on *manifestum est*).
21. **illud:** in apposition with the accusative/infinitive, *bonum esse omne*.
    Liquere respondi: "I answered that it was clear." (*Liquere* is the present infinitive related to *liquet*.)
23. **alia:** sc. *supplicia* (in both cases).
    poenali < *poenalis*, "penal, pertaining to punishment."

purgatoria clementia: "by forbearance that cleanses"; though the phrase has a Christian resonance already at this period, B. more likely has Platonic teaching in mind (see *Gorgias* 525Bff).

24. **id ... egimus ut**: "we have brought it about that"; introducing a substantive clause of result.
    longam: sc. *licentiam* (as with *infeliciorem* and *infelicissimam*).
    diuturnior: sc. *est*.
    post haec: sc. *argumenta*, then supply a verb like *videres* or *disceres*.
    iniusta impunitate dismissos: "let go with an unjust lack of punishment."
25. **tum demum**: "just precisely then."
    urgueantur: variant spelling of *urgeantur*.
26. **audienda**: "worthy of a hearing."
27. **assuetos** < *adsuesco*, "accustom."
    intuitum: object of *inluminat*.
    caecat: "blinds."
    affectus: "feelings, emotions"; accusative plural.
28. **Melioribus**: dative.
    conformaveris: jussive subjunctive with force of a proviso: "[Assume] you have conformed ..."
    nihil opus est: "there is no need of," with ablative (*iudice*).
29. **deflexeris**: cf. on *conformaveris* in 28.
    trusisti < *trudo*, "thrust down."
    vicibus: "by turns, in turn."
    cunctis extra cessantibus: "with all external circumstances giving way," i.e., being disregarded.
    ipsa cernendi ratione: "by the means of seeing."
    interesse < *intersum*, "be present."
31. **videntes**: "[we] people who could see."
    eadem: object of *putaremus*, here with dative, *caeco;* "the same things as the blind man [thinks]." The manuscripts all read *caecos*, which makes little sense; *caeco* is deduced by comparison with a medieval Greek translation.
32. **illud**: anticipates the *quod*-clause.
    adquiescent: "agree to," with accusative; subject to be inferred from *beluis similes* (4 lines above).
    infeliciores eos esse: in apposition with *illud*. See on 21.
34. **multipliciter**: "in many ways."
35. **si cognitor ... resideres**: "if you were to sit as judge."
    cui: interrogative.
    inferendum: sc. *esse*.
    perpesso < *perpetior*, "suffer"; here, "the victim," dative with *satisfacerem*.

dolore: ablative of instrument with *satisfacerem*.
facientis: "of the culprit" (i.e., of the one *faciens iniuriam*).
36. **inlator**: "the one who brings, who inflicts" (< *infero*).
37. **Hac**: sc. *causa*.
   ea radice: explained by *quod ... faciat*.
   iniuriam ... esse miseriam: accusative/infinitive after *apparet*.
38. **contra faciunt**: "do the opposite."
   perpessi sunt: see on 35.
   admittentibus: "the guilty ones," < *admitto*, "allow to approach," hence, "become guilty [by reason of admitting evil to one's presence]."
   quos ... duci oportebat: "who ought to be led."
   culpae: genitive with *morbos*.
   resecarent: "cut back, curtail"; sc. *iudices* as subject.
39. **defensorum**: "of defense attorneys."
   frigeret < *frigeo*, "grow chilly," hence "wane in influence."
40. **aliqua rimula**: ablative of means: *rimula* is the diminutive < *rima*, "chink, crack."
   cruciatibus < *cruciatus*, "torment, punishment."
   viderent: governs accusative/infinitive: *se deposituros [esse] sordes vitiorum*.
   ducerent: here as often, "think, consider."
41. **oderit** < *odi*, "hate"; perfect subjunctive. Since this defective verb lacks a present system, the perfect tense is to be translated as present.
42. **quidam**: modifies *morbus*.
   aegros corpore: "sick in body."
   insequendi < *insequor*, "pursue, persecute."

Metrum 4: Life is short: take pity on the wicked.
Meter: Phalaecean hendecasyllable, alternating with elegiac pentameter.
   - - - u u - u - u - -
   - uu - uu - ‖ - u u - u u -

4. **remoratur** < *remoror*, "hinder, delay."
5. **leo**: here, the second syllable is short.
   aper: here, the first syllable is long.
6. **idem**: nominative plural, antecedent of *quos*.
7. **an**: governs whole sentence.
10. **satis**: adverb with *iusta*.
11. **vis** < *volo*.
12. **miseresce**: imperative < *miseresco*, "have pity"; here governs dative.

Prosa 5: B. continues to object that the apparently unjust distribution of fortune's gifts is legitimate cause for dismay at the workings of providence.

2. **fortuna populari**: i.e., what the *populus* judges to be *fortuna* (but cf. the discussion of *fortuna* in Book 2).
   perpendo: "weigh carefully, judge."
   malit < *malo, malle*.
3. **testatius**: comparative < *testatus* (< *testor*), "manifest, public."
   contingentes: "subject."
4. **versa vice**: "with the order reversed, vice versa"; ablative absolute.
   quaeque = quae +-que.
   ratio: here, "explanation."
5. **Nunc ... exaggerat**: B.'s belief in God as *rector* exacerbates his outrage at the unfair distribution of fortune's gifts.
6. **Qui**: i.e., *deus*.
   causa: i.e., the cause of this apparently unequal distribution.
7. **ordinis**: with *ratione*.
   ne dubites: negative command.

Metrum 5: To understand an event, it is necessary to understand its causes.
   Meter: (Unique to Boethius) The first half of each verse consists of two and a half feet (trochees in the odd numbered lines and iambs in the even numbered lines), to which is added an adonic, with diaeresis between the units. Thus:
   - u | - uu | - || - u u - -
alternates with
   x - | u uu | - || - u u - -.

1. **Arcturi**: cf. 1M5.21; Arcturus shines in the northern skies (*propinqua summo cardine)*; with *sidera,* the reference may be to the bear or wain itself (cf. *labi* < *labor,* "glide").
2. **cardine**: "pole" of heaven.
3. **plaustra**: the Great Bear/Big Dipper was also seen as an ox-drawn wagon.
   Bootes: the constellation to which Arcturus belongs, thought by the ancients to be the wagon's driver.
3-4. **tardus ... seras**: Bootes seems slow because his apparent motion (rotation around the pole star) in twelve hours of the night covers a smaller arc of the visible sky than that of stars further from the pole.
5. **celeres ... ortus**: the image comes from optical illusion or from imagination, not astronomy.
7. **Palleant**: jussive, "let them grow pale".
8. **metis**: "by the boundaries," i.e., by the line of shade which crosses the moon in an eclipse.
9. **quaeque = quae + que** (antecedent is *astra* in line 10).
10. **confusa Phoebe**: the moon in eclipse.

11-12. Banging gongs was a superstitious practice thought to bring back the moon in an eclipse.
12. aera < *aes,* "bronze."
13-14. flamina (< *flamen,* "gust") ... **tundere**: accusative/infinitive after *miratur.*
Cori < *Corus,* the northwesterly wind.
15. nivis: genitive < *nix,* "snow."
frigore: ablative of means with *duram.*
16. solvier = **solvi** < *solvo.*
17. Hic: "here," i.e., on earth.
promptum est: "is easy."
18. illic: "there," i.e., in the heavens.
latentes: sc. *causae.*
19. cuncta: subject of *cessent* (line 22).
quae: object of both *provehit* and *stupet.*
20. subitis: "sudden occurrences"; ablative with *mobile.*
21. cedat: jussive subjunctive (the clause has the force of the protasis of a future-less-vivid condition): "[if] the cloudy error of ignorance should give way ..."
inscitiae: genitive (scanned as three syllables, by treating the last -*i*- as a consonant: the practice is called synaeresis).

Prosa 6: The relation between providence and fate. (This is the longest single prosa of the *Consolatio;* cf. 4P6.6.)

1. cum tui muneris sit: "since it's your task," predicative genitive.
hinc: "about this, from this question posed"; refers to B.'s complaint in 4P5; *hinc* for *de hac re* is late Latin.
miraculum: "marvel"; diminutive < *mirum;* English sense of "miracle" is not present.
edisseras < *edissero,* "explain in detail."
2. quaesitu: supine, with *maximam;* < *quaero,* "inquire."
exhausti ... satis: cf. 4M1.15.
3. una dubitatione succisa (< *succido,* "cut off, mow down"): ablative absolute.
hydrae capita: The hydra was a snake which grew a new head whenever the old one was chopped off. Hercules prevailed by cauterizing the hydra's wounds with a torch (cf. *vivacissimo mentis igne* below) to keep new heads from growing.
modus: "limit."
4. in hac: sc. *materia.*
fati serie: i.e., "chain of fate."
praedestinatione: the only occurrence of this word in the *Consolatio;* cf. 5P2.11 for the cognate form *praedestinata.*

      quae: i.e., all the abstractions just itemized.
      quanti oneris sint: indirect question; *quanti oneris* is predicative genitive.
5. **haec ... te nosse**: subject of *est*.
7. **orsa** < *ordior*, "begin."
      sortitur: "has as its lot," with accusative.
8. **modum**: "limit, rule, mode of conduct."
      cum vero ad ea ... refertur: "but when it [i.e., providence] is referred to those things ...," i.e., when considered in reference to them.
9. **Quae**: i.e., *fatum* and *providentia*.
      suis ... ordinibus: "in their orders, i.e., places in order."
10. **digerit**: "arranges"; with *in motum*, "sets in motion."
      distributa: modifies *singula*.
      in: governs *prospectum*.
      adunata < *aduno*, "unite, make one"; modifies *explicatio*.
11. **fatalis**: "of fate."
12. **faciendae rei**: "of the thing to be made"; to be taken with *formam*.
      praecipiens: "holding/taking ahead of time." Cf. 3M9.8.
      movet operis effectum = effecit opus.
      praesentarie: "in a moment."
      providentia: ablative of instrument.
      temporaliter: "in time," i.e., subject to change and movement; note that *multipliciter ac temporaliter* exactly answers *singulariter stabiliterque* in the previous clause.
13. **famulantibus** < *famulor*, "serve, attend upon," with dative; here modifies *spiritibus*.
      exercetur: almost with an active sense, "works, acts."
      anima: the "world-soul" of Neoplatonism is probably intended.
      angelica: probably echoes Platonic doctrine as retailed by, e.g., Proclus (5th century) in commentary on the *Republic* of Plato (cf. Gruber); the same is true of *daemonum*.
      gerenda: accusative plural neuter with *quae*.
14. **superent**: "transcend."
15. B. visualizes concentric spheres rotating about the same axis (*cardinem*). The inmost sphere approaches the *simplicitatem medietatis* (i.e., the immobility of the central point) and stands in the same relation to the outer spheres as the *cardo* stands to the inmost.
      orbium ... vertentium: genitive depends on *intimus*.
      qui: sc. *orbis*.
      extra locatorum: sc. *orbium*.
      extimus: sc. *orbis*.
      quanto ... tanto: "so far as ... to the same extent."
      a puncti media individuitate: "from the indivisibility of a midpoint"; *media* is a transferred epithet.

illi ... medio: "to that mid-point."
simili ratione: up to this point (from *ut orbium ...*) the sentence has been all simile; now the main clause begins.
prima mente: i.e., *mente divina,* but the turn of phrase is very Platonic.
vicinius: "more nearly."
16. **Fati:** genitive with *necessitatem.*
17. **uti est:** introduces four similes to describe the relation of the *fati series mobilis* to the *providentiae stabilis simplicitas.*
18. **in se ... temperat:** "harmonizes to one another."
    eadem: sc. *series.*
    per similes fetuum seminumque ... progressus: "by similar advances of offspring and seeds."
19. **Haec:** sc. *series.*
    quae = et haec (sc. *conexio).*
    ipsas: sc. *causas.*
20. **indeclinabilem:** "constant, unvarying."
    promat < *promo,* "bring out, produce."
    alioquin temere fluituras: "which would otherwise randomly dissipate away."
    incommutabilitate: "immutability."
21. **vobis ... minime considerare valentibus:** "to you ... not at all able to consider."
    suus modus: *suus* looks ahead to *cuncta*: "their own limit arranges all things, directing [them] to the good."
22. **causa:** "for the sake of ..."
    ne ... improbis: "not even [when done] by the wicked themselves."
    fiat: "is done."
    quoquam: "in any direction."
    deflectat: here intransitive.
23. **tum ... tum:** "now (one one occasion) ... now (on another occasion)."
24. **ea:** demonstrative force emphasized: "with such integrity" (specified by result clause *ut ... sit).*
    degunt: "live, pass their lives."
    uti existimant: "just as they judge [they are]."
25. **depugnant:** "fight it out."
26. **temperiem:** "harmonious balance of the elements," term borrowed consciously from medical usage.
27. **miraculum:** see on 4P6.1.
28. **dinoscit = dignoscit,** "distinguishes."
30. **specula:** "watchtower."
    unicuique < *unusquisque,* "each and every one."
    accommodat: "furnishes, supplies."
31. **hic:** "here."

Boethius

ab sciente: i.e., *deo*.
32. **perstringam** < *perstringo*, "graze lightly, touch upon."
    de hoc quem ... putas: "of the one you think ..."; another human being.
    servantissimum: "most observant," < *servans* (participle < *servo*).
    omnia: object of *scienti*.
    diversum videtur: impersonal; translate, "it seems otherwise."
33. Lucan, *Bellum Civile* 1.128; the gods side with Caesar (and give him victory) but Cato (a model of conscience and rectitude) sided with Pompey. B. misses Lucan's irony.
    familiaris noster: Lucan was reputed a student of Stoicism.
34. **citra spem**: "this side of hope," i.e., falling short of what is hoped for.
35. **bene moratus**: "well-conducted."
    animi viribus: cf. English, "strength of character."
    adversi: partitive genitive with *quid*.
36. **sapiens dispensatio**: sc. *dei*.
    laborare: "to struggle" under the burden of adversity.
37. **absolutus**: almost the same as *perfectus;* cf. 3M9.9.
    hunc contingi (sc. *esse*) ... **nefas**: indirect statement with *hunc contingi* as subject.
38. **quidam me quoque excellentior**: source is unknown; perhaps a late theosophic-philosophical text from the Hermetic tradition.
    ἀνδρὸς ... οἰκοδόμησαν: Literally: "The upper-heavens built the body of the holy man," but αἰθέρες are probably the divine element in man and hence emphasizes that some men, beloved of divinity, are immune to ordinary ills.
40. **distribuit**: sc. *providentia*.
    quosdam ... remordet: the ellipsis (inserted by Weinberger) marks the lack of an ablative of instrument. The point has been controverted by those who hold that *remordet* ("causes to worry") can stand with only the accusative object.
    <sinit> agitari: the insertion of *sinit* is a conjecture; others emend *agitari* to *agitat*.
    confirment: "make stronger"; subject is inferred from *alios*.
41. **plus aequo**: "more than is appropriate."
    experimentum sui: "a trial of themselves."
42. **saeculi**: "of [this] world."
    suppliciis inexpugnabiles: "unconquerable by tortures."
    invictam ... virtutem: accusative/infinitive in apposition with *exemplum*.
    quae: i.e., the various fates described in 35-42.
    disposite: "methodically."
    ex eorum bono: virtually, "for their own good."

Consolatio Philosophiae 4P6

43. **illud**: subject of *ducitur;* in apposition with noun clause, *quod ... proveniunt.*
44. **eos**: sc. *improbos.*
    malo: "by their evil"; on the text, cf. Gruber.
    laeta: opposite of *tristia* (cf. *optata* in §43).
    quid ... debeant iudicare: indirect question in apposition with *argumentum.*
    famulari: see on 4P6.13.
45. **illud ... dispensari**: "this thing is arranged," i.e., "this arrangement is made"; accusative/infinitive.
    rei familiaris: "private property, wealth."
    medetur < *medeor,* "treat [a disease]," with dative.
46. **Hic**: introduces another hypothetical individual.
    cuius: understand as antecedent a genitive with *tristis amissio.*
47. **cladem**: "ruin, disaster."
    indigne acta: "unworthily handled."
    quibusdam permissum (sc. *est)*: there is no connective (asyndeton).
    puniendi ius: "the right to punish," i.e., a civil magistracy.
    causa: governs objective genitives *exercitii* and *supplicii.*
48. **convenire**: "to agree, come together."
49. **a semet**: "from himself," taken closely with *dissentiat.*
    ipsis ... vitiis: ablative absolute.
    faciant ... decernent: sc. *viri.*
50. **Ex quo**: antecedent vague; cf. §§47-49.
51. **sibi ... videntur**: "they seem ... to themselves."
    rediere = redierunt.
    dum: causal.
52. **bona**: predicative.
    eis competenter utendo: "by using them [i.e., *mala*] suitably."
    elicit: "lure out, elicit, draw out"; subject is *divina vis.*
53. **adsignata ordinis ratione**: "from its assigned place in that order."
    licet ... ordinem: "although into another [order], nevertheless [into] an order."
    temeritati: "unpredictable, random, disorderly action": dative with *liceat.*
54. **Ἀργαλέον ... ἀγορεύειν**: *Iliad* 12.176: "It is burdensome for me to declaim all these things, as if I were a god," where the poet quails at describing the tumult of battle.
56. **Hoc tantum perspexisse**: subject of *sufficiat.*
    proditor: a later Latin sense: "one who brings forth."
    quod ... disponat ... eliminet: noun clause in apposition with *hoc tantum.* Classical Latin would prefer accusative/infinitive.
    idem: modifying *deus;* "one and the same."
    in sui similitudinem: cf. 3M9.8.
57. **quae**: i.e., "evil things."

4P6 Boethius

58. carminis ... dulcedinem: postponed at 4P6.6.
haustum: "something to drink" (with medical overtones still).

Metrum 6: The world is ruled by an ordered plan. The poem has the same meter as 1M5, the same subject (order in the cosmos), the same number of lines, and the same outline:
    1M5.1-24   order above   4M6.1-24
    1M5.25-48   disorder below   4M6.25-48
Meter: Anapaestic dimeter with diaeresis.
uu uu | uu uu ‖ uu uu | uu -

1. **Tonantis**: "the thunderer," i.e., Jupiter.
2. **pura**: ablative.
6. **concitus** < *concio*, "rouse, provoke."
7. **Phoebes**: Greek genitive singular, "of the moon."
   axem: literally, "axis," i.e., a fixed point of rotation; here, used for the rotation itself.
9. **Ursa**: antecedent of *quae* (line 8) and subject of *cupit* (line 12); the "great bear" never goes below the horizon for observers in the northern temperate latitudes.
10. **occiduo**: literally, "setting," thus "western" (where the sun and stars set).
    lota: "washed," one way to spell the perfect passive participle < *lavo* (*lavatum* and *lautum* also occur).
17-18. **astrigeris ... exulat oris**: "is in exile from the starry shores."
19-24. Cf. 2M8.2ff., 3M9.10ff.
20. **pugnantia**: i.e., in conflict with the dryness to which they do in fact yield. (This word provides the only dactyl in a fourth foot in any of the four poems with this meter. The foot may in fact be a spondee with *-tia* pronounced as a single syllable by synaeresis.)
21. **vicibus**: "by turns."
23. **pendulus**: "hanging, poised"; fire is normally to be found balanced between the air and the ether.
24. **sidant**: "settle, subside."
25. **vere**: "in spring" (< *ver, veris*).
26. **spirat**: here, "exhales, emits" with direct object (*odores*).
30. **haec**: accusative.
32. **eadem**: object of *condit* and *aufert*.
    condit et aufert: both creates (cf. lines 30-31) and takes away (cf. line 33).
33. **obitu ... supremo**: "in the final passing away."
    orta: "things having arisen," i.e., "whatever has come to be"; object of *mergens*.
38. Cf. 3M9.3.
39. **sistit**: "causes to stop."

40. rectos: "straight, direct."
  itus: "goings, courses"; first syllable scanned long, unclassically.
43. dissaepta: "separated as if by walls."
45. boni fine: i.e., by having the Good as their common goal.
47. converso rursus amore: The divine principle sets all things in motion but then in the end draws them back to rest in itself.
48. causae: dative with *refluant*.
  esse: object of *dedit;* translate, "being, existence."

Prosa 7: Everything that happens, including 'bad fortune,' is for the good.

2. Omnem fortunam: supply a verb like *vides* (§1).
  qui = *quo*, "how."
3. causa: "for the sake of," governing four preceding gerunds.
  omnis bona: sc. *est*.
4. nixa (sc. *est*) < *nitor*.
5. inopinabiles: "unthinkable."
  paulo ante: cf., e.g., 4P4.10.
  et quidem crebro: "and indeed frequently."
7. visne ... accedamus: "do you want us to agree ...?" The point of view of the *vulgus* is taken through section 13.
9. Quae: sc. *fortuna*.
10. haec: sc. *fortuna*.
11. Quid vero: "But what about?"
  iucunda: sc. *fortuna*.
  num: begins question (expecting negative answer) and thus leaves construction of first part of sentence unfinished.
  verum uti: "but [just] as."
12. reliqua: sc. *fortuna*.
13. Immo: "Quite the contrary ..."
14. ne ... confecerimus: clause of fearing or preventing (*vide* here means virtually "beware").
15. evenit: governs accusative/infinitive, *omnem ... esse fortunam*.
  vel sunt: omit this *vel* in translation.
  There are three classes to whom all fortune is good: those who have, those who approach, or those who are attaining virtue. By contrast, there is only one group to whom fortune is bad: those abiding in wickedness.
16. moleste ferre: "to take [it] badly."
17. quotiens (twice in this sentence): "as often," hence, "whenever."
  ut: "just as."
18. Utrique: "to both," i.e.,
  huic: "to the *vir fortis*," and
  illi: "to the *vir sapiens*."
  materia: governs both gerundive phrases.

4P7   Boethius

19. **Ex quo**: "Whence."
   diffluere ... emarcescere: "to wallow ... to dry up"; infinitives of purpose after *venistis*.
20. **acre**: "bravely, ardently," adverb < *acer*.
   conseritis: "you join [battle]."
21. **medium ... occupate**: military imagery continues.
   habet contemptum felicitatis = contemnit felicitatem. (The construction is used to parallel *habet praemium*.)
22. **situm**: sc. *est*.

Metrum 7: Heroic endurance leads to success.
Meter: Sapphic hendecasyllable with caesura after the fifth syllable. The last line is an adonic (- u u - -).
   - u - - - ^ u u - u - -

1. **bis quinis = decem**.
   operatus < *operor*, "work, be occupied"; here, "having waged" (with accusative: late Latin).
2. **Atrides**: "son of Atreus," viz. Agamemnon, leader of the Greek expedition against Troy.
   Phrygiae: i.e., Troy.
3. **fratris**: Menelaus, husband of Helen (whose absence is implied by *amissos thalamos*).
4-7. In order to placate the goddess Artemis and secure favoring winds for his becalmed fleet on the way to Troy, Agamemnon sacrificed his daughter Iphigenia at Aulis.
6. **exuit patrem**: "he put off [the role of] a father."
7. **foederat**: "had stained/defiled."
   sacerdos: "[as a] priest," apposition with *ille*.
8-12. Odysseus's encounter with the Cyclops, Polyphemus.
8. **Ithacus**: "from Ithaca."
10. **alvo**: "belly."
11. **caeco ... ore**: "blind visage"; causal ablative; Odysseus had put out the Cyclops's only eye.
   furibundus: sc. *Polyphemus*.
12. **rependit**: "paid back."
13. **celebrant**: "make famous."
13-31. The twelve labors of Hercules, which won him divine status (lines 30-31), were given in various lists in antiquity; B. gives them in this order:
   I) taming the Centaurs (line 14),
   II) despoiling the Nemean lion (15)
      (**saevo ... leoni**: dative of separation),
   III) slaughtering the Stymphalian birds (16)
      (**fixit**: "transfixed," i.e., "shot"),

Consolatio Philosophiae 4M7

IV) stealing the golden apples of the Hesperides (17-18)
    (**laevam**: accusative of respect with *gravior,* "weighed down in his left hand"),
V) chaining the (three-headed) hellhound, Cerberus, and bringing him up to the light of day (19),
VI) feeding the stern Thracian Diomedes to his own horses (20-21),
VII) killing the Lernaean Hydra [see 4P6.3] (22)
    (**combusto**: "burned up"),
VIII) shaming the river god Achelous in defeat, by breaking off his horns (23-24)
    (**Achelous**: scanned short-short-long-short)
IX) killing the giant Antaeus (25)
    (**stravit** < *sterno,* "throw down, bring low"),
X) killing the half-man Cacus who had been plaguing Evander's city (*Aeneid* 8.190f.),
XI) capturing the Erymanthian boar (and bringing it back) (27-28)
    (**quosque**: antecedent is *umeros* [28]),
XII) holding the world on his shoulders—taking Atlas's place) (29-30, foreshadowed in line 27)
    (**inreflexo**: "unbent").
30. pretium: governs genitive, *ultimi ... laboris.*
31. caelum: in apposition with *pretium.*
32-33. celsa ... via: probably the Milky Way.
34. terga nudatis: "bare your back," as you flee.

Book Five

Prosa 1: B. insists that P. explain the nature of chance (i.e., *casus*); she denies that such a thing exists.

1. **tractanda** < *tracto*, "handle, treat."
   expedienda < *expedio*, "extricate, disentangle [from confusion]."
2. **dudum ... dixisti**: 4P6.2-4.
   quaestionem ... esse: accusative/infinitive in apposition with *quod*: "what you said, namely that ..."
   re: here, "in reality."
3. **an ... arbitrere** (= **arbitreris**): indirect question.
   esse ... et quidnam esse casum: indirect statement: "[that] chance exists and what it is."
4. **patriam**: accusative of place to which.
5. **cognitu**: ablative supine < *cognosco*.
   aversa: probably adjective: "contrary, in the wrong direction," with preposition *a*.
   ne ... possis: clause of fearing after *verendum est* ("it is to be feared").
   emetiendum: "traversing" (gerundive of purpose).
6. **loco**: here, "opportunity, facility"; a dative of purpose.
   fuerit: future perfect.
   ea: object of *agnoscere* ("to understand").
7. **omne**: "every."
   nihil: subject of *ambigatur*.
   de sequentibus: "concerning the consequences [of your argument]."
   ambigatur: potential subjunctive.
8. **Morem ... geram** < *morem gero*, "oblige, humor," with dative.
   temerario: here, "accidental."
   praeter subiectae rei significationem: "without signification of [any] subject"; i.e., *casus* is a word referring to no reality. *Praeter* regularly means "without" in later Latin.
   quis ... ullus: a pleonastic (redundant) later Latin combination; modifies *locus*. Translate: "what place ...?"
   cohercente ... deo: ablative absolute.
9. **veterum**: e.g., Parmenides (cf. on 1P1.10).
   refragatus est < *refragor*, "oppose, thwart," with dative.
   id: the principle *nihil ex nihilo existere*, taken up by *hoc* below.
   illi: sc. *veteres*.
   de operante principio: "concerning the first mover," i.e., God.

materiali subiecto: "matter subject [to the first mover]."
omnium de natura rationum: "of all reasoning about nature."
10. **possibile est:** governs the accusative/infinitive, *casum ... esse*.
   qualem: antecedent is *huius modi* in the previous line.
   paulo ante: 5P1.8.
11. **iure:** "by rights, justly."
    lateat: "escape the notice of," here with accusative *vulgus*.
12. **Aristoteles ... in Physicis:** Aristotle, *Physics* 2.4-5; more closely parallel is *Metaphysics* 1025a14ff.
    propinqua: with genitive.
13. **gratia:** with genitive *cuiuspiam rei*.
    aliudque: take closely with *quam* ("than") *quod intendebatur*.
    obtingit: "happens, befalls."
    ut si: introducing a hypothetical example.
    defossi < *defodio*, "dig up."
14. **fortuito:** adverb, "by chance."
    operatus: sc. *esse*.
15. **eo loci:** "in that place"; *loci* is partitive genitive.
16. **compendii:** "profit."
    quod: sc. *compendium*.
    obviis sibi: "encountering each other."
    gerentis: "of the one carrying out [the deed]."
17. **ut:** introducing purpose clause after *intendit*.
    quo: sc. *loco*.
    hunc fodisse: accusative/infinitive with *convenit* and *concurrit*.
18. **in his:** "in these matters."
    ob aliquid: "for some purpose."
19. **suis:** "their own"; refers to *cuncta*.

Metrum 1: Apparent chance is subject to the laws of causation.
Meter: Elegiac couplets. See on 1M1.
   \- uu | - uu | - uu | - uu | - uu | - -
   \- uu - uu - ‖ - u u - u u -

1-8. The Tigris and Euphrates rivers arise from a single source (this was a common belief in antiquity); there is an order in nature that keeps them from joining again (an event whose results would be chaotic). (For the phenomenon in lines 1-2 cf. English "Parthian shot.")
1. **Rupis:** genitive singular.
   Achaemeniae: "Persian," (Achaemenes was the first Persian king).
   versa: accusative modifying *spicula*.
2. **pugna fugax = pugnatores fugaces.**
3. **se ... resolvunt:** "free themselves, get loose."
4. **abiunctis ... aquis:** ablative absolute.

5M1   Boethius

6. **confluat**: sc. *id* (explained by the *quod*-relative clause that follows.)
   alterni: "of each," the Tigris and the Euphrates.
   quod: object of *trahit*.
7. **convenient**: future indicative in a mixed conditional.
   vulsi: participle < *vello*, "tear up, uproot."
8. **modos**: here (often in later Latin), "appearances."
9. **quos ... vagos ... casus**: object of *regit*. *Quos* is connecting relative ("and these").
9-10. **terrae declivia** (< *declive*, "slope, incline") ... **gurgitis et** ... **ordo**: compound subject of *regit* (singular by agreement with the nearest element of the subject).
11. **permissis ... habenis**: ablative absolute, "with the reins allowed [to slip], unchecked."
    fluitare: "to move unsteadily, wobble."
12. **ipsa**: sc. *fors*.

Prosa 2: P. asserts the existence of human freedom of will even under the reign of divine providence.

2. **haerentium sibi**: "closely attached to each other."
   arbitrii: "of choice." Where we speak of "free will," Latin writers are more inclined to speak of "free choice of [i.e., exercised by] the will."
3. **fuerit**: potential subjunctive, "would there be."
   quin: "without"; with subjunctive after a negative main clause.
   eidem: dative with *adsit*.
4. **quod**: subject of *potest;* antecedent of *id* in next clause.
   uti < *utor*.
   se: refers to the subject of the main clause.
7. **substantiis**: "entities, natures."
   optatorum: genitive with *efficax;* see on 4P4.11.
   praesto est: "is at hand."
8. **liberiores quidem**: contrasts with *minus* [sc. *liberas*] *vero* to follow.
   speculatione: "contemplation."
   dilabuntur: "slip away, disperse."
   corpora: these bodies are a mid-point between pure spirit and *terreni artus;* it was common Neoplatonic doctrine that spirit and matter could not interact directly without some such intermediary.
   minusque etiam: "and still less."
   colligantur: "gathered [and hemmed in] by."
9. **deditae**: sc. *animae;* "given over [to]," with dative.
   rationis propriae: objective genitive with *possessione*.
10. **quibus**: dative governed by gerunds that follow.
11. **Quae ... cuncta**: object of *prospiciens*.
    ab aeterno: "from all eternity."

Consolatio Philosophiae   5M2

Metrum 2: The creator sees and hears all things everywhere.
Meter: Dactylic tetrameter catalectic. Since dactylic lines of fewer than six feet normally end in - u u, the ending - - is catalectic.
- uu | - uu | - u u | - -

1. *Iliad* 3.277 (of the sun), modified slightly to fit the *syntax*: after *canit* (verse 3) *Phoebum* is the subject accusative and ἐφορᾶν and ἐπακούειν are the infinitives: "Homer sings that Phoebus ... 'sees all and hears all.'"
3. **melliflui oris**: genitive of description.
4. **qui**: sc. *Phoebus.*
4-5. **intima viscera terrae ... aut pelagi**: object of *perrumpere.*
11. Past, present, and future.
13-14. **solus ... solem**: note word-play.

Prosa 3: B. sketches the problems raised by the apparent conflict between divine foreknowledge and human freedom.

2. **quibus perturbere** (= **perturberis**): indirect question.
3. **praenoscere ... esse**: the infinitives with their accusative subjects are the compound subject for *videtur.*
4. **falli** < *fallo,* "deceive."
   providentia: ablative, with word-play.
5. **ab aeterno**: cf. 5P2.11.
   nescia falli: "which does not know [how] to be deceived"; modifies *providentia.*
6. **si aliorsum**: "if otherwise."
   detorqueri: in a "middle" sense, "to twist away."
   valent: sc. *voluntates* (§5).
7. **quidam**: Many ancient writers, pagan and Christian, suggested the argument Boethius now rejects.
8. **ideo**: "for this reason."
   necessarium hoc: "this necessity."
   The gist of this proposal is that providence, not the foreseen act, is bound by necessity.
9. **esse ... esse**: infinitives in indirect discourse (continued after *aiunt* [§8]).
   contingere ... provideri: infinitives governed by *necesse esse.*
   quasi vero ... laboretur: "as if indeed one were laboring [to find out] ..."; with indirect question, *quae ... sit.*
   praescientiane ... providentiae: in apposition with *causa.*
   illud: explained by the acusative/infinitive, *necessarium esse eventum.*
10. A hypothetical example.
    atque e converso rursus: "and again on the other hand."

quoniam: here, "that," introducing indirect statement after *opinio*. This construction is common in later Latin.
12. **quoniam**: here, twice, "because, for the reason that" (explaining *idcirco* in previous line).
    praecessit: "preceded," (subject is accusative/infinitive, *quempiam sedere*).
14. **Similia ... ratiocinari patet**: "it is possible to reason out similar things," i.e., "to reason similarly."
    idcirco ... ideo: "for this reason ... for that reason."
    provisa²: omitted by some manuscripts and editors.
    quod: "which," antecedent is the whole preceding clause.
    perimendam: gerundive of purpose < *perimo*, "kill, destroy."
15. **praeposterum**: "preposterous," in its root sense of "out-of-order, confused."
    ut ... eventus ... dicatur: noun clause, subject of *praeposterum est*.
    praescientiae: genitive governed by *causa*.
16. **arbitrari**: governs the accusative/infinitive *deum futura ... providere*.
    quae ... acciderunt: subject of *esse*.
17. **Ad haec**: "[in addition] to this"; introduces further corroboration, in the simile, *sicuti ... ita ....*
18. **aliorsum atque**: "otherwise than."
19. **qui = quo**, "how."
20. **impermixta**: "un-mixed."
21. **quod**: "that," explaining *causa*.
22. **futura**: sc. *esse*.
23. **non ... modo**: "not only": "not only to think this is *nefas*, but even to utter it."
25. **quid**: "to what extent?"
    refert: "differ [from]," with ablative; the usage is later Latin.
    vaticinio: "prophecy, incantation."
    Tiresiae: genitive < *Tiresias*, the blind Theban soothsayer. The quotation is from Horace, *Sermones* 2.5.59, a parody of Tiresias's conversation with Ulysses in the underworld.
26. **praestiterit**: "shall have excelled," with ablative of comparison.
    uti homines: "as men [do]."
    incerta: sc. *esse*.
27. **incerti**: partitive genitive with *nihil*.
    praescierit: future perfect < *praescio*.
29. **Quo**: sc. *argumento*.
    occasus: "fall, ruination."
31. **ad alterutrum**: i.e., to goodness or to wickedness.
32. **quicquam**: "at all"; adverbial.
    fuerint: potential subjunctive.

quoque = quo + -que, "and, than which ..."
fit: in a hypothetical discussion you would expect *fiat*, but the indicative renders the imagined state more vivid.
33. **sperandi ... deprecandi**: "hoping [for] ... praying away."
34. **vicem**: "recompense, reciprocation."
gratiae: The only occurrence in the *Consolatio* of this word in a sense approaching its Christian use.
qui: antecedent is *commercium*, but gender is from *modus*.
illique inaccessae luci: "and to that unapproachable light"; dative with *coniungi*. Prayer brings God and man together in a limited way before the final union of the afterlife.
prius ... quam = priusquam.
impetrent: sc. *lucem*.
35. **Quae**: i.e., hope and prayer.
recepta futurorum necessitate: ablative absolute.
virium: partitive genitive (< *vires*) with *nihil*.
36. **paulo ante**: 4M6.43
fatiscere: figurative: "become exhausted, drained of strength."

Metrum 3: B. puts his perplexity into verse.
Meter: Anapaestic dimeter with diaeresis. The last line is a monometer (- u u - -).
uu uu | uu uu ‖ uu uu | uu -

3. **veris ... duobus**: "two truths."
4. **carptim**: "in parts, piecemeal."
6. No diaeresis between halves of verse in this line.
9. **oppressi luminis igne**: for *oppressi ignis lumine* (transferred *epithet*: here for metrical reasons). The light of the mind is *caecis obruta membris*, hence does not shine.
11. **flagrat**: sc. *mens.*
notas: "signs, indicators."
13. **Scitne**: "Does [the mind] know [already] ...?"
14. **nota** < *nosco.*
15. **caeca**: nominative singular.
17. **nescita**: accusative plural, the opposite of *nota* (line 14).
20. **mentem ... altam**: i.e., the divine mind.
summam et singula: "the whole and its parts."
22. **condita**: sc. *mens humana* (from line 8).
membrorum: sc. *corporis* (see note on line 9).
23. **in totum**: "completely."
sui: see on 1P2.6.
26. **neutro ... habitu**: "in neither condition"; specified in 26-27.
29. **alte visa**: "things seen on high."

5M3

30. **servatis**: "to the [parts] retained (i.e., remembered)." Compare the discussion of memory's role in 3M11.

Prosa 4: P. begins to explain providence and freedom of the will with an analysis of kinds of cognition.

1. **M.que = Marcoque** (Cicero is meant); a dative of agent with the participle *agitata*.
   distribuit: "categorized" (*De Divinatione* 2.8ff., but the reference is not particularly apt).
   vestrum: partitive genitive with *ullo*.
2. **ammoveri**: "approach," in a middle sense.
   nihil ambigui: "nothing ambiguous, no ambiguity."
3. **moveris**: here, "are troubled."
   expendero < *expendo*, "assess accurately."
4. **illam solventium rationem**: "this method of those who resolve [the problem]"; cf. 5P3.7.
5. **futurorum necessitatis**: "of the necessity of future events."
   non evenire non possunt: both negatives must be translated.
6. **praenotio**: "foreknowledge."
   adicit < *adicio*; here, "adds, contributes."
   paulo ante: 5P3.9.
   quid est quod: "why is it that ...?"
   voluntarii: "resulting from acts of the will," with *exitus*.
7. **positionis gratia**: "for the sake of argument"; *positio* here is a logical term (compare English "posit").
   statuamus: "let us assume."
8. **quantum ... attinet**: "as much as pertains to this," i.e., "as for that."
9. **esse ... iniungere**: sc. *praescientiam* as subject.
10. **necessario**: adverb, "necessarily."
    ea esse ventura: accusative/infinitive after *signum est*.
11. **quid sit**: "what is."
12. **nihil non ex necessitate contingere**: i.e., that everything does occur by necessity.
    haec ... illa: sc. *necessitas ... praenotio*.
13. The same insistence on avoiding arguments drawn from without characterized the central exposition of Book 3 (cf. 3P12.35).
    subnixam: "relying, resting on," with ablative.
14. **habuisse**: supply *ea* (from beginning of sentence) as subject accusative.
15. **fiunt**: "are being done, are happening." *Fio* is used in this sense throughout §§15-20.
    ut ea: "such as those ..."
    quadrigis: "four-horse chariots."
    aurigae: "charioteers"; subject of *spectantur*.

atque ... cetera: "and other [examples] of this sort."
19. **illud:** object of *dicturum*.
    nullum: "no one," subject accusative of *dicturum* (classical usage would dictate *neminem*).
20. **nihil ... necessitatis:** "no necessity."
22. **videntur:** subject must be supplied from *earum rerum* in the preceding sentence.
23. **incerti ... exitus:** genitive singular.
    id esse caliginem: sc. *patet* or *apparet*.
    aliter ... ac: "otherwise than."
    arbitrari: "to think," with force of noun, "thinking"; subject of *esse*.
24. **ipsorum:** antecedent in *quae sciuntur*.
25. **sui = suam.**
    cognoscentium: "of the ones doing the knowing."
26. **visus ... tactus:** nominative, "vision ... touch."
    eminus: "out of reach."
    iactis radiis: "rays darted forth"; sc. *oculorum;* ancient physiologists explained sight as the result of rays that shot out from the eyes to the object seen.
    cohaerens: "clinging to," with dative.
    circa ipsum motus ambitum: "having moved around its perimeter." For the voice of *motus* see on *ammoveri* (5P4.2).
27. **sensus:** the physical sense of sight.
    imaginatio: the mental power to create images of things unseen.
    ratio: the power to reason from particulars to universals.
    intellegentia: the understanding of the unity that underlies the multiplicity of forms.
28. **in subiecta materia:** "in matter subject [to the *figura* imposed on it]."
29. **universali consideratione:** i.e., "by consideration or comparison with that which is universal" (cf. Platonic ideas/forms; in §32 infra, *universales species*).
30. **exsistit = est**, as often in later Latin.
    supergressa < supergredior, "pass beyond"; sc. *intellegentia*.
    universitatis: here, "the universe."
31. **amplectitur:** "embraces," here: "includes."
32. **aliquid:** "at all"; adverbial accusative.
    concepta forma: ablative absolute (cf. *forma* in §30).
    quae: antecedent is *cuncta*.
    nulli alii: dative; i.e., not to *sensus, imaginatio*, or *ratio*.
33. **cognoscit:** subject understood is *intellegentia*.
    ut ita dicam: "so to speak."
34. **quid universale:** "something universal"; one of the forms.
35. **Haec:** i.e., *ratio*.

universale: here, "the universal form."
The definition of man is a sample of *ratio*'s way of knowing; cf. 1P6.15 for a similar definition.
36. **cum**: "although."
nullus = **nemo**.
illa: sc. *ratio*.
37. **collustrat**: "surveys."
imaginaria ratione: "by the method of *imaginatio*."
38. **cuncta**: subject of *utantur*.
sua: modifies *facultate*, contrasts with *eorum*.
39. **iniuria**: "wrongly"; adverbial.

Metrum 4: P. asserts the powers of the mind against Stoic doctrines of the mind as *tabula rasa*.
Meter: Glyconic.
x - - u u - u -

1. **Porticus**: "The Porch," i.e., the Stoa of Athens, where under Zeno was born the Stoicism that is attacked in these lines.
4. **corporibus**: second syllable scanned long here.
extimis: "outermost," i.e., alien from the spirit within.
6. **ut**: "just as."
quondam: "sometimes."
6-9. The image is from the stylus-marked wax tablet, the everyday writing material of antiquity.
aequore: any smooth, level surface; ablative of place where with *figere* (line 9).
10-11. **propriis ... motibus**: "by its own activity."
13. **notis**: here, the impressions made on the senses.
14. **cassas**: "empty, insubstantial."
in speculi vicem: "in the manner of a mirror."
18-20. **singula ... cognita ... divisa**: accusative plural.
22-23. Compare the description of P. in 1P1.2.
24. **sese referens sibi**: "bringing itself back to itself," after considering all things lofty and deep.
26. **efficiens magis** = **efficientior**.
26-27. **efficiens ... causa**: technical term of logic: "efficient cause."
27. **longe**: with *potentior*, for emphasis.
28. **quae**: sc. *causa*.
materiae modo: "in the manner of matter."
32. **passio**: "suffering, experience" (cf. *patitur*); some bodily experience (at least sensory impression) precedes mental activity.
36. **species**: object of both *vocans* and *applicat*, attracted into the relative clause.
38. **notis ... exteris**: "*notae* [coming from] outside."

39. introrsum: adverb with *reconditis*.

Prosa 5: P. continues to distinguish human from divine modes of understanding.

1. **corporibus**: "bodies," the material objects accessible to the senses; in *corporibus sentiendis = cum corpora sentiantur*.
   forinsecus: "outwardly."
   obiectae qualitates: "qualities that present themselves"; subject of *afficiant*.
   insignitur: "is marked, characterized."
   ea, quae: Chaucer's gloss in his translation at this point suggests "as God or his angels".
   absoluta: "freed from."
   expediunt: "accomplish, unfold, carry out."
2. **cognitiones**: "[modes of] knowledge"; i.e., *sensus, imaginatio, ratio, intellegentia*.
3. **quaeque alia** = *et alia quae*.
   imaginatio: sc. *cessit*.
   iam: "already (as we move up the hierarchy of creatures)."
4. **tantum**: "only" (for variation, B. uses the adjective *sola* in the next clause).
   proprium: sc. *subiectum*; i.e., that which is subject specially and particularly to it.
5. **ratiocinationi**: i.e., the activity of *ratio*.
   dicentes: with *sensus imaginatioque*.
6. This section gives the argument made by *sensus* and *imaginatio* (hence the accusative/infinitive construction) against *ratio* and its claims (*ratio*'s response is in section 7).
   sibi notum sit: an impersonal verbal construction (*sibi* = *rationi*) introducing accusative/infinitive, *plura ... subiecta*.
7. **si ratio ... esse credendum**: protasis of a condition; for the apodosis we must wait for the clause beginning with *nonne*.
   se quidem: answered by *illa vero* two lines later.
   illa: *sensus et imaginatio*.
   firmiori ... iudicio: dative with *credendum esse* ("one must believe").
   in ... lite: "in a quarrel of this sort."
8. **quod**: "that."
   futura: object of *intueri*.
   ut: "in the way that, as."
9. **disseris**: 5P3.19.
   certo: adverb; modifying *praesciri*.
10. **quam**: relative pronoun, antecedent *praescientia*.

Boethius

11. **uti**: "just as," answered by *ita*.
    sicuti: answered by *sic*.
12. **erigamur**: passive form for intransitive action: "let us lift ourselves up." This ascent is possible only in light of the *corollarium* at 3P10.22.
    id ... est: "i.e."
    quonam ... videat ... praenotio: indirect question, governed by *videbit*.
    neque = et non, continuing the indirect question.

Metrum 5: The position of mankind is between earth and heaven.
Meter: Archilochean (dactylic tetrameter plus an ithyphallic, with diaeresis). "The ithyphallic ... is the second half of a catalectic iambic trimeter taken after the caesura after the second anceps." (See Rosenmeyer, Ostwald, Halporn, *The Meters of Greek and Latin Poetry*, 89.)

- uu | - uu | - uu | - u u ‖ - u - u - -

2. **extento ... corpore**: ablative of description.
   verrunt: "sweep."
3. **vi pectoris incitata**: "urged along by strength of chest"; B. is describing the motive power of reptiles.
4. **sunt quibus**: "there are those for whom"; a second category.
   levitas: subject of *sit* (understood), *verberet, enatet*.
5. **liquido ... volatu**: "in smooth, easy flight."
   enatet: "swims along through," metaphorically.
6. **haec**: a third group of animals.
   solo < *solum*, "ground."
7. **transmittere vel subire**: "to go across or enter under."
8. **Quae ... omnia**: sc. *animalia; quae* is connecting relative.
9. **prona ... facies**: "downcast visage"; cf. B.'s posture earlier (1P1.14).
10. **cacumen**: for *caput;* cf. 1P1.2.
11. **levis**: modifies *gens*.
    recto = erecto.
12. **Haec ... figura**: i.e., mankind's erect posture.
    male: with words having a bad sense, "very much"; cf. the English "badly."
13. **exseris**: "stretch forth" (an inquisitive posture).
14. **feras**: iussive subjunctive.
    pessum: adverb, "all the way down."
15. **corpore levius levato**: ablative of comparison.

Prosa 6: Divine knowledge sees from the vantage point of eternity and thus knows all that has happened and will happen without impeding freedom of human voluntary action.

1. **paulo ante**: 5P4.24.

Consolatio Philosophiae 5P6

2. **Deum ... esse**: accusative/infinitive, subject of *est*.
4. **ex collatione**: "from comparison."
5. **crastinum ... hesternum**: sc. *spatium;* "tomorrow's ... yesterday's."
6. **Aristoteles**: *de Caelo* 283b.26ff.
7. **licet**: take closely with *infinitae*.
   futura ... transacta: "things to come ... things past."
8. **pariter**: "equally, all at once."
   idque ... assistere ... habere: accusative/infinitive after *necesse est*.
   assistere: "to be present/at hand."
   infinitatem ... habere: Though time is full of motion and boundless, it is nonetheless seen from the point of view of eternity as though it were all simultaneously present.
9. **visum**: sc. *esse*.
   Platoni: B. has in mind an interpretation current in his time of passages such as *Statesman* 270A, *Timaeus* 28B. On the significance of the issue for interpretation of the *Consolatio,* cf. Gruber.
10. **totam ... praesentiam**: object of *complexum esse*.
11. **proprietate**: "by [i.e., as] a property."
12. **praesentarium statum**: i.e., a condition in which all things are perceived as if present, with no past or future.
    effingere: "make an image, imitate."
    aliquatenus: "to some extent."
    quibuscumque contigerit: "to whatever things it touches."
    id: i.e., *ut esse videantur,* "that they seem to exist."
13. **eundo**: gerund < *eo, ire*.
14. **Platonem**: cf. *Timaeus* 37D. The formal distinction between eternity and perpetuity really originated among Greek Neoplatonists, perhaps with Proclus.
15. **supergressa**: modifying *scientia;* see on 5P4.30.
    quasi iam gerantur: "as if they [sc. *omnia*] were now (i.e., all in present time) being carried on."
16. **dinoscit**: sc. *deus*.
    instantiae: "present moment."
17. **praevidentia ... providentia**: plays on the meanings of the prefixes *prae-* (before in time) and *pro-* (before in space).
    quod: "because."
    porro a rebus infimis: "far from the lowliest of things."
18. **cum ne homines ... videant**: as argued 5P4.4ff.
20. **praesentis**: participle as substantive, "the present."
    temporario: "temporal," the opposite of eternal.
21. **olim**: "at some time."
23. **dispiciens**: "seeing clearly."
    praesentium ... futurarum: sc. *rerum*.

ad condicionem ... temporis: "with respect to their status in time"; i.e., "from a temporal point of view."
24. exstaturum < *exsto*, "exist."
quod idem: antecedent is *quid*.
non nesciat: the negatives cancel each other out.
25. rem: here, "proposition."
divini speculator: "one who contemplates the divine."
26. idem futurum: "the same future [event]."
27. condicionis: "condition," in the grammatical/logical sense.
28. simplicem: sc. *necessitatem*.
29. voluntate: ablative of cause with *gradientem*.
31. non desinunt: "do not leave off from."
33. Quid ... refert: "What does it matter?" The answer is *Hoc scilicet*, specified by the following noun clause.
instar: "likeness," with the genitive; subject of *eveniet*.
34. paulo ante: 5P6.22.
unum: sc. *sol oriens*.
alterum: sc. *gradiens homo*.
36. sicuti ... singulare: cf. 5P5.5ff.
ad se ipsa: plural, though the antecedent (*omne*) is singular.
37. propositum: "intention."
38. id te posse: indirect statement governed by *intuetur*.
an facias quove convertas: indirect questions governed by *intuetur*.
39. meane = mea + ne.
illa: sc. *scientia divina*.
noscendi vices: "changing forms of knowing."
40-48. This editor's punctuation makes the last lines of the *Consolatio* spoken by B.; most editors disagree. Some even give *minime* to P.
40. praevenit: "forestalls, heads off."
41. Quam ... praesentiam: "and this presentness," i.e., this ability to experience things as if they were all present simultaneously.
42. paulo ante: 5P3.15.
43. praesentaria: ablative.
posterioribus: "to things [logically] later in order."
44. intemerata: "unspoiled."
45. desuper: adverb; with *speculator* (which has an implied verbal force).
concurrit: "concurs, corresponds."
47. Aversamini: imperative < *aversor*, "turn aside."
necessitas: the *Consolatio* ends with a piece of word-play.

9780929524375.